Wolfgang Wippermann
Luthers Erbe

Wolfgang Wippermann

Luthers Erbe

Eine Kritik des deutschen Protestantismus

primus verlag

Die Deutsche Nationalbibliothek verzeichnet diese Publikation
in der Deutschen Nationalbibliografie; detaillierte bibliografische
Daten sind im Internet über http://dnb.dnb.de abrufbar.

Das Werk ist in allen seinen Teilen urheberrechtlich geschützt.
Jede Verwertung ist ohne Zustimmung des Verlags unzulässig.
Das gilt insbesondere für Vervielfältigungen, Übersetzungen,
Mikroverfilmungen und die Einspeicherung in und Verarbeitung
durch elektronische Systeme.

Der Primus Verlag ist ein Imprint der WBG

© 2014 by WBG (Wissenschaftliche Buchgesellschaft), Darmstadt
Die Herausgabe des Werkes wurde durch die Vereinsmitglieder
der WBG ermöglicht.
Lektorat: Rainer Wieland, Berlin
Layout und Satz: Anja Harms, Oberursel
Einbandabbildung: „D. Martinus Luther", Holzschnitt, 1551,
von Lucas Cranach d. J (1515–1586), © akg-images
Einbandgestaltung: Christian Hahn, Frankfurt/M.
Gedruckt auf säurefreiem und alterungsbeständigem Papier
Printed in Germany

Besuchen Sie uns im Internet: www.wbg-wissenverbindet.de

ISBN 978-3-86312-072-6

Elektronisch sind folgende Ausgaben erhältlich:
eBook (PDF): 978-3-86312-088-7
eBook (epub): 978-3-86312-089-4

Inhalt

7

„Wir sind in die Irre gegangen" – Einleitung

10

I. „Gott mehr gehorchen als den Menschen"
– Kirche und Staat

Pate und Partner – Glaube und Freiheit – Thron und Altar – Theokratie und Toleranz – Reform und Reaktion – Reich und Republik – Verfolgung und Widerstand – Restauration und Revolution

41

II. „Liebet eure Feinde" – Kirche und Krieg

Gerechte und heilige Kriege – „Ob Kriegsleute in seligem Stand sein können" – „Zum ewigen Frieden" – Das Kreuz mit dem Eisernen Kreuz – „Gott die Ehre geben" – „Das fünfte Gebot gilt immer" – „Schwerter zu Pflugscharen"

65

III. „Nicht dem Mammon dienen" –
Kirche und Kapital

Banker und Bettler – „Sermon von dem Wucher" – „Evangelium des armen Sünders" – „Innere Mission" – „Religiöse Sozialisten – „Verbesserlicher Sozialismus" – „Soziale Demokratie"

86

IV. „Teufelskinder" – Kirche und Antisemitismus

Dämonisierung und Bekehrung – Luther und die Juden – Von Luther bis Hitler? – Schweigende Zeugen – „Wir klagen uns an" – „Woche der Brüderlichkeit"

114

V. „Unstet und flüchtig" – Kirche und Antiziganismus

„Greuliche und schwartze Leute" – Luther und die „Zigeuner" – Die Aufklärung und die „Zigeuner" – Die Kirche und die „Zigeuner" – Von Reinbek bis Ritter – Beihilfe zum Völkermord – Wider die Gutmachung – Zigeunerbesen im Emsland

143

VI. „Schweige in der Gemeinde" – Kirche und Antifeminismus

Heilige und Hexen – Luther, die Hexen und die Frauen – Die Aufklärung, die Hexen und die Frauen – „Dem Reich der Freiheit werb ich Bürgerinnen" – „Die singt bei uns Choräle" – Frau Pastor ist nicht die Frau des Pastors

175

„Zum ewigen und zeitlichen Heil der Menschen" – Zusammenfassung

181

Anhang

Glossar
Anmerkungen
Quellen- und Literaturverzeichnis
Personenregister

„Wir sind in die Irre gegangen" – Einleitung

„Wir sind in die Irre gegangen, als wir meinten, eine Front des Guten gegen die Bösen, des Lichts gegen die Finsternis, der Gerechten gegen die Ungerechten im politischen Leben und mit politischen Mitteln bilden zu müssen. (...) Indem wir das erkennen und bekennen, wissen wir uns als Gemeinde Jesu Christi freigesprochen zu einem neuen, besseren Dienst zur Ehre Gottes und zum ewigen und zeitlichen Heil der Menschen."[1]

Diese kritischen und selbstkritischen Sätze findet man im Darmstädter Wort des Bruderrates der Evangelischen Kirche vom 8. August 1947. Sie sind die Leitmotive des vorliegenden Buches. In ihm werden folgende Fragen gestellt und beantwortet: Warum sind „wir", also die deutschen Protestanten, „in die Irre gegangen"? Haben „wir" uns zu unseren in der Vergangenheit gemachten Fehlern bekannt und versetzt das uns und unsere Kirche in die Lage, fortan zu einem „besseren Dienst zur Ehre Gottes und zum ewigen und zeitlichen Heil der Menschen" beizutragen?[2]

Die Antwort auf die erste Frage lautet: Die deutschen Protestanten sind vor allem deshalb „in die Irre gegangen", weil sie Staat, Krieg und Kapital für gut, Juden, Roma und Frauen dagegen für böse gehalten haben. Die Verherrlichung von Staat, Krieg und Kapital „im politischen Leben" und die Verdammung von Juden, Roma und Frauen „mit politischen Mitteln" wurden mit Ideologen, das heißt mit Begriffen (*ideo*) und Wörtern (*logien*) begründet, mit denen etwas gerechtfertigt oder etwas eingefordert wird.³ Hier waren es die Ideologien des Autoritarismus, Bellizismus und Mammonismus sowie des Antisemitismus, Antiziganismus und Antifeminismus. Sie haben als „Faktoren und Indikatoren"⁴ das Verhalten der Kirche gegenüber Staat, Krieg und Kapital sowie Juden, Roma und Frauen geprägt und widergespiegelt zugleich. Dies wird im Folgenden mithilfe von ideengeschichtlichen Methoden und durch einen ideologiekritischen Zugriff dargestellt und kritisiert.⁵ Im Zentrum der Kritik des deutschen Protestantismus stehen Luther und sein (ideologisches) Erbe.

Wir beginnen jeweils mit dem, womit alles anfing und anfangen sollte: mit der Bibel und ihren Geboten und Verboten, und fragen in den ersten drei Kapiteln danach, ob die Kirche „Gott mehr gehorcht hat als den Menschen", ihre und die „Feinde" ihres Staates geliebt und nicht dem „Mammon" gedient hat.⁶ Mit Kirche ist einmal die „alte" beziehungsweise die Katholische Kirche gemeint, die dann von Luther reformiert und zur „neuen" evangelischen Kirche gemacht worden ist.⁷

In den darauffolgenden drei Kapiteln wird untersucht, ob die Kirche die Juden dämonisiert, die Roma verfolgt und die Frauen verachtet hat – was mit einigen Stellen aus der Bibel begründet werden konnte, aber nicht unbedingt musste. In der Zusammenfassung wird die Frage beantwortet, ob die Kirche ihren heilsgeschichtlichen Auftrag erfüllt und zu einem „ewigen und zeitlichen Heil der Menschen" beigetragen hat. Dabei wird noch einmal auf Luther zurückgegriffen und gefragt, ob seine Reformation wirklich ausreichend war.

Im Hinblick auf Fragestellung, Methode und nicht zuletzt auch kritische Darstellung und Bewertung unterscheidet sich das vorliegende Buch von anderen zum Thema.⁸ Einmal von den unendlich vielen Büchern, die von allgemeinhistorischer beziehungsweise, wie man in Kirchenkreisen sagt, von profanhistorischer Seite vorgelegt worden sind. In den Handbüchern und Gesamtdarstellungen der deutschen Geschichte scheint die Geschichte des deutschen Protestantismus schon unmittelbar nach der Reformation zu Ende gegangen zu sein, wird sie doch danach kaum noch und eigentlich erst wieder bei der Behandlung des Dritten Reiches erwähnt, wobei stets auf den Kirchenkampf verwiesen wird.[9]

In den Darstellungen der Geschichte der Evangelischen Kirche in Deutschland gerät dagegen die allgemeine politische, soziale und nicht zuletzt auch die Ideologiegeschichte aus dem Blick, beschränken sich doch viele Autoren auf die Darstellung der Institution Kirche und ihrer Theologie. Besonderes Interesse hat auch hier neben der Reformation der Kirchenkampf gefunden. Die Kirchengeschichte vor und nach der Zeit des Dritten Reiches ist dagegen vernachlässigt worden.[10]

Beides ist zu kritisieren. Die Profanhistoriker müssen der Kirchengeschichte mehr Aufmerksamkeit widmen, und die Kirchenhistoriker sollten die Kirchengeschichte wieder in die allgemeine Geschichte einbinden – nicht nur in die heute modisch gewordene Gesellschaftsgeschichte, sondern auch in die heute etwas vernachlässigte Geschichte der Ideen und Ideologien. Schließlich ist die Kirchengeschichte ein wichtiger Teil unserer, der deutschen Geschichte, die wir kennen sollten, um zu versuchen, daraus etwas für uns und unser Denken und Handeln zu lernen.

Das vorliegende Buch soll dazu beitragen. Verfasst ist es, was hier erwähnt werden muss, von einem protestantischen Profanhistoriker, der sich auch mit kirchen- und religionsgeschichtlichen Fragen und Themen beschäftigt hat.[11] Wie in dem vorliegenden Buch geschah dies stets in einer kirchen- und religionskritischen Absicht und in einer ideologiekritischen Art und Weise.[12] Doch diese meine ganz persönliche Kritik am deutschen Protestantismus möchte ich keinem Leser aufdrängen, sondern – mit möglichst vielen – diskutieren. Daher und um einen möglichst breiten Leserkreis zu gewinnen, ist das Buch auch in einer engagierten Weise und in einer allgemeinverständlichen und Fachjargon vermeidenden Sprache gehalten.[13]

I. „Gott mehr gehorchen als den Menschen" – Kirche und Staat

„**M**an muss Gott mehr gehorchen als den Menschen", heißt es in der Apostelgeschichte des Lukas (5,29).[14] Im Brief an die Römer des Apostel Paulus wird dagegen „jedermann" ermahnt, „der Obrigkeit, die Gewalt über ihn hat", „untertan" zu sein und ihr zu gehorchen. „Denn es ist keine Obrigkeit ohne von Gott; wo aber Obrigkeit ist, die ist von Gott verordnet" (Römer 13,1). Von vielen Theologen wird die von Paulus verlangte Obrigkeitstreue als religiöses Gebot aufgefasst.[15] Bei Paulus selber war es aber mehr eine politische Geste, mit welcher er die römische Obrigkeit davon überzeugen wollte, dass von der neuen jüdischen Sekte der Christen keine Gefahr für den römischen Staat ausginge. Damit distanzierte sich Paulus von den Zeloten genannten jüdischen Freiheitskämpfern, welche sich erbittert und unter Anwendung terroristischer Methoden gegen die römische Herrschaft in Palästina gewehrt hatten.

Tatsächlich haben sich die Christen – sehr zum Ärger ihrer jüdischen Landsleute – nicht am Widerstand gegen die römische Besatzungsherrschaft beteiligt. Jesus hatte nicht zu den Zeloten gehört und sich niemals für die Errichtung eines unabhängigen jüdischen Staates eingesetzt. Doch genau dies ist ihm von dem Verwalter der römischen Provinz Palästina namens Pontius Pilatus unterstellt worden. Er hat Jesus vorgeworfen, König der Juden werden zu wollen. Pilatus' Schuldspruch wurde mit den Buchstaben „INRI" auf dem Kreuz angebracht. INRI steht für *Iesus Nazarenus Rex Iudaeorum* – Jesus von Nazareth,

König der Juden. Modern gesprochen, ist Jesus wegen Widerstandes gegen die Staatsgewalt zum Tode verurteilt worden. Dieses Schicksal sollte seinen Jüngern und sonstigen Anhängern erspart werden. Daher hat Paulus sie zur Treue gegenüber der römischen Obrigkeit aufgerufen. Paulus' Mahnung wurde befolgt. Die Christen haben sich auch an den weiteren Aufständen der Juden gegen Rom nicht beteiligt und generell keinerlei Widerstand gegen die Staatsgewalt geleistet. Und dies, obwohl sie von eben diesem Staat grausam verfolgt worden sind.

Pate und Partner

Die Christenverfolgungen zogen sich bis ins 4. Jahrhundert hin. Beendet wurden sie durch Kaiser Konstantin mit dem Mailänder Toleranzedikt von 313. Die von Konstantin tolerierte christliche Religion wurde 391 Staatsreligion im gesamten Römischen Reich. Die damit vollzogene Verbindung von Staat und Kirche war für beide Seiten vorteilhaft. Der Staat verfügte mit den Christen über Untertanen, die der Obrigkeit gehorsam waren, brav ihre Steuern zahlten und auch bereit waren, ihr Leben für das Wohl des Staates einzusetzen. Die Kirche wurde vom Staat geschützt und mit staatlichen Geldern und weiteren Privilegien ausgestattet. Dies versetzte die Kirche in die Lage, ihre politischen und religiösen Interessen gegenüber allen anders- und nicht rechtgläubigen Menschen durchzusetzen – konkret: Heiden, Juden und dann auch Muslime notfalls mit Gewalt zu bekehren und Abweichler in den eigenen Reihen zu Häretikern zu erklären, um sie dann als Ketzer verbrennen zu lassen. Dies alles mithilfe des Staates, der so etwas wie der Pate der Kirche war.[16]

Das war der Kirche nicht genug. Sie wollte nicht nur Mündel des staatlichen Paten, sondern gleichberechtigter Partner des Staates sein. Dieser politische Anspruch wurde mit einer neuen religiösen Ideologie begründet – der sogenannten Zwei-Schwerter-Theorie. Sie basierte auf einer sehr phantasievollen Auslegung einer Stelle im 22. Kapitel des Lukas-Evangeliums: Auf den Vorwurf von Jesus, dass einige seiner Jünger ihm nicht folgen würden, entgegnen die: „Herr, siehe, hier sind zwei Schwerter" (Lukas 22,38). Jesus nimmt jedoch dieses Angebot der Jünger, für ihre künftigen Untaten bestraft zu werden, nicht an und beendet das Gespräch mit einem „Es ist genug". Diese Bibelstelle wurde von Papst Gelasius I. im Jahr 494 folgendermaßen interpretiert: Gott habe ein Schwert beziehungsweise die weltliche Gewalt (*regalis potestas*) den Königen und Kaisern übertragen. Das andere Schwert beziehungsweise die geistliche Gewalt (*sacrata auctoritas*) gehöre aber allein der Kirche.

Diese Ideologie war erfolgreich. Nach dem Untergang des Weströmischen Reiches im Jahr 476 wurden die fränkischen und dann deutschen Könige Partner des Papstes. Sie wurden von ihm und in Rom zu Nachfolgern der römischen Caesaren ernannt und zu Kaisern gekrönt. Dafür mussten sie den Papst vor seinen oftmals nicht sehr obrigkeitstreuen römischen Bürgern schützen und ihn bei seinem Anspruch unterstützen, der erste und dann sogar einzige wahre Nachfolger und Stellvertreter Christi zu sein. Dadurch konnte der Bischof von Rom seine römischen Untertanen befrieden und seinen Primatanspruch gegenüber seinen oströmischen Amtsbrüdern durchsetzen. Der unaufhaltsame Aufstieg des Papsttums wurde damit vom Staat toleriert und gefördert.

Doch das ist dem Staat beziehungsweise den deutschen Königen und Kaisern nicht gedankt worden. Stattdessen kündigte der Papst die Partnerschaft mit dem Staat auf – durch eine veränderte Interpretation der Zwei-Schwerter-Theorie. Danach soll Gott beide Schwerter oder beide Gewalten dem Papst übergeben haben. Damit wurde der alleinige und zugleich totale Machtanspruch des Papstes begründet. Diese Rechtfertigungsideologie der päpstlichen Herrschaft wurde wiederum mit einer nicht nur phantasievollen, sondern eindeutig falschen Auslegung einer anderen Bibelstelle begründet.

Gemeint ist die bei Matthäus erwähnte Geschichte, wonach Petrus versucht habe, die Gefangennahme von Jesus zu verhindern. Dabei soll der gute Petrus einem Knecht der Hohenpriester ein Ohr abgeschlagen haben. Das hat Jesus jedoch nicht gefallen, weshalb er Petrus befahl: „Stecke dein Schwert an seinen Ort." (Matthäus 26,52) Dieser Befehl wird mit der ebenso bekannten wie beherzigenswerten Ermahnung verbunden: „Denn wer das Schwert nimmt, der soll durch das Schwert umkommen."

Die naheliegende Frage, was das mit dem totalen Machtanspruch des Papstes zu tun haben soll, wurde von den päpstlichen Ideologen folgendermaßen beantwortet: Da der Papst die Nachfolge Petri angetreten habe, verfüge er auch über dessen Schwert. Damit wurde der Papst zum Inhaber nicht nur der geistlichen, sondern auch der weltlichen Gewalt gemacht.

Diese päpstliche Ideologie wurde erstmals im Jahr 1075 im „Dictatus Papae" von Gregor VII. ausformuliert. Mit ihr wurde die Bekämpfung der Kaiser im sogenannten Investiturstreit begründet. Dabei setzten die Päpste ihr alleiniges Anrecht auf die Wahl der Bischöfe durch. Außerdem behielten sie sich das Recht vor, Könige und Kaiser nicht nur einsetzen, sondern auch absetzen zu dürfen. Das war Papst Innozenz III. (1198–1216) nicht genug. Er meinte, dass alle weltlichen Herrscher von ihm belehnt werden müssten. Schließlich sei er nicht nur Statthalter Petri, sondern auch Statthalter Christi auf Erden. Der päpstliche Weltherrschaftsanspruch ist 1302 in der Bulle „Unam Sanctam" von Papst Bonifatius VIII. noch einmal bekräftigt worden.

Das ging nun vielen zu weit, der totale päpstliche Machtanspruch wurde infrage gestellt. Zunächst von den weltlichen Gewalten, allerdings nicht von den deutschen Königen und Kaisern. Denn die hatten den Kampf gegen das Papsttum letztlich verloren. Es waren die französischen Könige, die sich dem Papst in den Weg stellten. 1309 zwangen sie den Papst, ins französische Exil nach Avignon zu gehen, wo er vom Staat kontrolliert wurde.

Nach dem Ende dieser, wie es hieß, „babylonischen Gefangenschaft" wurde die päpstliche Machtstellung auch durch die konziliare Bewegung infrage gestellt. Die Kirche wurde nicht mehr allein von den Päpsten, sondern auch von den Konzilien repräsentiert und geleitet. Dadurch aber wurde die dringend notwendige Reform der Kirche erschwert. Die Konzilien waren dazu noch nicht, die Päpste dagegen nicht mehr in der Lage.

Während auf den Konzilien mehr geredet als gehandelt wurde, beschränkten sich die Päpste mehr und mehr auf ihre Aufgaben als Herrscher ihres Staates. Das war vielleicht auch notwendig und wäre nicht kritisiert worden, wenn es sich bei diesem Staat um einen weltlichen gehandelt hätte. Doch das war der Kirchenstaat eben nicht. Dennoch wurde er wie ein weltlicher Staat regiert. Um dies tun und ihren höchst weltlichen Gelüsten frönen zu können, brauchten die Päpste Geld. Schließlich mussten sie ihre Diener und Söldner, Künstler und Kurtisanen bezahlen. Noch größere Summen wurden für die Hofhaltung und den Bau von Kirchen und Palästen aufgewandt.

Die Ausgaben des Kirchenstaates konnten bald nicht mehr durch seine Einnahmen gedeckt werden, die er in Gestalt von Steuern seiner weltlichen Untertanen und von Kirchensteuern aller Angehörigen der Kirche erhielt. Dem Kirchenstaat drohte der Staatsbankrott. Um ihn abzuwehren, hätten die Steuern erhöht werden müssen. Doch dazu waren weder die unmittelbaren Untertanen des Papstes noch seine sonstigen kirchlichen Schäflein bereit und in der Lage. Man löste das Problem durch einen Trick, für den ein weltlicher Finanzminister vielleicht bewundert worden wäre, der aber dem Stellvertreter Christi und Gottes auf Erden verübelt wurde. Anstatt die Steuern zu erhöhen, wurden die zahlungspflichtigen Dienstleistungen der Kirche erweitert. Allen menschlichen Sündern, die fürchteten, wegen ihrer Sünden nicht ins Paradies, sondern in die Hölle zu kommen, wurde diese ihre Furcht gewissermaßen abgekauft. Ihnen wurden auch alle Bußen wie Gebete oder sonstige religiöse Exerzitien erlassen. Stattdessen wurde ihnen Vergebung und die Aufnahme ins Paradies versprochen, wenn sie sich zur Zahlung eines Obolus bereit erklärten.

Glaube und Freiheit

Dieser Ablasshandel war genial, geradezu teuflisch genial. Doch christlich war er nicht. Das wurde auch schon von vielen Zeitgenossen erkannt und kritisiert. Einer von ihnen war der Mönch und Professor Dr. Martin Luther.[17] Luther wandte sich aber nicht nur gegen die Praxis des Ablasshandels, sondern auch gegen die diesen legitimierende Ideologie: Durch Geld und gute Werke sei die Gnade Gottes nicht zu erlangen, dies sei nur durch den Glauben möglich. Ihn finde man allein in der Heiligen Schrift und nicht in den Dogmen und Lehren des Papstes.

Der damit angesprochene und angegriffene Papst reagierte, indem er Luther zum Ketzer erklärte und über ihn den kirchlichen Bann aussprach. Luther ignorierte dies und verbrannte die päpstliche Bannbulle. Dagegen konnte der Papst nichts unternehmen. Er benötigte die Hilfe der weltlichen Gewalt, konkret die des Kaisers und des Reichstages. Luther wurde vor den zu Worms tagenden Reichstag geladen und dringlich aufgefordert, seine ketzerischen Lehren zu widerrufen. Luther weigerte sich jedoch.

Daraufhin wurde der schon von der Kirche gebannte Luther auch noch vom Staat geächtet. Er hätte jetzt auf dem Scheiterhaufen verbrannt werden können. Der Kurfürst von Sachsen hat Luther vor diesem Schicksal bewahrt, indem er ihn auf der Wartburg in Sicherheit brachte. Hier fand Luther Zeit, die Bibel in die wesentlich von ihm geschaffene neue deutsche Hochsprache zu übersetzen. Darüber hinaus hat er seine Theologie weiter ausgebaut, um sie dann in einem wichtigen Punkt zu revidieren. Dies geschah mit der Zwei-Reiche-Lehre. Sie wurde in seinen 1520 und 1523 veröffentlichten Schriften „Von der Freiheit eines Christenmenschen" und „Von weltlicher Obrigkeit, wie weit man ihr Gehorsam schuldig sei" entwickelt und beinhaltet kurz gesagt Folgendes: In Gottes Reich zur Linken herrscht der Kaiser, der Gerechtigkeit herstellt und dem zu gehorchen ist. In Gottes Reich zur Rechten regiert Christus durch sein Wort und Sakrament. Hier herrscht Gleichheit zwischen den Menschen. An die Stelle der Gerechtigkeit tritt Gnade und Vergebung.

Diese Lehre ermöglichte die Ausbreitung der Reformation. In verschiedenen Städten Deutschlands wurden neue Gemeinden gebildet, die sich selber verwalteten und die freie, und das heißt weder vom Staat noch von der Kirche reglementierte Wahl der Pfarrer und Vorsteher praktizierten.

Den aufständischen Bauern war das nicht genug. Sie forderten die volle, nicht nur religiöse, sondern auch säkulare „Freiheit eines Christenmenschen" im Hier und Jetzt. Dabei beriefen sie sich auf Luthers Theologie. Das wurde von Luther entschieden abgelehnt. Die Bauern schuldeten der Obrigkeit absoluten Gehorsam. Luther nahm im ausbrechenden Bauernkrieg die Partei der Fürsten ein und forderte sie auf, rücksichtslos gegen die aufständischen Bauern vorzugehen. Tatsächlich wurden die Bauern zu Tausenden abgeschlachtet. Auch dies fand die ausdrückliche Zustimmung Luthers. Aus dem einstmals und allseits bewunderten Bauernfreund war der verachtete Fürstenknecht geworden.

Damit hat Luther die unter anderem von Thomas Müntzer geforderte Revolution verhindert, um gleichzeitig die Reformation zu retten. Sie wäre nämlich ohne das Eingreifen der (evangelischen) Fürsten gescheitert. Sie haben Luther in Schutz genommen und noch 1529 auf dem Reichstag zu Speyer gegen seine Ächtung protestiert. Dadurch

wurden die Anhänger Luthers, die seitdem als Protestanten bezeichnet wurden, in die Lage versetzt, die Reformation zu vollenden. Dies aber in einer anderen Gestalt als vom Reformator ursprünglich geplant und angestrebt.
Aus der demokratischen Gemeindereformation wurde die autoritäre Fürstenreformation. Die Anhänger der lutherischen Lehre, die 1530 vom Reichstag zu Augsburg als *confessio Augustana* bezeichnet und anerkannt wurde, hatten sich zwar von der alten geistlichen Herrschaft des Papstes befreit, zugleich hatten sie sich aber einer neuen unterworfen.[18]

Thron und Altar

Die neue reformierte Kirche wurde nicht mehr von den Gemeinden und ihren gewählten Pfarrern, sondern faktisch von den Fürsten geleitet und repräsentiert, welche die Amtsbefugnisse der bisherigen Bischöfe in der alten katholischen Kirche übernahmen. Ursprünglich sollten sie dies nur vorübergehend als, wie sie von Luther selber bezeichnet wurden, „Notbischöfe" tun. Doch dann wurden aus diesen wohlgemerkt weltlichen Notbischöfen die obersten Bischöfe.

Der jeweilige protestantische Landesherr war als *summus episcopus* Herr seiner Kirche. Er verfügte über das gesamte Eigentum der Kirche, konnte alle kirchlichen Angelegenheiten regeln und alle kirchlichen Angestellten kommandieren. Aufgrund des Augsburger Religionsfriedens von 1555 konnte er zudem die Konfession seiner Untertanen bestimmen. Dieses *ius reformandi* stand zwar auch den katholischen Landesherren zu, doch den meisten Nutzen davon hatten die evangelischen Fürsten. Sie verfügten nicht nur über die weltliche, sondern auch über die geistliche Gewalt. Dies hat sie in die Lage versetzt, alle Untertanen ihrer autoritären Herrschaft zu unterwerfen und alle revolutionären Bestrebungen zu unterdrücken.

Beides haben sie – nicht zuletzt zum Ärger einiger Historiker – auch getan. Dadurch sei es zum „Sonderweg der verspäteten Nation" (Helmuth Plessner) gekommen, der schließlich in der Diktatur Hitlers geendet habe. Doch stimmt das denn? Haben die evangelischen Fürsten immer und überall autoritär regiert und haben, um noch einmal das Darmstädter Wort zu zitieren, „wir evangelischen Christen" die „Entwicklung zur absoluten Diktatur geduldet und gutgeheißen"? Wie war das zum Beispiel in Preußen, dem ersten und dann mächtigsten protestantischen Staat?[19]

Theokratie und Toleranz

Sein Vorläufer, der preußische Ordensstaat, war eine totale Theokratie gewesen, die es in dieser Form nirgendwo im mittelalterlichen Europa gegeben hat. Alleiniger und unumschränkt herrschender Landesherr war der Deutsche Ritterorden, der seine Herrschaft mit einer religiösen Ideologie legitimierte: dem hochmittelalterlichen Kreuzzugsgedanken, der im ausgehenden Mittelalter aber als nicht mehr zeitgemäß empfunden und entsprechend kritisiert wurde. Dennoch, trotz seiner geradezu anachronistischen Ideologie, handelt es sich beim Ordensstaat um ein sehr effizientes und in mancher Hinsicht geradezu modern wirkendes Gemeinwesen.

Wegen seiner militärischen und wirtschaftlichen Stärke wurde der Ordensstaat auch vielfach bewundert und gefürchtet. Letzteres vor allem vom benachbarten Polen, das durch den Ordensstaat von der Ostsee abgeschnitten war. Um den Zugang zu dem wirtschaftlich wichtigen Ostseeraum zu gewinnen, hat Polen mehrere Kriege gegen den Deutschen Orden geführt und sie zunächst alle verloren.

Dies änderte sich, als sich Polen mit dem inzwischen christianisierten Litauen vereinigte und dem Deutschen Orden im Jahr 1410 eine vernichtende Niederlage beibrachte. Trotz des Sieges in der

Schlacht von Tannenberg beziehungsweise, wie man in Polen heute noch sagt, Grunwald ist es dem polnisch-litauischen Königreich nicht gelungen, den gesamten Ordensstaat zu erobern. Erst nachdem sich die eigenen Untertanen gegen die als bedrückend empfundene Ordensherrschaft erhoben und sich dem polnischen König unterstellt hatten, fielen die westlichen Teile des Ordensstaates an Polen. Das geschah, nach einem 13-jährigen Bürgerkrieg, im Jahr 1466.

Aus den östlichen Teilen wurde 1525 das ebenfalls Polen unterstehende preußische Herzogtum. Regiert wurde es von dem zum Protestantismus übergetretenen letzten Hochmeister des Deutschen Ordens, Albrecht von Hohenzollern, nach protestantischen Prinzipien und unter Verwendung der vom Deutschen Orden geschaffenen Verwaltungsstruktur. Aus der katholischen Theokratie war ein autoritär regierter protestantischer Staat geworden, der 1618 mit dem ebenfalls protestantisch gewordenen Kurfürstentum Brandenburg vereinigt wurde. Daraus entstand 1701 das protestantische Königreich Preußen.

Es zeichnete sich durch eine fast schon tolerant zu nennende Kirchen- und Religionspolitik aus. Sie begann bereits 1613. In diesem Jahr trat der brandenburgische Kurfürst Johann Sigismund zum Calvinismus über, ohne dabei das ihm zustehende *ius reformandi* in Anspruch zu nehmen. Seine brandenburgischen und preußischen Untertanen durften lutherisch bleiben und mussten nicht die calvinistische Religion ihres Landesherrn annehmen. Das war ein im damaligen Europa einmaliger Vorgang.

Die tolerante Kirchen- und Religionspolitik ist von Johann Sigismunds Nachfolgern fortgesetzt worden; vor allem von dem Kurfürsten Friedrich Wilhelm, der von 1640 bis 1688 regierte. Dieser mit Recht als groß gepriesene Kurfürst hat 1671 fünfzig aus Wien vertriebenen jüdischen Familien die Niederlassung in Brandenburg gestattet. Ein Jahr später, 1672, hat er auch den – damals noch sehr wenigen – brandenburgischen Katholiken die freie Religionsausübung zugestanden.

Mit dem Potsdamer Toleranzedikt von 1685 wurde den nach Brandenburg eingewanderten französischen Hugenotten sogar die bildungs- und religionspolitische Autonomie zuerkannt.

Die Nachfolger des Großen Kurfürsten, die Könige Friedrich I., Friedrich Wilhelm I. und Friedrich II. haben dann lutherische Salzburger und protestantische Böhmen ins Land geholt. Friedrich der Große hat sogar daran gedacht, muslimische Türken im protestantischen Preußen anzusiedeln. Auch ihnen sollte die freie Religionsausübung zugestanden werden. Für seine katholischen Untertanen, deren Zahl sich nach der Eroberung Schlesiens bedeutend vermehrt hatte, ließ Friedrich der Große mitten in Berlin eine katholische Kathedrale errichten. Benannt wurde sie nach Hedwig, der Schutzheiligen der katholischen Schlesier.

Die preußischen Juden kamen dagegen nicht in den Genuss der preußischen Toleranz. Sie erhielten auch in der Regierungszeit Friedrichs des Großen nicht mehr, sondern im Gegenteil immer weniger Rechte, mussten immer höhere Abgaben zahlen und wurden bis in ihr Alltags- und Familienleben hinein diskriminiert. Dies geschah auf ausdrücklichen Wunsch Friedrichs des Großen, der alles andere als ein Judenfreund war.

Die viel gerühmte preußische Toleranz wies also Grenzen auf. Außerdem beschränkte sie sich auf den religiösen Bereich. Im friderizianischen Preußen konnte zwar jeder „nach seiner Façon selig werden", doch keinem war gestattet, sich gegen den Staat zu erheben. Alle bis hinauf zum König, der sich als „erster Diener" seines Staates gerierte, mussten für den Staat arbeiten. Beides wurde mit dem Hinweis auf die protestantische Arbeitsethik und Obrigkeitstreue begründet. Auch von Friedrich dem Großen selber – obwohl er ein Agnostiker war und sich als Aufklärer verstand.

Friedrich der Große hat auch niemals an eine Trennung von Staat und Kirche gedacht. Thron und Altar blieben miteinander verbunden.

Der preußische König benutzte die Befehlsgewalt über die Kirche, die ihm als *summus episcopus* zustand, um das schon von seinen Vorgängern errichtete absolutistische System weiter auszubauen und zu festigen. Mit der von ihm geleiteten Staatskirche verfügte er über einen „zweiten Staatsapparat", der noch effektiver und wirkungsvoller als der erste, weltliche war. Mit den von ihm ernannten Pfarrern und Kirchenbeamten konnte er nämlich jeden und jede in jedem noch so abgelegenen Dorf kontrollieren und kujonieren. Proteste oder gar Widerstand gab es kaum, weder vonseiten der staatskirchlichen Funktionäre noch von den doppelt überwachten Untertanen. Sie alle waren ihrer Obrigkeit treu ergeben.

Der „aufgeklärte Absolutismus" in Preußen war daher noch absoluter als der „konfessionelle Absolutismus" in Spanien und der „höfische Absolutismus" in Frankreich. Anders als der französische ist der preußische Absolutismus auch nicht von innen durch eine Revolution gestürzt worden. Er wurde von außen zerschlagen. Genauer, durch Napoleon und seine Armee, welche 1806 die Schlacht von Jena und Auerstedt gewann. Von dieser vernichtenden Niederlage hat sich die vorher ob ihrer Effizienz hochgelobte preußische Armee nicht mehr erholt. Preußen selber wurde ein Jahr später, 1807, im Frieden von Tilsit gezwungen, auf alle westelbischen und alle durch die zweite und dritte Teilung Polens erworbenen Gebiete zu verzichten.

Reform und Reaktion

Doch dann raffte sich das auf seine Kerngebiete reduzierte Preußen zu einer Reform seiner militärischen, politischen und wirtschaftlichen Struktur auf. Die Kirche war davon aber nicht betroffen. An der Einheit von Kirche und Staat wurde festgehalten. Sie war in dem 1794 erlassenen „Allgemeinen Landrecht für die preußischen Staaten" festgeschrieben worden.

Dafür war die Kirche dankbar. Sie zeigte dies, indem sie die preußischen Untertanen nicht nur zu absoluter Treue gegenüber der preußischen Obrigkeit, sondern auch zum rücksichtslosen Kampf gegen ihre französischen Feinde aufrief. Besonders christlich war das nicht, es wurde aber dennoch mit christlichen Worten und Symbolen begründet. Gemeint sind die Verherrlichung der deutschen Nation und die Segnung des Befreiungskrieges. Auf diese unchristliche, ja blasphemisch wirkende Übernahme der weltlichen Ideologien des Bellizismus und Nationalismus wird in den nächsten Kapiteln noch einzugehen sein. Hier wieder zurück zum Verhältnis von Staat und Kirche in Preußen.[20]

Nach dem siegreichen Ende der sogenannten Befreiungskriege ist es dann doch noch zu einer Reform der preußischen Kirche gekommen. Dies geschah im Jahr 1817 durch König Friedrich Wilhelm III., der die lutherische mit der reformierten zur Kirche der preußischen Union vereinigte. Diese kirchliche Union wurde aber nicht mehr in den von Preußen 1866 eroberten Territorien eingeführt. Daher, weil sie nur in den alten preußischen Gebieten galt, wurde sie seit 1867 „Kirche der altpreußischen Union" genannt.

Die in allen Provinzialkirchen der (alt-)preußischen Union eingeführte neue einheitliche Liturgie (sogenannte Agende) stieß aber auf die Kritik einiger orthodoxer Lutheraner, die sich der Union versagten und eigene „altlutheranische" Gemeinden bildeten. Hier hielten sie an dem Konsistorialprinzip fest, das bisher in der lutherischen Kirche gegolten hatte. Diese wurde von einem vom Staat eingesetzten Konsistorium verwaltet, dem nur die Superintendenten und andere höhere Kirchenbeamte angehören durften.

In der neuen Kirche der (alt-)preußischen Union galt dagegen (zunächst) das Synodalprinzip der reformierten Kirche. Die Verwaltung der Kirche erfolgte hier nicht nur von oben nach unten durch das Konsistorium, sondern auch von unten nach oben durch die gewählten Gemeinderäte und die ebenfalls vom Kirchenvolk gewählten Mitglieder der Synoden, die so etwas wie das kirchliche Gegenstück zu den weltlichen Parlamenten waren. Das Synodalprinzip wirkte schon demokratisch und es hätte auch zu einer Demokratisierung der Kirche führen können, wenn es nicht wenige Jahre später reduziert worden wäre. Die 1835 eingeführte Synodalverfassung sah nämlich vor, dass die Hälfte der Sitze in den Synoden (später dann der Kreissynoden) den Vertretern des Kirchenapparates zugestanden wurde. Dadurch wurde die ohnehin nur begrenzte Macht der gewählten Synodalen stark eingeschränkt. Dennoch beharrten sie auf ihrem kirchenpolitischen Mitspracherecht. Dies nicht ohne Erfolg, 1843 wurden in allen preußischen Provinzen sogenannte Provinzialsynoden gebildet.[21] Sie waren das sakrale Gegenstück zu den säkularen Provinziallandtagen. Sowohl die kirchlichen als auch die weltlichen Vertretungsorgane wurden 1846 und 1847 vereinigt. Aus den kirchlichen Provinzialsynoden wurde die gesamtstaatliche Generalsynode und aus den Provinziallandtagen der Vereinigte Landtag. Damit verfügte Preußen über zwei parlamentsähnliche Institutionen. Mit ihrer Hilfe hätte die dringend notwendige Demokratisierung von Kirche und Staat durchgeführt werden können. Dazu ist es jedoch nach dem Ausbruch und Scheitern der 1848er-Revolution nicht gekommen.

Schuld daran waren nicht nur die deutschen Reaktionäre, welche die Revolution niederschlugen, sondern auch die deutschen Revolutionäre selbst, welche die Revolution nicht zu Ende führten. Kein einziger der weltlichen Herrscher wurde hier gestürzt oder gar getötet. Ihnen ist noch nicht einmal das landesherrliche Kirchenregiment entzogen worden. Anders als in den USA und im revolutionären Frankreich ist es in Deutschland nicht zu einer Trennung von Staat und Kirche gekommen.

In der neuen preußischen Verfassung wurde sogar ein Trennungsverbot fixiert. Weil der preußische ein „christlicher Staat" sei, dürften in ihm Kirche und Staat nicht getrennt werden. Sein betont christlicher Charakter hat den preußischen Staat aber nicht daran gehindert, die Kirche noch mehr an die Kandare zu nehmen. Diese Aufgabe wurde einer eigens zu diesem Zweck geschaffenen staatlichen Aufsichtsbehörde übertragen. Sie entstand 1850 aus einer Abteilung des Kultusministeriums und wurde „Evangelischer Oberkirchenrat" genannt. Dadurch wurde das auf die Reformation zurückgehende landesherrliche Kirchenregiment bekräftigt und gestärkt. Proteste oder gar Widerstand seitens des Kirchenvolkes gab es nicht, wurde es doch weiterhin von der Kirche zur absoluten Treue zu seiner weltlichen Obrigkeit angehalten.

Dennoch konnten sich Kirche und Staat dem allgemeinen Modernisierungsprozess in Wirtschaft und Gesellschaft nicht widersetzen. Die Kirche beziehungsweise der Oberkirchenrat ließen es zu, dass in den 1860er-Jahren wieder Provinzialsynoden gebildet werden konnten, aus denen dann 1875 eine neue Generalsynode hervorging. Der Staat ging sogar dazu über, der Kirche einige Aufgaben und Funktionen wieder zu entziehen, die sie seit der Reformation ausgeübt und innegehabt hatte. Dazu gehörte das Schulwesen, das jetzt wieder ganz und ausschließlich von staatlichen Behörden geleitet und kontrolliert wurde. Das geschah durch das Schulaufsichtsgesetz von 1872. Drei Jahre später – 1875 – wurde im gesamten Deutschen Reich die Zivilehe eingeführt. Dadurch verloren die Kirchen ihre bisherigen staatlichen, genauer standesamtlichen Befugnisse.

Gegen diese minimale Entmachtung gewehrt hat sich aber nur die Katholische Kirche. Es kam zum sogenannten Kulturkampf. In ihn hat sich die Evangelische Kirche aber nicht eingemischt. Einmal, weil sie von den meisten der sogenannten Maigesetze von 1873 nicht betroffen war, und zum anderen wegen ihrer auf Luther zurückgehenden antikatholischen Vorbehalte und Vorurteile.

Hinzu kam das Dogma beziehungsweise die Ideologie von der

absoluten Obrigkeitstreue nach Römer 13, an der die protestantische noch unbeirrter festhielt als die katholische Kirche. Dafür wurde sie reichlich belohnt, nicht nur in materieller Hinsicht durch die staatlichen finanziellen Zuschüsse zu den kirchlichen Haushalten, sondern auch in ideologischer Hinsicht. Auch das Kaiserreich verstand sich als christlicher Staat, und sein letzter Kaiser regierte, wie er nicht müde wurde zu betonen, „von Gottes Gnaden".[22]

Reich und Republik

Mit dem kaiserlichen Gottesgnadentum war es nach dem verlorenen Ersten Weltkrieg und der nachfolgenden (halben) Revolution vorbei. Der Kaiser dankte ab und das landesherrliche Kirchenregiment war weg. Doch sonst änderte sich nicht viel. Die Revolutionäre verzichteten auf eine Enteignung der Kirche und enthielten sich jeglicher Bestrafungs- und Verfolgungsmaßnahmen. Die Verfassungsväter fanden sich noch nicht einmal bereit, die Trennung von Kirche und Staat zu verkünden und in der Verfassung festzuschreiben. Und dies, obwohl eine völlige Trennung von Staat und Kirche von den deutschen Demokraten und Sozialdemokraten immer gefordert und in vielen deutschen Nachbarstaaten schon lange verwirklicht worden war. Aufgrund des Artikels 137 der Weimarer Reichsverfassung sollte es zwar keine „Staatskirche" mehr geben, dennoch wurden die Kirchen und sonstigen „Religionsgemeinschaften" (dazu wurde jetzt auch die jüdische gezählt) im gleichen Artikel der Weimarer Reichsverfassung zu „Körperschaften des öffentlichen Rechts" erklärt. Ihnen wurde darüber hinaus das Recht zugestanden, Kirchen- (und Synagogen-) Steuern zu erheben. Sie wurden (und werden bis heute) vom Staat eingezogen und dann an die Kirchen (und Synagogen) überwiesen.

Insgesamt hatte die Kirche allen Grund, für ihre weitere Privilegierung dankbar zu sein.[23] Doch das war sie nicht. Die Evangelische

Kirche zeigte sich noch nicht einmal dazu bereit, dem neuen demokratischen Staat so treu und ergeben zu sein, wie sie es dem alten autoritären gegenüber gewesen war. Das unterschied sie von der Katholischen Kirche, die ihren Frieden mit dem neuen demokratischen Staat gemacht hatte, der zudem von der demokratischen katholischen Zentrums-Partei mitgetragen und unterstützt wurde.

Nicht alle, aber die meisten Repräsentanten der Evangelischen Kirche haben die Demokratie abgelehnt und die antidemokratischen rechten Parteien unterstützt und gewählt. Kaum jemand von ihnen hat sich zudem dazu bereitgefunden, diejenigen Staatsbürger zu unterstützen, die in ihrer im Artikel 135 gewährten „Glaubens- und Gewissensfreiheit" eingeschränkt wurden. Dies traf vor allem auf die deutschen Juden zu, die auch in der Zeit der Weimarer Republik zahlreichen gewaltsamen Übergriffen der Antisemiten ausgesetzt waren.

All das wird man nicht nur aus der rückschauenden Perspektive als fehlerhaft bezeichnen können. Unentschuldbar war auch, dass sich die Evangelische Kirche nicht dem Aufstieg der NSDAP in den Weg gestellt hat. Das hätte sie aber durchaus tun können, wenn sie sich am Beispiel der Katholischen Kirche orientiert hätte, die ihren Angehörigen unter Androhung der Exkommunikation den Beitritt zur NSDAP verboten und immer zur Wahl der demokratischen Zentrums-Partei aufgerufen hat.[24]

Die katholische Ablehnung und Bekämpfung der NSDAP war nicht nur parteipolitisch, sondern auch religiös motiviert. Teile des ideologischen Programms der NSDAP wurden von der Katholischen Kirche als antichristlich bezeichnet und verurteilt. Dies hätte auch von der Evangelischen Kirche erkannt werden können. Doch das geschah nicht. Die von der Katholischen Kirche mit Recht abgelehnten antichristlichen, weil rassistischen programmatischen Forderungen wurden von verschiedenen Angehörigen und selbst Repräsentanten der Evangelischen Kirche geteilt und öffentlich vertreten.

Diese, wie sie sich selber nannten, „Deutschen Christen" gründeten 1932 eine kirchenpolitische Partei, die bei den Kirchenwahlen des gleichen Jahres auf Anhieb ein Drittel aller Mandate gewann.[25] Dies mit einem eindeutig rassistischen Programm, in dem Folgendes zu lesen war: „Wir sehen in Rasse, Volk und Nation uns von Gott geschenkte und anvertraute Lebensordnungen (...) Daher ist der Rassenvermischung entgegenzutreten (...) Insbesondere ist die Eheschließung zwischen Deutschen und Juden zu verbieten."[26] Außerdem wurden die „Entjudung" der protestantischen Konfession, die Entlassung aller „nichtarischen" kirchlichen Amtsträger und die Errichtung einer „Reichskirche" gefordert, die alle 29 Landeskirchen umfassen sollte.

Verfolgung und Widerstand

Dieses Programm der „Deutschen Christen" ist nach der Ernennung Hitlers zum Reichskanzler Punkt für Punkt verwirklicht worden.[27] Im Juni 1933 löste der zum Staatskommissar für die preußischen Landeskirchen eingesetzte August Jäger die gewählten Kirchenvertretungen auf. Diese staatliche Gleichschaltung von oben scheiterte jedoch am Einspruch des Reichspräsidenten Hindenburg. Daraufhin versuchten die Deutschen Christen, die Evangelische Kirche gewissermaßen von unten durch innerkirchliche Wahlen gleichzuschalten. Dies gelang.

Bei den im Juli 1933 abgehaltenen Wahlen erreichten die Deutschen Christen einen überwältigenden Erfolg. Sie gewannen zwei Drittel der abgegebenen Stimmen und verfügten in fast allen Gemeinderäten über die Mehrheit. Am 5. September 1933 wurde ihr Kandidat Ludwig Müller zum Landesbischof der Kirche der altpreußischen Union gewählt. Dies geschah auf einer Synode, die als „braune Synode" bezeichnet wurde, hielten es doch die Delegierten, unter ihnen viele Pfarrer, für angebracht, im Braunhemd der SA zu dieser kirchlichen Veranstaltung zu erscheinen.

Geradezu schrecklich waren die Beschlüsse der „braunen Synode". Mit der Wahl Müllers wurde das Führerprinzip innerhalb der Evangelischen Kirche der Union eingeführt. Außerdem wurde der staatliche Arierparagraph übernommen und radikalisiert, wurden doch keineswegs nur, wie im Gesetz zur Wiederherstellung des Berufsbeamtentums vom 7. April 1933 vorgesehen, Personen, die selber „nichtarischer" Herkunft waren, aus dem Dienst der Kirche entlassen, sondern auch solche, die mit „nichtarischen" Frauen verheiratet waren.[28] Dies verstieß gegen zwei christliche Prinzipien und Sakramente – das der Taufe und das der Ehe.

Zu den wenigen, die dies erkannten und als zutiefst unchristlich brandmarkten, gehörte der ehemalige Marineoffizier und spätere Pfarrer in Berlin-Dahlem Martin Niemöller. Niemöller gründete am 11. September 1933 in seinem Dahlemer Pfarrhaus den sogenannten Pfarrernotbund. Erfolg war ihm zunächst nicht beschieden, konnte doch weder die Verkündung des Arierparagraphs noch die Wahl Müllers zum „Reichsbischof" der zur „Reichskirche" zusammengeschlossenen Evangelischen Kirche verhindert werden. Beides fand auf der Nationalsynode vom 27. September 1933 statt.

Damit hatten die Deutschen Christen die wichtigsten Punkte ihres Programms erreicht. Die Kirche war gleichgeschaltet und zur „Reichskirche" umgestaltet. Der kirchliche radikale Arierparagraph war durchgesetzt worden. Was noch fehlte, war die „Entjudung" der protestantischen Konfession. Sie wurde am 13. November 1933 auf einer Massenkundgebung der Deutschen Christen im Berliner Sportpalast offen angekündigt. Ein Funktionär der Deutschen Christen namens Krause forderte seine Glaubens- und Parteigenossen auf, das gesamte Alte Testament und die Briefe des Apostel Paulus wegen ihres „jüdischen Charakters" und weil sie den „germanischen Idealen" nicht entsprächen, nicht mehr zu beachten.[29]

Das war zu viel der antichristlichen Häresie. Niemöllers Pfarrernotbund, der sofort und äußerst energisch gegen die antichristliche Kundgebung der Deutschen Christen protestiert hatte, erhielt immer mehr Zulauf. Immer mehr Pfarrer wandten sich von den Deutschen Christen ab und kündigten ihrem neuen Reichsbischof Müller die Gefolgschaft auf. Müller reagierte mit Härte. Am 4. Januar 1934 untersagte er seinen kirchlichen Untertanen jegliche Kritik an ihm und seiner Kirche. Dieser, wie er mit Recht bezeichnet wurde, Maulkorberlass sollte zur Wiederherstellung „geordneter Zustände" innerhalb der Reichskirche beitragen.

Doch dazu kam es nicht. Die Kritiker Müllers ließen sich auch nicht durch die am 26. Januar erfolgte Beurlaubung Niemöllers abschrecken. Stattdessen riefen sie die Mitglieder des Pfarrernotbundes und die Repräsentanten der sogenannten intakten, das heißt nicht von den Deutschen Christen beherrschten Landeskirchen zu einer Bekenntnissynode ein. Sie fand Ende Mai 1934 in Barmen-Gemarke statt, einer Wuppertaler Gemeinde, in der die Deutschen Christen nicht über die Mehrheit im Gemeinderat verfügten. Die in Barmen versammelten „Vertreter lutherischer, reformierter und unierter Kirchen" kündigten der „Reichskirchenregierung" den Gehorsam auf. Dies wurde in der berühmt gewordenen fünften These der Barmer Erklärung (offiziell hieß sie „Theologische Erklärung zur gegenwärtigen Lage der Deutschen Evangelischen Kirche") folgendermaßen begründet:

„Wir verwerfen die falsche Lehre, als solle und könne sich die Kirche über ihren besonderen Auftrag hinaus staatliche Art, staatliche Aufgaben und staatliche Würde aneignen und damit selber zu einem Organ des Staates werden."[30]

Damit begann der sogenannte Kirchenkampf. War er, wie nach 1945 vielfach behauptet worden ist, auch ein Kampf gegen den Staat, und ist er als Widerstand anzusehen? Dafür spricht ein weiterer und noch wichtigerer Satz in der fünften These der Barmer Erklärung. Er lautet wie folgt:

„Wir verwerfen die falsche Lehre, als solle und könne der Staat über seinen besonderen Auftrag hinaus die einzige und totale Ordnung menschlichen Lebens werden und also auch die Bestimmung der Kirche erfüllen."

Zweifellos ein unerhört wichtiger Satz, mit dem die Barmer Synodalen die von Paulus gebotene und von Luther bekräftigte absolute Treue zu jeglicher, ja gerade der nationalsozialistischen Obrigkeit aufkündigten. Das kann nicht hoch genug anerkannt werden. Eine ganz andere Frage ist, ob die Angehörigen der im Mai 1935 auf der zweiten Bekenntnissynode gebildeten, später sogenannten Bekennenden Kirche diesem Anspruch auch gerecht geworden sind. Kurz und noch einmal: War der Kirchenkampf „nur" ein Kampf innerhalb der Kirche oder auch ein Kampf gegen Kirche und Staat?

Die Bekennende Kirche hat unzweifelhaft gegen die gleichgeschaltete und politisch und ideologisch nazifizierte Reichskirche gekämpft, und dies auf allen Ebenen. Einmal in den Gemeinden, wo sich bekenntnistreue Christen beiderlei Geschlechts gegen ihre deutschchristlichen Pastoren wandten und ihre Absage an das allgemeine deutschchristliche Kirchenregiment durch die Unterzeichnung einer dementsprechenden Erklärung auf den berühmten Roten Karten bekundeten. Zum anderen auf der landes- und reichskirchlichen Ebene, auf der sich Repräsentanten der Bekennenden Kirche gegen verschiedene Maßnahmen der nazifizierten Reichskirche wehrten.

Der nationalsozialistische Staat hat immer wieder in die innerkirchlichen Auseinandersetzungen eingegriffen. Oppositionelle Geistliche wurden entlassen, mit Geldstrafen belegt und ins Gefängnis geworfen. Andererseits gelang es dem am 16. Juli 1935 zum Minister für die kirchlichen Angelegenheiten ernannten Hanns Kerrl, die Bischöfe der intakten Kirchen (in denen die Deutschen Christen nicht über die Mehrheit verfügten) von Hannover (August Marahrens), Bayern (Hans Meiser) und Württemberg (Theophil Wurm) dazu zu bewegen, mit der von den Deutschen Christen beherrschten Nationalkirche in einem neu gebildeten Reichskirchenausschuss zusammenzuarbeiten. Damit war die gemeinsame Abwehrfront der Bekennenden Kirche gespalten.

Im Februar 1936 fand in Bad Oeynhausen die letzte gemeinsame Reichsbekenntnissynode statt. Diejenigen, die zur Mitarbeit mit dem Regime bereit waren, bildeten die „Evangelisch-Lutherische Kirche Deutschlands". Der radikale und kompromisslose Flügel wählte am 12. März 1936 eine neue „Vorläufige Kirchenleitung". Sie verfasste im Mai 1936 eine Denkschrift, in der in klaren Worten zentrale Bestandteile der nationalsozialistischen Weltanschauung wie der Rassismus und der Führerkult abgelehnt wurden.[31] Ihr Text wurde vorzeitig in der Öffentlichkeit bekannt. Daraufhin griffen die Nationalsozialisten zu. Der Verfasser der Denkschrift, Friedrich Weißler, wurde verhaftet und bald darauf ermordet. 1937 wurde auch Pfarrer Niemöller verhaftet. Im Februar 1938 wurde ihm der Prozess gemacht. Obwohl er nur zu sieben Monaten Haft verurteilt wurde, die zudem durch die Untersuchungshaft bereits verbüßt waren, verschleppte ihn die Gestapo in das KZ Sachsenhausen. Damit war ein unersetzbarer Führer der kirchlichen Opposition ausgeschaltet.

Auf dem Höhepunkt der sogenannten Sudetenkrise im September 1938 wagte es die Vorläufige Kirchenleitung, in einer eigens für diesen Zweck verfassten Gebetsliturgie für die Bewahrung des Friedens zu beten, den Hitler schon damals brechen wollte.[32] Dies wurde von der gemäßigten Evangelisch-Lutherischen Kirche Deutschlands ausdrücklich missbilligt. Sie hat dann auch nicht mehr gegen die schändlichen Judenpogrome vom November 1938 protestiert. Dies haben nur einige wenige Pfarrer der Bekennenden Kirche gewagt. Vertreter der Deutschen Christen haben es dagegen für angebracht gehalten, die antisemitischen Maßnahmen des nationalsozialistischen Regimes zu verteidigen.[33]

Gegen den von Hitler angezettelten Krieg hat dann niemand mehr protestiert. Selbst Angehörige der Bekennenden Kirche hielten es für notwendig, für den Sieg der deutschen Waffen zu beten, obwohl doch jedem klar sein musste, dass dieser Krieg vom ersten Tage an ein absolut ungerechter und unfassbar brutaler „Rassenkrieg" war.[34]

Umso mehr sind die, allerdings vereinzelten Proteste gegen die nationalsozialistische Rassenpolitik und die Hilfeleistungen für die Opfer dieser Politik zu würdigen. In Berlin richtete Pastor Heinrich Grüber eine Hilfsstelle für verfolgte evangelische „Nichtarier" ein.[35] Sie versuchte, den evangelischen Glaubensbrüdern bei der Auswanderung und bei der Überwindung sozialer Probleme zu helfen. Doch im Dezember 1940 wurde Grüber verhaftet und in ein Konzentrationslager verschleppt. Kurz zuvor, im Juli 1940, hatten der württembergische Bischof Wurm sowie einige andere Repräsentanten der Evangelischen Kirche schriftlich gegen die Ermordung der „Erbkranken" protestiert.

Dagegen fand der Aufruf der Breslauer Vikarin Katharina Staritz vom September 1941, auch etwas gegen den begonnenen Mord an den Juden zu sagen, kaum Gehör. Erst im Oktober 1943 wurde der Juden- und Rassenmord auf der 12. Bekenntnissynode der Kirche der altpreußischen Union offen und öffentlich verurteilt – mit folgenden Worten: „Begriffe wie ‚Ausmerzen', ‚Liquidieren' und ‚unwertes Leben' kennt die göttliche Ordnung nicht. Vernichtung von Menschen, lediglich weil sie Angehörige eines Verbrechers, alt oder geisteskrank sind oder einer anderen Rasse angehören, ist keine Führung des Schwertes, das der Obrigkeit von Gott gegeben ist."[36]

Das war mutig, aber nicht mutig genug. Außerdem sind diesen viel zu späten Worten viel zu wenige Taten gefolgt. Nur wenigen Juden (und so gut wie keinen Roma) ist wirklich geholfen worden. Das ist im Oktober 1945 von den in Stuttgart versammelten Repräsentanten der restaurierten Evangelischen Kirche Deutschlands durchaus erkannt worden. Zu dieser ihrer Schuld haben sie sich mit folgenden Worten bekannt: „Wir klagen uns an, dass wir nicht mutiger bekannt, nicht treuer gebetet, nicht fröhlicher geglaubt und brennender geliebt haben."[37]

Leider war dieses ohnehin sehr unpräzise formulierte Schuldbekenntnis mit einem ziemlich lügnerischen Selbstlob verbunden, war doch vor der Anklage folgender Satz zu lesen: „Wohl haben wir lange Jahre hindurch im Namen Jesu Christi gegen den Geist gekämpft, der im nationalsozialistischen Gewaltregiment seinen furchtbaren Ausdruck gefunden hat; aber ..."

Mit dem Kampf gegen diesen ominösen „Geist" war der Kirchenkampf gemeint, der in zahlreichen weiteren Verlautbarungen der Evangelischen Kirche als „Widerstand" bezeichnet und zum politischen Widerstand gerechnet wurde. Dies war wenn schon keine Lüge, so doch eine Ideologie. Mit ihr hat die Evangelische Kirche ihre eigene Entnazifizierung verhindert und die Restauration ihrer alten Macht und Herrlichkeit begründet.

Restauration und Revolution

Restauriert wurde einmal die vor der NS-Zeit bestehende Kirchenverfassung. An die Stelle der nazifizierten Reichskirche und der oppositionellen Bekennenden Kirche, die beide aufgelöst wurden, trat die „Evangelische Kirche in Deutschland" (EKD).[38] Dabei handelte es sich um einen ziemlich lockeren und föderativ wirkenden Zusammenschluss der lutherischen, reformierten und unierten Landeskirchen. Ihm gehörten die Kirchen auf dem Territorium der DDR seit 1969 nicht mehr an. Sie bildeten den „Bund der Evangelischen Kirchen in der DDR".

Restauriert wurde zweitens (im Westen) die vor der NS-Zeit bestehende verfassungsrechtliche Stellung der Kirche. Dies geschah durch die Aufnahme der oben erwähnten und beschriebenen Kirchen-Artikel der Weimarer Reichsverfassung in das Grundgesetz, das daher keine wirkliche Trennung von Staat und Kirche vorsieht. Restauriert, und eigentlich noch radikalisiert, wurde drittens die geistige und materielle Macht der Kirche – beides durch den Staat, der die Kirche finanziell unterstützte, ihre religiösen Vorstellungen teilte und sie in der konkreten staatlichen Politik verwirklichte. Das war vor allem in der Familien- und Sexualpolitik der Fall.

Auch sie wurde von der Evangelischen Kirche begrüßt und mitgetragen, obwohl sie auf spezifisch katholischen Wertvorstellungen basierte, die von überwiegend katholischen Politikern in der Verfassung verankert worden waren, und von einem Staat exekutiert wurde, in dem die Katholiken in der Mehrheit waren.

Regiert wurde dieser Staat aber in den ersten 20 Jahren seines Bestehens von einer Partei, die zwar aus dem katholischen Zentrum hervorgegangen war, aber im Unterschied zu ihrer Vorläuferin einen überkonfessionellen Charakter hatte, weil sie auch Protestanten in ihre Reihen aufnahm: die „Christlich Demokratische Union".

Ihr ist es mit zu verdanken, dass der traditionelle und letztlich fatale Antagonismus zwischen Katholizismus und Protestantismus wenn nicht völlig überwunden, so doch wesentlich abgeschwächt wurde. Der CDU und ihrem charismatischen Parteiführer und langjährigen Kanzler Konrad Adenauer kommt außerdem das Verdienst zu, dass die vorher meist antikatholisch und antidemokratisch eingestellten Protestanten ihre Vorbehalte gegenüber der Katholischen Kirche und der demokratischen Staatsverfassung aufgegeben und die neue christlich-demokratische Bonner Republik vorbehaltlos und von Anfang an mitgetragen und unterstützt haben.[39] Bonn ist auch deshalb nicht Weimar geworden. Dies ist anzuerkennen, ist aber kein Grund, das gesamte politische Verhalten der (evangelischen) Kirche in der (alten) Bundesrepublik zu preisen.

Schon ihre Zustimmung zur antifeministisch und homophob geprägten Familien- und Sexualpolitik war und ist kritikwürdig. Die Kirche hat ihren Widerstand gegen die Reform der Paragraphen 175 und 218 des Strafgesetzbuches viel zu spät aufgegeben und damit geduldet, dass Abtreibungen und gleichgeschlechtliche Liebesbeziehungen in fast der gesamten Zeit der (alten) Bundesrepublik geahndet und bestraft wurden.

Zu loben ist dagegen, dass sich große Teile der Evangelischen Kirche lange Zeit gegen die Wiederbewaffnung der Bundesrepublik gewehrt haben. Darauf und auf die Unterstützung der Friedensbewegung in den 1980-erJahren wird im nächsten Kapitel über „Kirche und Krieg" noch einmal einzugehen sein.

Insgesamt ist folgendes geteiltes Fazit zu ziehen. Lobenswert war die Anerkennung der bundesrepublikanischen demokratischen Staatsordnung seitens der Kirche. Kritikwürdig war, dass sie auch der demokratischen Obrigkeit viel zu sehr ergeben war und häufig nicht erkennen wollte, dass „man Gott mehr gehorchen (muss) als den Menschen". Die Kirche in der Bundesrepublik hat, wie im Darmstädter Wort beklagt, „das Recht zur Revolution verneint", aber die „Entwicklung" nicht „zur absoluten Diktatur", sondern zur Demokratie „geduldet und gutgeheißen".

Anders war es in der DDR.[40] Hier sind Staat und Kirche von Anfang an getrennt worden, durch den Artikel 43 der Verfassung der DDR von 1949. In ihm wurde die Restauration einer wie auch immer gearteten „Staatskirche" untersagt, zugleich aber die „Freiheit der Vereinigung zu Religionsgemeinschaften (...) gewährleistet". Außerdem wurde den Bürgern der DDR im Artikel 41 neben der „vollen Glaubens- und Gewissensfreiheit" auch die „ungestörte Religionsausübung" zugestanden.

Diese übrigens auf Druck der Sowjets erlassenen liberalen Bestimmungen der Verfassung der DDR sind aber sehr bald von ihrer

Staatspartei, der SED, verletzt und gebrochen worden. Die SED setzte nämlich ihren Primatanspruch nicht nur gegenüber den anderen sogenannten Blockparteien, sondern auch gegenüber der Kirche durch. Zum Dissens zwischen Kirche und SED kam es einmal und vor allem in der Schul- und Jugendpolitik. Die Kirche hatte zwar die Trennung von Staat und Kirche hingenommen, wollte sich aber aus der Schule und dem allgemeinen Erziehungssystem nicht verdrängen lassen. Sie beharrte auf ihrem in der Verfassung verbrieften Recht, Religionsunterricht auch in den Schulen durchzuführen, und kritisierte das Mitte 1950 von der SED angekündigte Vorhaben, den „dialektischen Materialismus als die wissenschaftliche Weltanschauung der Arbeiterklasse" im gesamten schulischen Bereich durchzusetzen. Repräsentanten der Kirche sahen darin den Versuch, den Schülern den „Unglauben" aufzunötigen.

Dagegen wehrten sich die kirchlichen Jugendorganisationen der „Jungen Gemeinden". Sie machten der staatlichen Jugendorganisation FDJ die Mitglieder abspenstig. Die Partei reagierte darauf mit Terror. Es kam zu verschiedenen Übergriffen auf Angehörige der Jungen Gemeinden. Allein in den Jahren 1952/53 wurden 72 kirchliche Jugendgruppenleiter festgenommen und 300 Jugendliche von den Schulen verwiesen. Die evangelischen Bischöfe protestierten und baten die sowjetischen Behörden um Hilfe. Mit Erfolg: Auf sowjetischen Druck hin betrieb die SED wieder eine moderatere Kirchenpolitik.

Doch damit war es nach dem Volksaufstand vom 17. Juni 1953, an dem sich auch viele evangelische Christen beteiligt hatten, wieder vorbei. 1957 erließ das Politbüro der SED neue „politische Richtlinien (...) zur Vorbereitung und Durchführung der Jugendweihe". Diesem antikirchlichen pseudoreligiösen Ritual sollten sich alle Jugendlichen der DDR unterziehen. Die Kirche lehnte das ab und verkündete die Unvereinbarkeit von staatlicher Jugendweihe und kirchlicher Konfirmation.

Daraufhin beschloss die SED auf ihrem V. Parteitag im Juli 1958 eine noch radikalere Trennung von Staat und Kirche. In dem von der Partei erlassenen „10 Geboten der sozialistischen Moral und Ethik" hieß es: „Die Verbreitung religiöser Lehren ist nicht Sache des Staates und seiner Einrichtungen. Die Ausübung religiöser Kulte und das Studium der damit verbundenen Lehren ist eine private Angelegenheit kirchlich gebundener Menschen, die sich ausschließlich im Rahmen der Kirche vollzieht."[41]

Die Kirche reagierte darauf, indem sie ihrerseits der DDR-Obrigkeit den Gehorsam aufkündigte. Begründet wurde das von dem Bischof von Berlin-Brandenburg Otto Dibelius, der von 1949 bis 1961 auch den Vorsitz im Rat der Evangelischen Kirche in Deutschland innehatte. Dibelius hatte aus dem Anpassungsverhalten großer Teile der Kirche an den NS-Staat (wobei er selber zunächst keineswegs eine Ausnahme war) die Lehre gezogen, dass Christen „totalitären" Staaten gegenüber nicht immer und überall gehorsam sein müssten. Da die DDR zu diesen „totalitären" Staaten gehöre, müsse man auch ihre Gesetze nicht immer beachten. Dazu zählte Dibelius auch die in der DDR geltenden Verkehrsregeln.[42]

Das wirkt heute schon fast lustig, wurde aber damals von der Partei- und Staatsführung der DDR als Aufruf zum Widerstand empfunden und verurteilt. Daher brach die DDR die offiziellen Beziehungen zur Leitung der immer noch gesamtdeutschen EKD ab. Begründet wurde das mit der Unterstützung der westdeutschen Wiederbewaffnung durch die EKD.

Durch den Bau der Mauer im August 1961 (gegen den die EKD heftig protestierte) wurde die Zusammenarbeit der Kirche im geteilten Deutschland weiter erschwert und schließlich nahezu unmöglich gemacht. Daher gaben die Repräsentanten der Kirche in der DDR dem Druck der SED schließlich nach und gründeten 1969 mit dem „Bund der evangelischen Kirchen in der DDR" (BEK) eine eigene DDR-Kirche, die sich aber in ihrer Grundordnung der „besonderen Gemeinschaft der ganzen evangelischen Christenheit in Deutschland" verpflichtet fühlte.

Die Rolle und Funktion dieser Kirche in einem sowohl atheistischen wie sozialistischen Staat wurde von der Bundessynode der BEK im Juli 1971 folgendermaßen auf den Begriff gebracht: „In Zeugnis- und Dienstgemeinschaft lernen wir, was es heißt: Nicht Kirche neben, nicht gegen, sondern im Sozialismus zu sein."[43]

Dieser viel zitierte Satz war sehr missverständlich. Einige verstanden unter „Sozialismus" nicht nur den existierenden DDR-Staat, sondern auch dessen – vorgeblich! – sozialistische Ideologie, weshalb sie der Kirchenführung eine auch ideologisch motivierte Unterwerfung unter das diktatorische System des „real existierenden Sozialismus" vorwarfen.

Tatsächlich kam es in den 1970-er Jahren zu dem, was von dem durchaus DDR-kritischen Probst Heino Falcke als „System wechselseitiger Stabilisierung" bezeichnet worden ist. Die Kirche trug, ob gewollt oder ungewollt sei dahingestellt, durch ihren Verzicht auf eine Fundamentalopposition zur Stabilisierung des Regimes bei. Im Gegenzug wurde ihr vom Staat ein weitgehend „staatsfreier Raum" für ihr „eigenständiges Leben und Wirken" zugestanden. Dieser Kompromiss wurde am 6. März 1978 in einem „Spitzengespräch" zwischen Erich Honecker und der von Bischof Albrecht Schönherr angeführten Kirchenleitung ausgehandelt.[44]

Der hier erreichte *modus vivendi* war jedoch sehr fragil und für beide Seiten mit Vor- und Nachteilen verbunden. Die DDR-Führung versuchte – zum Teil mit Erfolg –, die Kirche im innerdeutschen und internationalen Bereich für ihre „Friedenspolitik" gegenüber dem „imperialistischen und kriegslüsternen Westen" zu instrumentalisieren. Doch gerade das Thema Frieden war nicht ohne Ambivalenzen und Fallstricke. Schließlich rüsteten ja beide Seiten – der Osten wie der Westen – auf. Die innerhalb und gewissermaßen unter dem Dach der Kirche seit 1981/82 entstandenen Friedensgruppen konnten nicht auf einem Auge blind sein, und sie kritisierten auch die östliche Aufrüstung sowie vor allem den in der DDR eingeführten obligatorischen „Wehrunterricht". Für die Partei- und Staatsführung gefährlich wurde die Friedensbewegung spätestens seit 1983, als sie sich zum Netzwerk „Konkret für den Frieden" zusammenschloss und mit dem Slogan „Schwerter zu Pflugscharen" über ein gemeinsames und sehr zugkräftiges Symbol verfügte.[45]

Nach und neben der Friedensbewegung entstanden wiederum unter dem Dach der Kirche weitere oppositionelle Gruppen, die sich für die Umwelt, die Frauen und ganz allgemein für die Menschenrechte einsetzten. Natürlich war dies alles der Partei- und Staatsführung ein Dorn im Auge, weshalb sie die Kirche zur Unterbindung dieser Aktivitäten aufforderte.

Einige – so der Berliner Generalsuperintendent Günter Krusche – folgten diesen staatlichen Anweisungen. Andere – so der Konsistorialpräsident von Berlin-Brandenburg Manfred Stolpe – verlegten sich aufs Verhandeln (auch mit der Stasi). Weitere Repräsentanten der Kirche forderten eine Abkehr von der Politik der „kritischen Solidarität" der „Kirche im Sozialismus".

Wer recht hatte und welcher Kurs der richtige war, ist schwer zu entscheiden und darf auf jeden Fall nicht aus der rückschauenden Perspektive beurteilt werden.[46] Entscheidend ist das Ergebnis: Die Kirche blieb nicht nur Schutzraum für die verschiedenen oppositionellen Friedens-, Umwelt- und Menschenrechtsgruppen, sondern wurde zum Ausgangs- und Kristallisationspunkt der gesamten Opposition in der DDR. Damit hat sie die Revolution des Jahres 1989 nicht nur vorbereitet, sondern auch mitgetragen. Doch ob man diese Revolution deshalb als „protestantische Revolution"[47] bezeichnen kann, erscheint doch mehr als fraglich.

Keine Frage ist, dass die oppositionellen Christen in der DDR die Botschaft gehört und befolgt haben, wonach „man Gott mehr gehorchen (soll) als den Menschen". Sie haben, um noch einmal das Darmstädter Wort zu zitieren (und etwas abzuwandeln), die „Entwicklung zur absoluten Diktatur" (in der DDR) nicht „geduldet und gutgeheißen" und das „Recht zur Revolution (nicht) verneint".

II. „Liebet eure Feinde" – Kirche und Krieg

„Liebet eure Feinde, segnet, die euch fluchen; tut wohl denen, die euch hassen; bittet für die, so euch beleidigen und verfolgen." (Matthäus 5,44) Mit diesen Worten hat Jesus seine Anhänger zur Bewahrung des Friedens ermahnt. Vom Apostel Paulus sind die Christen aber zum Gehorsam gegenüber der Obrigkeit ermahnt worden. (Römer 13) Müssen sie ihr auch dann gehorchen, wenn sie von dieser Obrigkeit in den Krieg geschickt werden, oder können, ja müssen sie dann „Gott mehr gehorchen als den Menschen" (Apostelgeschichte 5,29)? Diese Frage wird bei Paulus und im gesamten Neuen Testament nicht eindeutig beantwortet.

Auch nicht im Alten Testament. Denn in ihm ist weit mehr vom Krieg als vom Frieden die Rede. Hier werden die Kriege, welche die Juden gegen ihre Feinde geführt haben, sogar ausdrücklich gebilligt und ausführlich beschrieben. Zumindest in den Makkabäer-Büchern geschieht dies in einer geradezu blutrünstigen Weise, die heutige Friedensfreunde davon abschreckt, diese Bücher und die Bibel überhaupt zu lesen. Das sollten sie aber tun, findet man hier doch nicht nur die bereits erwähnte Ermahnung, den Frieden zu bewahren, sondern auch den Rat, wie man das tun kann. Durch den Verzicht auf, ja die Vernichtung aller Waffen. Im Buch des Propheten Micha steht geschrieben: „Sie werden ihre Schwerter zu Pflugscharen und ihre Spieße zu Sicheln machen. Kein Volk wird gegen das andere das Schwert erheben, und sie werden fortan nicht mehr lernen, Krieg zu führen." (Micha 4,1–4)

Was soll der gläubige Christ tun? Soll er dem Evangelisten Matthäus und dem Propheten Micha folgen und den Frieden wahren und die Waffen vernichten, oder soll er, wie vom Apostel Paulus geraten, seiner Obrigkeit immer treu ergeben sein? Auch dann noch, wenn sie ihn zum Kriegführen auffordert?[48]

Ich meine, dass dies jeder Christ für sich selbst entscheiden muss und auch darf. Dies gehört zu seiner und der Freiheit eines (das heißt jeden) Christenmenschen. Diese meine ganz persönliche Meinung ist jedoch nicht immer von meiner Kirche geteilt worden. Sicher, sie hat immer auch für den Frieden gebetet, aber zugleich und noch mehr zum Krieg aufgerufen. Die Geschichte von Kirche und Krieg ist eine lange und traurige.

Gerechte und heilige Kriege

Sie begann aber nicht mit Jesus und seinen Jüngern und mit der von Paulus und den anderen Aposteln gestifteten (Ur-)Kirche. Ihre Mitglieder waren absolut friedfertige Männer und Frauen, die sich noch nicht einmal gegen ihre Verfolgung gewehrt haben. Diesem Beispiel sind neben Mönchen und Nonnen auch weitere Angehörige des sogenannten Kirchenvolkes gefolgt, die alle „Gott mehr gehorchen (wollten) als den Menschen", indem sie den von der Obrigkeit verlangten Kriegsdienst verweigerten. Einige von ihnen sind von der Amtskirche zu Märtyrern erklärt und heiliggesprochen worden. Viele andere wurden dagegen verketzert, verfolgt und verbrannt, weil sie sich der Amtskirche nicht beugen wollten. Sie verließen ihre angeblich „häretischen" Glaubensgemeinschaften nicht und blieben ihrem „ketzerischen" Glauben treu.

Um die Verfolgung dieser Häretiker und Ketzer durch die Amtskirche zu legitimieren, haben Kirchenväter wie Augustin die Lehre vom „gerechten Krieg" entwickelt. Diese angeblich gerechten Kriege sollten aber zunächst nur von der weltlichen Obrigkeit gegen die Feinde von Kirche und Staat geführt werden. Dazu wurden neben den Häretikern auch die sogenannten Heiden gezählt. Für ihre rücksichtslose Bekämpfung wurde in den Kirchen sogar gebetet. Dies unter Hinweis auf eine völlig falsche und sinnentstellende Interpretation einer Bibelstelle.

Sie findet man im 14. Kapitel des Lukasevangeliums. Hier befiehlt ein Herr seinem Knecht, willkürlich ausgewählte Straßenpassanten zu „nötigen", in sein Haus zu kommen, um sich das „Abendmahl schmecken" zu lassen, das für die eingeladenen, aber nicht gekommenen Gäste angerichtet worden ist. (Lukas 14,16–23) Nach der Meinung von Augustinus und anderen Kirchenvätern sollten auch Heiden und Häretiker gezwungen werden, in das Haus der Kirche einzutreten. In der lateinischen Bibel hieß dies *compellere intrare*.

Das Recht dazu wurde seit dem 11. Jahrhundert von der weltlichen Obrigkeit auf die Kirche übertragen. Dies wiederum unter Berufung auf die schon erwähnte Zwei-Schwerter-Theorie und ihre Interpretation, wonach beide Schwerter beziehungsweise die gesamte religiöse und weltliche Gewalt von Gott allein dem Papst überantwortet worden seien. Päpste wie Gregor VII. und Urban II. haben dann nicht den Kaiser, sondern andere weltliche Herren und einfache Ritter beauftragt und ermächtigt, heilige Kriege gegen die Feinde der Kirche zu führen.[49]

Sie wurden, weil sie im Zeichen des Kreuzes geführt wurden, Kreuzzüge genannt. Betroffen waren neben Heiden und Häretikern vor allem Muslime, die auf den christlichen Kreuzzugs- mit dem islamischen Dschihad-Gedanken reagierten. Möglicherweise war es aber genau umgekehrt, und der christliche Kreuzzug war die Antwort auf den islamischen Dschihad. Doch das ändert nichts an der Tatsache, dass die sowohl von Christen als auch von Muslimen geführten heiligen Kriege Verbrechen waren, die durch nichts und niemanden zu rechtfertigen sind. Schon gar nicht mit der Berufung auf Gott. Die *Deus vult*(= Gott will es)-Rufe der christlichen Kreuzfahrer waren geradezu blasphemisch und zutiefst antichristlich.

Dies ist aber schon im ausgehenden Mittelalter von einigen Theologen erkannt und entsprechend kritisiert worden. Sie stellten nicht nur den Kreuzzugsgedanken und damit die Ideologie der Kreuzzüge infrage, sondern attackierten auch ihre Träger und Verfechter – die weltlichen und geistlichen Kreuzritter. Mit letzteren waren die Mitglieder der Ritterorden gemeint, die sich an allen Kreuzzügen beteiligt und in ihnen die fanatisch kämpfende Kerntruppe gebildet haben. Für diese höchst zweifelhaften militärischen Verdienste waren die Ritterorden von den geistlichen und weltlichen Gewalten mit der Verleihung von zahlreichen Privilegien und weltlichen Gütern belohnt worden. Dadurch waren sie ungeheuer reich und mächtig geworden, was aber den Neid und die Begehrlichkeit der geistlichen und weltlichen Obrigkeiten weckte. Doch das wurde nicht offen ausgesprochen, sondern mit dem ideologischen Vorwurf kaschiert, wonach diese ritterlichen Mönche beziehungsweise mönchischen Ritter nicht beides zugleich sein könnten: kriegerische Ritter und friedliche Mönche, die außerdem noch zur sexuellen Keuschheit verpflichtet waren.

Dieser, wie gesagt schon im Mittelalter geäußerten Kritik an den Kreuzzügen und den Kreuzrittern hat sich Martin Luther angeschlossen. In seiner 1523 veröffentlichten Schrift „An die Herren deutsch Ordens" ermahnte er selbige, „daß sie falsche Keuschheyt meyden und zur rechten ehelichen Keuschheyt greifen". Diese Ermahnung begründet er mit der folgenden Kritik am gesamten Deutschen Orden: „Ewer orden fur war ein seltsamer orden ist, derhalben am meysten, das er zu streyt furen wider die unglewbigen gestiftet ist, darum er mus das weltlich schwerd furen und weltlich seyn, und soll doch zu gleych auch geystlich seyn, keuschheyt, armut und gehorsam geloben und halten wie andere münnich."[50]

Adressat dieses Schreibens war der Hochmeister des Deutschen Ordens Albrecht von Hohenzollern, der Luthers Rat folgte, indem er zum Protestantismus übertrat, heiratete und den preußischen (Rest-)Ordensstaat in ein weltliches Herzogtum umwandelte. Das fand den Beifall Luthers, schließlich war dieses preußische Herzogtum der erste protestantische Staat. Seine und die Existenz der weiteren protestantischen Staaten veranlassten Luther, sich grundsätzlich zu den Fragen von Krieg und Frieden zu äußern. Er tat dies in der drei Jahre später, 1526, veröffentlichten Schrift „Ob Kriegsleute in seligem Stand sein können".[51] Sie hat einen prägenden Einfluss auf die Einstellung der Evangelischen Kirche zu Krieg und Frieden ausgeübt. Daher soll sie etwas ausführlicher behandelt und interpretiert werden.

„Ob Kriegsleute in seligem Stand sein können"

Gleich zu Beginn der an den Ritter Assa von Kram gerichteten Schrift stellt Luther die These auf, dass Kriege auch „Werke der Liebe" sein könnten. Diese höchst merkwürdige These kann er natürlich nicht mit dem Gebot „Liebet eure Feinde" der Bergpredigt begründen, die von Luther hier übrigens geradezu mit Missachtung gestraft wird. Stattdessen stützt sich Luther bei seinen Ausführungen über den Krieg und das „Kriegführen" auf Paulus' Ermahnung, der „weltlichen Obrigkeit gehorsam" zu sein. Bei allem Respekt vor dem großen Reformator und nach Selbsteinschätzung großen Theologen – mit diesem Ansatz hat Luther das ihm gestellte Friedensthema verfehlt. Feindesliebe und Obrigkeitstreue sind doch zwei grundverschiedene Dinge.

Luther scheint dieses Problem erkannt zu haben und versucht es mit dem Hinweis auf seine Zwei-Reiche-Lehre zu lösen, wobei er sich nicht auf seine Schrift „Von der Freiheit eines Christenmenschen", sondern auf die über „Die weltliche Obrigkeit" stützt. Gott habe, so

Luther, eine „doppelte Herrschaft unter den Menschen aufgerichtet: eine geistliche, durch das Wort und ohne Schwert, wodurch die Menschen fromm und gerecht werden sollen (...) Die andere Herrschaft ist weltlich durch das Schwert, damit diejenigen, die nicht durch das Wort fromm und gerecht für das ewige Leben werden wollen, dennoch durch diese weltliche Herrschaft gezwungen werden, fromm und gerecht zu sein vor der Welt."[52] Doch muss das durch Krieg und Gewalt geschehen?

Ja, meint Luther. Gott „bewirkt solche Gerechtigkeit durch das Schwert". Und es „entspringt seinem Willen", dass „der Friede unter den Menschen" auch durch Kriege „erhalten bleibe". Daher müssten die Christen „kämpfen", wenn sie „von der weltlichen Obrigkeit zum Kriege aufgerufen werden", aber „nicht für sich (...) und um ihrer selbst willen, sondern im Dienst und Gehorsam gegenüber der Obrigkeit". Diese schreckliche Rechtfertigung des Krieges hat Luther noch dazu mit dem Hinweis auf seine Schriften über beziehungsweise gegen den „Bauernaufstand" gerechtfertigt.

Im weiteren Verlauf seiner Pro-Kriegsschrift hat sich Luther noch mit dem Problem des Tyrannenmordes beschäftigt, den er im Unterschied zu einigen als „Heiden" bezeichneten antiken Philosophen grundsätzlich ablehnt. Die Christen dürften sich ihrer „Obrigkeit" nur dann widersetzen, wenn diese nicht von Gott sei. Dann, aber nur dann könne und müsse „man Gott mehr gehorchen als den Menschen" (Apostelgeschichte 5,29). Wer oder was damit gemeint war, hat Luther hier jedoch noch nicht gesagt. Das geschah später in seinen Schriften gegen – in dieser Reihenfolge – Papst und Teufel.

Außerdem hat Luther noch zwischen dem ungerechten Angriffs- und dem gerechtfertigten Verteidigungskrieg differenziert. Ersteren bezeichnete er als „Lustkrieg", letzteren als „Notkrieg".[53] Solch ein „Notkrieg" könne gegen „den Türken" geführt werden.

Zum Schluss hat Luther den „Kriegsleuten" noch einige sicherlich gut gemeinte Ratschläge gegeben, wie sie ihr Handwerk auszuüben hätten. Sie könnten sich zwar dafür bezahlen lassen, dürften aber Krieg nicht aus „Ehrsucht und Geldgier" führen. „Wenn es zur Schlacht kommt", sollten sich die „Kriegsleute" in „dieser Sache als Christ verhalten" und sich „einfach der Gnade Gottes befehlen". Zu diesem Zweck und Ziel entwarf der Reformator eine als „Gebet" bezeichnete militärische Handreichung. Sie möchte ich vollständig und kommentarlos zitieren:

> „Himmlischer Vater, nach deinem göttlichen Willen stehe ich hier in diesem äußerlichen Tun und im Dienste meines Oberherrn, wie ich es schuldig bin zuerst vor dir und um deinetwillen diesem Oberherrn. Ich danke deiner Gnade und Barmherzigkeit, dass du mich in dieses Werk gestellt hast, wo ich sicher bin, dass es keine Sünde ist, sondern Recht und ein deinem Willen entsprechender Gehorsam. Weil ich aber weiß und es durch dein gnadenreiches Wort gelernt habe, dass uns keines unserer guten Werke helfen kann und niemand als ein Soldat, sondern allein als Christ selig werden kann, will ich mich auch gar nicht auf diesen meinen Gehorsam und solches Tun verlassen, sondern das alles einfach in Erfüllung deines Willens tun. Und ich glaube von Herzen, dass mich allein das unschuldige Blut deines lieben Sohnes, meines Herrn Jesu Christi, erlöst und selig macht, das er im Gehorsam gegen deinen gnädigen Willen für mich vergossen hat. Dabei bleibe ich, darauf lebe und sterbe ich. Dafür kämpfe ich und tue alles. Lieber Herr, Gott und Vater, erhalte und stärke mir diesen Glauben durch deinen Geist. Amen."[54]

Wenn, was quellenmäßig aber kaum zu belegen ist, Luthers „selige Kriegsleute", wie ihnen vom großen Reformator geraten, in die Kriege des 16. und 17. Jahrhunderts gezogen sind, dann hat es sich bei diesen wirklich um Religionskriege gehandelt und nicht, wie von vielen heutigen Historikern behauptet, um Kriege um die Macht in einigen europäischen Regionen oder die Hegemonie in ganz Europa. Die fast beispiellos schrecklichen Religionskriege sind von den Kirchen – der evangelischen wie der katholischen – gesegnet worden. Sie waren es, die zum Kampf „für Gott" und gegen die verteufelten „Ketzer" beziehungsweise „Papisten" aufgerufen haben. Das hat Luther – vielleicht – nicht gewollt, dennoch hätte er es verhindern können, wenn er statt zum Krieg zur Bewahrung des Friedens aufgerufen hätte.

„Zum ewigen Frieden"

„Zum ewigen Frieden" aufgerufen hat nicht der Theologe Luther, sondern der Philosoph Kant in seiner gleichnamigen Schrift aus dem Jahr 1795.[55] Kant hat diesen Friedensaufruf zwar mit philosophischen, genauer: aufklärerischen Argumenten begründet, dennoch basierte seine von ihm selbst als „philosophischer Entwurf" betitelte Schrift auf christlichen Gedanken und Werten, wie sie vor allem in der Bergpredigt zu finden sind. Die waren zwar, wie dargestellt, von der Amtskirche weitgehend negiert worden, sind aber immer von einigen Angehörigen des Kirchenvolks sowie von Mitgliedern der Mönchs- und Nonnenorden beachtet und gewissermaßen gelebt worden.

Ihrem Beispiel gefolgt sind nach der Reformation einige protestantische Glaubensgemeinschaften, die aber von Luther und der von ihm gegründeten neuen Amtskirche als Sekten bezeichnet und diskriminiert worden sind. Von den vorgeblich christlichen Staaten sind sie ob ihrer Verweigerung jeglichen Kriegsdienstes sogar verfolgt worden. Schutz fanden sie in den USA, wo die in Europa als Sekten verunglimpften protestantischen Glaubensgemeinschaften zu den bei weitem stärksten protestantischen Kirchen geworden sind.

Nordamerikanische Christen waren es dann auch, welche zu

Beginn des 19. Jahrhunderts den in Europa entwickelten Friedensgedanken wieder zurück nach Europa brachten – in Gestalt und mithilfe von sogenannten Friedensgesellschaften. Nach dem Vorbild der amerikanischen Friedensgesellschaften, die sich 1828 zur „American Peace Society" zusammengeschlossen hatten, entstand 1830 mit der „Societé de la Paix" die erste europäische Friedensgesellschaft, die 1848 den ersten internationalen Friedenskongress in Brüssel abhielt.[56]

Zwei Jahre später, 1850, gründete Johann Jacoby mit der „Königsberger Friedensgesellschaft" die erste deutsche Friedensgesellschaft. Sie wurde 1892 mit weiteren Schwesterorganisationen zur „Deutschen Friedensgesellschaft" (DFG) vereinigt. Der von Bertha von Suttner und Alfred Hermann Fried gegründeten und angeführten Organisation gehörten zwar nur einige tausend Mitglieder an, dennoch hat sie eine sehr intensive Öffentlichkeitsarbeit betrieben. Sie war zunächst erfolgreich. 1897 veranstaltete die DFG in Hamburg einen „Welt-Friedenskongress", der die Einberufung von internationalen Friedenskonferenzen propagierte. Tatsächlich fanden 1899 und 1907 in Den Haag zwei dieser internationalen Friedenskonferenzen statt, die einige Regeln für die Kriegsführung ausarbeiteten. Doch sonst waren der Friedensbewegung keine nennenswerten Erfolge mehr beschieden. Den Ausbruch des Ersten Weltkrieges hat sie nicht verhindern können. Deshalb ging ihr Einfluss zurück. Aufgelöst und verboten wurde die DFG aber erst 1933 durch die Nationalsozialisten.

Obwohl der deutschen (und noch mehr der internationalen) Friedensbewegung auch Pfarrer angehörten, ist sie in der gesamten Zeit ihres Bestehens von der deutschen Amtskirche nicht unterstützt worden. Warum? Einmal, weil ihre Ideologie als aufklärerisch und damit antikirchlich empfunden wurde. Hinzu kam zweitens das Festhalten der Kirche an ihrer eigenen Ideologie: absolute Obrigkeitstreue und Rechtfertigung der von der Obrigkeit geführten Kriege.[57]

Als absolut gut und zutiefst christlich galten die gegen Napoleon und die französische Nation geführten sogenannten Befreiungskriege, weil sie nicht mehr nur für Gott und den König, sondern auch noch „für König, Volk und Vaterland" geführt wurden. Mit diesem „Volk" war das deutsche gemeint, das nach den Worten des führenden Ideologen der Befreiungskriege, Ernst Moritz Arndt, nicht nur ein (rassisch) „reines", sondern auch „ein gottsuchendes, geistiges, frommes Volk" sei.[58]

Das war reine Blasphemie. Die Verherrlichung der Obrigkeit, die Segnung ihrer Kriege und die Sakralisierung der deutschen Nation[59] waren mit der Berufung auf Gott nicht zu legitimieren. Dennoch wurde der unchristliche Kampf „für Gott" sowie „für König, Volk und Vaterland" mit und im Zeichen des christlichen Kreuzes geführt.

Das Kreuz mit dem Eisernen Kreuz

Die Rede ist vom Eisernen Kreuz.[60] In seiner ikonographischen Form und Gestalt ist es von Schinkel neu geschaffen worden. Entlehnt war es aber dem mittelalterlichen Deutschen Orden, der wie die anderen Ritterorden auch gemeint hatte, unter dem christlichen Friedenszeichen die Feinde des Christentums bekämpfen zu dürfen. Bei den deutschen Kreuzrittern war es ein schwarzes Kreuz, das sie auf ihren weißen Mänteln trugen.

Die Ordensfarben Schwarz und Weiß sind zwar vom preußischen Staat übernommen und für die Gestaltung der Preußen-Fahne benutzt worden, doch damit war keine Übernahme der Kreuzzugs-Ideologie des Deutschen Ordens verbunden. Das war für einen Staat, in dem das Prinzip der religiösen Toleranz herrschte und in dem „jeder nach seiner Façon selig" sein durfte, einfach undenkbar. Jedenfalls für Friedrich den Großen und seine unmittelbaren Nachfolger – die (protestantischen) preußischen Könige, die sich immer von dem (katholischen) deutschen Ritterorden distanziert und sich geweigert haben, sein ideologisches Erbe anzutreten.

Mit dieser preußisch-protestantischen Tradition gebrochen hat Friedrich Wilhelm III. Dieser von Marx und Engels als „Holzkopf" verspottete preußische König wandte sich 1813 an „sein" und das gesamte deutsche „Volk" mit der Bitte, im Zeichen des dem Deutschen Orden entlehnten Kreuzes gegen die französischen „Volksfeinde" zu kämpfen. Diejenigen, die sich dabei auszeichneten, sollten in einen neuen Orden aufgenommen werden – den vom Eisernen Kreuz. Das Abzeichen dieses Ordens sollte aufgrund einer königlichen Verordnung vom 10. März 1813 „allen tapferen Soldaten, unabhängig von Stand und Dienstgrad" verliehen werden.

Kaum zwei Monate später, am 5. Mai 1813, setzte Friedrich Wilhelm III. noch eins drauf und versprach, für jeden „gefallenen Krieger", der das Eiserne Kreuz erhalten hatte oder es „nach einstimmigem Zeugnis seiner Vorgesetzten und Kameraden" hätte erhalten können, ein „Denkmal" in der jeweiligen „Regimentskirche" zu errichten. Für alle übrigen, nicht ganz so tapferen „Krieger", welche aber ebenfalls „auf dem Bette der Ehre starben", sollte „in jeder Kirche eine Tafel" angebracht werden. Dies zwar nicht auf Kosten des Staates, sondern der Gemeinden, aber geschmückt mit dem vom Staat gestifteten Eisernen Kreuz und der vom Staat verordneten Inschrift: „Aus diesem Kirchspiele starben für König und Vaterland …"

So geschah es. Die notorisch obrigkeitstreuen und nicht selten auch kriegsbegeisterten preußischen und deutschen Untertanen errichteten für alle nachfolgenden preußischen, deutschen und schließlich „großdeutschen" Kriege neue Kriegerdenkmäler oder ergänzten die alten Kriegerdenkmalstafeln durch die Daten der späteren Kriege und die Namen der in ihnen getöteten Soldaten, die erst „für Gott, König und Vaterland" und schließlich „für Führer, Volk und Vaterland" „gefallen" sein sollen. Und es fällt auf, dass fast alle der alten und neuen Kriegerdenkmäler mit dem Eisernen Kreuz und anderen christlichen Symbolen versehen sind.

Darüber regt sich heute kaum noch jemand auf. Warum nicht? Warum protestiert kaum jemand gegen die blasphemische Verwendung von christlichen Symbolen? Wie können gläubige Christen Gott preisen und für den Frieden in Kirchen beten, in denen sich immer noch Denkmäler befinden, auf denen Krieger genannt und geehrt werden, die „für König und Vaterland" gefallen oder gar „für Gott" gestorben sind, nachdem sie selber getötet haben? Derartige Heldenverehrung ist unchristlich. Wenigstens werden in der Kirche heute keine Kriegspredigten mehr gehalten. Das war früher und im gesamten 19. und 20. Jahrhundert anders.

„Gott die Ehre geben"

„Gott die Ehre geben" wollte der Militärgeistliche Emil Frommel mit seiner am 30. September 1870 gehaltenen Kriegspredigt.[61] Anlass war die Eroberung des bis dahin zu Frankreich gehörenden Straßburg. Um diese „ehemals deutsche Stadt" hätten „wir" evangelische Christen „wie um eine entrissene Braut kämpfen müssen", und dies „mit Blut". Mit diesen Blut- und Braut-Metaphern gab der protestantische Pfarrer zu erkennen, dass er ein ziemlich gestörtes Verhältnis nicht nur zu den Frauen, sondern auch zu Krieg und Frieden hatte.

Doch damit stand der gute Herr Frommel nicht allein. Auch viele andere protestantische Pfarrer (und katholische Geistliche) haben für die deutsche Sache in diesem Krieg gebetet und die deutschen Siege in ihren Predigten gefeiert. Zu ihnen gehörte Pastor Friedrich von Bodelschwingh. Er wollte in dem am 1. September 1870 bei Sedan über die Franzosen errungenen Sieg die „Hand des lebendigen Gottes" erkennen, die hier „so sichtbar und kräftig in die Geschichte eingegriffen" habe.[62] „Natürlich" zu Gunsten der guten Deutschen. Damit dieser „Grundgedanke" nicht in Vergessenheit gerate, schlug Bodelschwingh eine jährlich abzuhaltende „Gedächtnisfeier" zum Sedanstag vor. Sie, die Sedan-Gedächtnisfeier, sollte (und wurde dann auch vielerorts im gesamten deutschen Kaiserreich) folgendermaßen gestaltet werden:

„Im Anschluss an den Vorschlag von Vater Arndt veranstaltet man am Vorabend des Festes eine Vorfeier; beim Dunkelwerden läuten die Glocken den kommenden Festtag ein; in fröhlichen Scharen zieht man hinaus auf die zunächst gelegene Anhöhe. Dort wird ein großes Freudenfeuer angezündet; in patriotischen Liedern gedenkt man an den heißen Schlachttag vom 1. September 1870; ein kräftiges Wort erinnert an die Helden, die dort den Sieg erkämpft haben.

Am frühen Morgen des 2. September weckt Kanonendonner und Glockengeläute zum frohen Festtag. Des Vormittags sammeln sich die Krieger und ordnen sich zum festlichen Zuge – voran die Ritter des eisernen Kreuzes. Sie ziehen unter Vortritt ihrer Offiziere durch die mit Fahnen und Laubwerk geschmückten Straßen in die Kirche oder an einen dazu hergerichteten freien Platz, geleitet von der Ortsobrigkeit, gefolgt von der Schuljugend, welche dazu bestimmt ist, in zukünftigen Tagen dem Vorbild der Väter nachzustreben. Mit Lobgesängen, abwechselnd von der ganzen Gemeinde und dem Kinderchor dargebracht, beginnt die Feier; die Rede des Geistlichen erinnert an die große Vergangenheit, ermahnt zur Demut vor dem Gott, der die Geschicke der Völker leitet nach Seinem Rat, und fordert auf zu lebendigen und heiligen Dankopfern (...).“

Schwer zu entscheiden, was hier schrecklicher ist und abstoßender wirkt: der christliche Eifer oder die chauvinistische Hetze dieses deutschen Geistlichen, der mit der Verherrlichung des vergangenen den zukünftigen Krieg ideologisch und propagandistisch vorbereitet hat.

Beides mit Erfolg. Nicht alle, aber die meisten Deutschen sind im August 1914 begeistert in den neuen Krieg, den Ersten Weltkrieg gezogen. Dazu angehalten und angestachelt wurden sie von ihren chauvinistischen und (un-)christlichen Geistlichen, die auch diesen Krieg verherrlichten und als Gott gewollt ausgaben.[63] Dafür nur einige Beispiele: Der Pfarrer und spätere Professor für evangelische Theologie Martin Rade fand den Krieg „interessant" und empfand es als „eine Lust", in ihm zu „leben" und für den „Segen des Krieges" zu beten.[64] In der „Allgemeinen Evangelisch-Lutherischen Kirchenzeitung" wurde der Ausbruch des Krieges als eine „Offenbarung Gottes" gefeiert. Durch die „Gottesoffenbarung des Krieges" würden die Menschen „lernen, wieder an Gott (zu) denken und ihn (zu) suchen."[65] Dieser höchst merkwürdigen Auffassung schloss sich auch der Evangelische Oberkirchenrat an. „Scheinbar erstorbene Glaubensfunken" würden wieder aufleuchten, weil „unser Volk" durch den Krieg „seinen Gott" wiedergefunden habe.[66] Der Garnisonpfarrer Dr. O. Meyer wandte sich im September 1914 an seine soldatischen Schäflein mit der Bitte, ihre kriegerische „Arbeit" voll und ganz zu erfüllen. „Kriegsdienst" sei nämlich „Gottesdienst".[67] Ein, wie er sich selber bezeichnete, „deutscher Christ" beantwortete die selbst gestellte Frage „Darf der Christ hassen?" mit der folgenden blasphemischen Umdeutung der „fünften Bitte des Vaterunsers". Sie habe in „ihrer Anwendung auf die Aufgaben unseres Volkes heute unter anderem auch den Sinn: Vergib uns, wenn wir nicht alle Kraft daransetzen, den Feind zu besiegen; vergib jede Kugel und jeden Hieb, die wir vorbeisenden."[68]

Das reicht! Ich verzichte auf eine Darstellung und Kritik der Art und Weise, wie Repräsentanten der Kirche derjenigen gedacht haben, die „für Gott, König und Vaterland" gefallen sein sollen. Diese grässlichen Totenfeiern sind dann nach dem verlorenen Krieg fortgesetzt worden. Zu diesem Zweck und Ziel wurde auf Anregung des „Volksbundes Deutsche Kriegsgräberfürsorge" und mit ausdrücklicher

Zustimmung der (beider!) Kirchen der sogenannte Volkstrauertag eingeführt. Er fand erstmals 1926 am Sonntag „Reminiscere" (das ist der fünfte Sonntag vor Ostern) statt.[69] Er sollte „dem Ehrengedenken unserer im Weltkriege gefallenen Väter, Brüder und Söhne gewidmet" sein. Tatsächlich diente er der ideologischen Vorbereitung eines neuen Krieges, durch den die „Schmach" der Niederlage im Ersten Weltkrieg wettgemacht werden sollte.

Dieses Ziel war jedem bekannt. Natürlich auch der Kirche. Doch die stellte sich wiederum, von wenigen Ausnahmen abgesehen, diesem ideologischen Ziel nicht in den Weg. Der vor allem nach der Ernennung Hitlers zum Reichskanzler betriebenen politischen und militärischen Vorbereitung des neuen Krieges sah man ungerührt zu. Die Wiedereinführung der allgemeinen Wehrpflicht und der Einmarsch in das aufgrund des Versailler Vertrages entmilitarisierte Rheinland wurden sogar ausdrücklich begrüßt. Großer und ungeteilter Jubel herrschte in beiden Kirchen nach der Annexion beziehungsweise des „Anschlusses" Österreichs. Erst als Hitler offen mit dem Krieg gegen die Tschechoslowakei drohte, um sie zu zwingen, auf das sogenannte Sudetenland zu verzichten, regte sich seitens der Bekennenden Kirche zaghafter Protest. Ihre Vorläufige Kirchenleitung verfasste eine Liturgie für den am 30. September 1938 geplanten Gebetsgottesdienst. In ihr war Folgendes zu lesen:

> „So lasst uns denn Gott darum bitten, dass er uns und unser Land gnädiglich vor Krieg bewahre (vom Krieg erlöse) und uns und unseren Kindern Frieden schenke! (...) Wir gedenken vor Gott all derer, die zu den Waffen gerufen sind. Gott wolle sie stärken, wenn sie Heimat und Herd, Weib und Kind verlassen müssen, wenn sie unter mancherlei Entbehrungen vor dem Feind liegen, wenn sie verwundet werden oder erkranken, wenn sie in Gefangenschaft geraten oder wenn sie der Tod ereilt."[70]

Viel war dies wahrlich nicht. Doch dieses Wenige wurde vom nationalsozialistischen Staat und von der nazifizierten Amtskirche scharf verurteilt. Deshalb hat es dann 1939 kaum noch jemand gewagt, weiter öffentlich für den Frieden zu beten oder gar gegen den neuen, allein von Deutschland verschuldeten Krieg zu protestieren. Die Christen beider Konfessionen wurden von ihren Kirchen erneut ermahnt, „für Gott" zu kämpfen und die Feinde ihres Volkes zu töten. Dabei wurden sie von eigens zu diesem Zweck von der Kirche zur Verfügung gestellten Militärgeistlichen unterstützt, die dann noch diejenigen Toten gesegnet haben, die „für Führer, Volk und Vaterland" gefallen waren. Dieser abstoßenden Aufgabe haben sich auch viele Pfarrer der oppositionellen Bekennenden Kirche unterzogen. Ein Protestant, der den Kriegsdienst verweigerte und deshalb zum Tode verurteilt wurde, war Hermann Stöhr.[71]

„Das fünfte Gebot gilt immer"

„Das fünfte Gebot gilt immer" – versicherte die 12. Bekenntnissynode der altpreußischen Union im Oktober 1943. War das notwendig? Hatte jemand daran gezwefelt, dass das Tötungsverbot immer und überall und auch im Kriege gilt? Offensichtlich! Daher hielt es die Bekennende Kirche für notwendig, den nationalsozialistischen Staat und die nazifizierte Amtskirche daran zu erinnern, „dass Gott das Töten untersagt". Dies aber mit der folgenden höchst merkwürdigen Begründung: „Der Umfang, den das Töten im Krieg annimmt, könnte uns leicht stumpf" gegenüber dieser „Tatsache" beziehungsweise dem religiösen Tötungsverbot machen.[72]

Neben dem „Umfang" wurde aber auch die, wie soll man sagen, Qualität des Mordens in diesem Krieg kritisiert, der ja von Anfang an auch ein Rassenkrieg war. Der begangene Rassenmord sei der Obrigkeit nicht zu gestatten. Dies sei keine Führung des Schwertes, das der

Obrigkeit von Gott gegeben ist. „Begriffe wie ‚Ausmerzen‘, ‚Liquidieren‘ und ‚unwertes Leben‘ kennt die göttliche Ordnung nicht." Ebenso wenig die „Vernichtung von Menschen, lediglich weil sie Angehörige eines Verbrechers, alt oder geisteskrank sind oder einer anderen Rasse angehören".

Diese Ermahnung kam für die vom Rassenmord betroffenen Erbkranken sowie die Juden und Roma (die waren offensichtlich mit den „Angehörigen einer anderen Rasse" gemeint) zu spät – wurden sie doch weiterhin und bis zum bitteren Ende ermordet. Dies mit Wissen der Kirche (beider Kirchen!), die sonst nichts unternahm, um den Rassenmord und das allgemeine Morden einzuschränken oder gar zu verhindern.

Für diese ihre, drücken wir es sehr zurückhaltend aus, Beihilfe zum Rassen- und Völkermord hat sich die (evangelische) Kirche nach dem Untergang des Dritten Reiches entschuldigt. Im sogenannten Stuttgarter Schuldbekenntnis vom Oktober 1945 geschah dies aber, wie im ersten Kapitel bereits erwähnt, in einer sehr unbestimmten und mit einem unbegründeten Selbstlob verbundenen Form.

Das Darmstädter Wort vom August 1947 war hier deutlicher. Außerdem versprachen seine Verfasser, die Angehörigen des noch bestehenden Bruderrats, künftig „zu einem besseren Dienst zur Ehre Gottes und zum ewigen und zeitlichen Heil der Menschen" beizutragen. In diesem Zusammenhang wandten sie sich gegen „Spekulationen um einen kommenden Krieg" und forderten jeden einzelnen dazu auf, zum „Aufbau eines besseren deutschen Staatswesens" beizutragen, „das dem Recht, der Wohlfahrt und dem inneren Frieden und der Versöhnung der Völker dient".

Mit diesem „besseren deutschen Staatswesen" war die zwei Jahre später, am 23. Mai 1949, gegründete Bundesrepublik Deutschland gemeint. Hat sie „dem Recht, der Wohlfahrt und dem inneren Frieden und der Versöhnung der Völker" gedient? Eindeutig ja. Die Bundesrepublik war von Anfang an ein demokratischer, freiheitlicher und (was häufig vergessen wird zu betonen) sozialer Rechtsstaat. In ihm wurde die „Wohlfahrt" der Bürger gewährleistet und der „innere (soziale) Frieden" bewahrt – nicht zuletzt durch seine soziale Wohlfahrtspolitik. Dies alles wurde aber nur durch die politische, wirtschaftliche und nicht zuletzt auch militärische Integration in die westliche Staatengemeinschaft ermöglicht – dies um den Preis der Teilung Deutschlands und der Wiederbewaffnung zunächst nur Westdeutschlands. Diesen Preis wollten große Teile der (evangelischen) Kirche nicht zahlen. Sie wandten sich gegen die Wiederbewaffnung Westdeutschlands, weil sie fürchteten, dass dadurch die Teilung Deutschlands vertieft und die „Versöhnung der Völker" gefährdet werde.[73]

Der Bruderrat kritisierte am 14. Oktober 1949, dass der ausgebrochene Kalte Krieg vom Westen mithilfe einer neuen antikommunistischen „Kreuzzugsideologie" geführt werde. Die Kirche dürfe weder die „Sache des Westens noch die Sache des Ostens mit der Sache Gottes gleichsetzen".[74] Scharf verurteilt wurden die schon kurz nach der Gründung der Bundesrepublik deutlich erkennbaren Bestrebungen nach einer Wiederbewaffnung Westdeutschlands. Dabei tat sich vor allem der eigentliche Gründer und charismatische Führer der ehemaligen Bekennenden Kirche, Martin Niemöller, hervor.

Ihm war es zu verdanken, dass sich die Synode der Evangelischen Kirche in Deutschland (EKD) im Januar 1950 gegen die Wiederbewaffnung und für die Bewahrung des Friedens aussprach. Diese Forderung wurde auch von dem im August 1950 in Essen veranstalteten Deutschen Evangelischen Kirchentag unterstützt. Der Bruderrat ging noch einen Schritt weiter. Am 29. August 1950 wandte er sich mit folgender Erklärung an die Öffentlichkeit: „Wir lehnen eine Remilitarisierung Deutschlands ab, weil wir im Glauben an Jesus Christus weder von fremden Militärmächten noch von irgendeiner militärischen Macht die Hilfe für unser Volk erhoffen."

Diese theologische Begründung der Ablehnung der Wiederbewaffnung wurde aber vom Rat der EKD zurückgewiesen. Er erklärte am 17. November 1950, dass „die Frage, ob eine wie auch immer geartete Wiederaufrüstung unvermeidlich ist, (...) im Glauben verschieden beantwortet werden" könne und auch müsse. Damit war die christliche Abwehrfront gegen die weltliche Wiederbewaffnung gebrochen. Auf den Synoden der folgenden Jahre wurde darüber kaum noch gesprochen. Die im März 1955 in Espelkamp tagende Synode hat dann faktisch die Wiederbewaffnung der Bundesrepublik akzeptiert.

Umstritten blieb aber noch die Frage, ob die neue westdeutsche Armee wieder und wie es in allen deutschen Armeen vorher der Fall gewesen war, Militärseelsorger bekommen sollte. Darüber war schon seit 1950 mit der Regierung Adenauer verhandelt worden. Diese bis dahin geheim gehaltenen Verhandlungen wurden im Juni 1956 von der Synode der EKD bekannt gemacht. Ein halbes Jahr später, am 22. Februar 1957, unterzeichnete der Vorsitzende der immer noch gesamtdeutschen EKD, Bischof Dibelius, den Militärseelsorgevertrag mit dem westdeutschen Staat.

Wollte die Kirche damit andeuten, dass sie allein dem westdeutschen Staat zum Gehorsam verpflichtet sei, weshalb sie ihn auch in einem künftigen Krieg gegen den ostdeutschen Staat und gegen den gesamten Ostblock unterstützen oder gar für seinen Sieg beten würde? Diese Deutung ist nicht zwingend, wurde aber – natürlich kann man fast sagen – von der Partei- und Staatsführung der DDR vorgebracht und dazu verwandt, um den Abbruch der Beziehungen zur gesamtdeutschen Evangelischen Kirche zu begründen. Dadurch wurde wiederum die Kirche in der DDR gezwungen, aus der gesamtdeutschen Kirche auszutreten und einen eigenen Kirchenverband zu gründen – den „Bund der Evangelischen Kirchen in der DDR". Dies geschah aber erst 1969 und war mit dem Vorbehalt verbunden, dass man sich weiterhin der „besonderen Gemeinschaft der ganzen evangelischen Christenheit in ganz Deutschland" verpflichtet fühle.

Am Faktum der politischen und nun auch noch kirchenpolitischen Spaltung Deutschlands tat dies aber keinen Abbruch. Und schuld an beiden war auch die Kirche. Sie hatte mit ihrer einseitigen Parteinahme für die westliche Seite im Kalten Krieg und mit ihrem unbedingten Eintreten für die westdeutsche Wiederbewaffnung nicht zum „inneren Frieden" in Deutschland beigetragen, das in zwei Teile gespalten war, die sich unversöhnlich gegenüberstanden.

„Schwerter zu Pflugscharen"

Die von der Kirche alleingelassene westdeutsche Friedensbewegung gab aber nicht auf und versuchte, wenigstens die Eskalation des Kalten zu einem heißen Krieg zu verhindern, der (von beiden Seiten!) mit Atomwaffen ausgefochten worden wäre.[75] Viel Unterstützung vonseiten der Bevölkerung fand sie dabei nicht. Auch nicht von den Achtundsechzigern. Denn die waren alles andere als Pazifisten. Sie haben ihre Proteste gegen den Vietnamkrieg der Amerikaner mit einer vielleicht berechtigten, auf jeden Fall aber einseitigen Parteinahme für die (nord-)vietnamesische Sache verbunden. Im Unterschied zu ihren amerikanischen Gesinnungsgenossen haben sie dabei auch auf die Verwendung von christlichen Gedanken und Symbolen verzichtet. Mit der Kirche hatten sie schon gar nichts am Hut.

Allerdings fanden sich immer mehr Angehörige der Kirche bereit, junge Männer bei ihrem Bestreben zu unterstützen, den Wehrdienst zu verweigern. Das war damals außerordentlich schwierig, wurde die Verweigerung des Wehrdienstes doch nur nach einer geradezu inquisitorischen Gewissensüberprüfung gestattet. Dabei konnte sich der Prüfling auch auf religiöse Prinzipien berufen. Dies fand die ausdrückliche Zustimmung der Kirche. Schließlich hatte sie bei der Wiedereinführung der allgemeinen Wehrpflicht darauf bestanden, dass der Wehrdienst aus ethischen und religiösen Gründen verweigert werden konnte.

Seit Ende der 1970er-Jahre haben dann verschiedene kirchliche oder der Kirche zumindest nahestehende Organisationen wie „Frieden schaffen ohne Waffen" und die „Aktion Sühnezeichen/Friedensdienste e.V."[76] die wieder erstarkende Friedensbewegung unterstützt, welche sich gegen die aufgrund des NATO-Doppelbeschlusses betriebene weitere nukleare Aufrüstung des Westens wandte. Auf evangelischen Kirchentagen wurde wieder über den Frieden geredet und gebetet. Für viele engagierte Christen war das nicht genug. Sie beteiligten sich in immer größer werdender Zahl an den großen Demonstrationen gegen den Krieg, die in den 1980er-Jahren in verschiedenen westdeutschen Städten stattfanden.

Dies fand den ausdrücklichen Beifall der ostdeutschen Partei- und Staatsführung und ihrer westdeutschen Parteigänger. Die ostdeutsche Staatsführung machte das Thema Frieden zur Chefsache. Die ostdeutsche Staatspartei gerierte sich gar als einzigartige Friedenspartei. Natürlich war das alles Propaganda, die kaum jemand ernst nahm. Einige Bürger der DDR taten es aber doch. Diese, wie sie in der DDR mit einem leicht ironischen Unterton bezeichnet wurden, „Friedensfreunde" nahmen ihre sonst keineswegs geliebte Partei- und Staatsführung beim Wort und forderten sie unter der Parole „Frieden schaffen ohne Waffen" zum Handeln auf. Verhindert werden sollte nicht nur die westliche, sondern auch die östliche Aufrüstung, und abgeschafft werden sollten nicht nur die westlichen, sondern auch die östlichen Waffen, die in der Propaganda der DDR allen Ernstes als „Friedenswaffen" bezeichnet wurden.[77]

Diese Argumentation der ostdeutschen „Friedensfreunde" war ebenso geschickt wie listig. Geradezu genial und wirkungsvoll war ihre propagandistische Umsetzung: Sie geschah nicht wie im Westen durch und mithilfe der Medien, die in der DDR streng kontrolliert und zensiert waren, sondern unter Verwendung von Begriffen, Bildern und Symbolen, welche vom Staat eigentlich geduldet werden mussten, weil sie auch von Kommunisten und Linken im Westen und Osten verwandt wurden. Dies obwohl viele von ihnen biblischen Ursprungs sind, was vielen Linken und selbst Kommunisten durchaus bekannt war.

Neben dem Friedensbegriff waren das verschiedene Friedensbilder und Friedenssymbole. Dazu gehörten Picassos Friedenstaube und das „Schwerter zu Pflugscharen"-Denkmal des sowjetischen Künstlers Jewgeni Wutschetitsch, das auf den auch in der DDR Mode gewordenen Stickern abgebildet war, welche die ostdeutschen Friedensfreunde an ihrer Kleidung trugen, um so ihre Friedensliebe zu bekunden.

All dies missfiel der immer noch allmächtigen Partei- und Staatsführung der DDR, weshalb sie ihre Sicherheitsorgane – Polizei und Stasi – anwies, gegen diese aus ihrer Sicht falschen Friedensfreunde vorzugehen. Dies mit Gewalt: Einige Friedensaktivisten wurden verhaftet. Vielen anderen wurden die „Schwerter zu Pflugscharen"-Sticker (und auch die Friedenstaube Picassos) von der Kleidung gerissen.

Aus heutiger Sicht wirkt das schon fast lächerlich. Doch damals löste es Empörung aus. Nicht nur bei den jungen Friedensfreunden. Auch ältere Bürger der DDR, die sich noch an die Schrecken des vergangenen Krieges erinnerten und einen neuen fürchteten, missbilligten das harte Vorgehen ihres Staates gegen die Angehörigen der ostdeutschen Friedensbewegung. Einige wagten es zu kritisieren. Andere ergriffen sogar Partei für die vom Staat diskriminierte und verfolgte Friedensbewegung. In einer Diktatur, wie es die DDR unzweifelhaft war, war das fast schon ein Akt des Widerstandes.

Dennoch wurde er von der diktatorisch regierenden Partei- und Staatsführung geduldet. Warum? Weil sich die oppositionelle Friedensbewegung der DDR unter das Dach der Kirche geflüchtet hatte, wo sie vor staatlichen Nachstellungen geschützt wurde. War doch, wie im ersten Kapitel bereits geschildert, die Kirche für ihre Anpassung an den Staat mit der Zusicherung eines vom Staat nicht ganz und gar kontrollierten Freiraumes belohnt worden.

Diesen kirchlichen Freiraum hat dann die Friedensbewegung für ihre Friedensaktivitäten genutzt. Dies ist aber von der Kirche in der DDR nicht nur geduldet, sondern aktiv unterstützt worden. Sie hat sich damit eher und intensiver als ihre bundesrepublikanische Schwester auf das biblische Friedensgebot besonnen und sich auch nicht gescheut, ein gegen den Staat gerichtetes Bündnis mit der Friedensbewegung (und dann mit anderen oppositionellen Gruppen) zu schließen. Es hat letztlich zum Untergang der DDR geführt.

Gedankt wurde das beiden nicht – weder der Friedensbewegung noch der Kirche. Die Kirche hat nach der Wiedervereinigung nicht mehr, sondern immer weniger Anhänger gefunden. Die Friedensbewegung hat sogar ein ziemlich schmähliches Ende genommen, weil sie alle weiteren von Deutschland geführten Kriege nicht mehr verhindern konnte und zum Teil auch gar nicht mehr wollte. Ob sie sich jemals von diesen Niederlagen und Misserfolgen erholen wird, erscheint heute zweifelhaft.

Dies auch deshalb, weil die weiteren deutschen Kriege auch von der Kirche nicht nur nicht verhindert, sondern ausdrücklich gebilligt worden sind. Die bei diesen verschämt als „Auslandseinsätze" bezeichneten Kriegen ums Leben gekommenen deutschen Soldaten werden nicht nur „mit militärischen Ehren", sondern auch mit kirchlichen und von Militärgeistlichen erteilten Segnungen beerdigt.

Für die in diesen Kriegen gefallenen Krieger werden auch wieder neue Kriegerdenkmäler errichtet. Sie werden aber nicht mehr so genannt. Das in Berlin im Bendlerblock (wo am 20. Juli 1944 die Hauptbeteiligten dieses Aufstandes gegen Hitler ermordet worden sind) errichtete heißt „Ehrenmal der Bundeswehr".[78] Es ist zwar nicht mehr mit Kreuzen und anderen christlichen Symbolen geschmückt, dafür hielt es sein Architekt für angebracht, die Erkennungsmarken der Soldaten, die nach ihrem Tod zerbrochen werden, als schmückendes Beiwerk an der Außenwand dieses „Ehrenmals" anzubringen.

Das stimmt traurig, und darüber tröstet auch nicht die Tatsache hinweg, dass in den Kirchen und auf den Kirchentagen weiterhin für den Frieden gebetet wird. Schwer erträglich ist auch, dass auf den jährlichen Volkstrauertagen immer noch der vergangenen „Helden" und ihrer „Taten" gedacht wird. Sollten wir nicht lieber Heinrich Heine folgen, der in „Deutschland, ein Wintermärchen" folgendes Stoßgebet geschrieben hat?

„Der Himmel erhalte dich, wackeres Volk,
Er segne deine Saaten,
Bewahre dich vor Krieg und Ruhm,
Vor Helden und Heldentaten"

III. „Nicht dem Mammon dienen" – Kirche und Kapital

„Ihr könnt nicht Gott und dem Mammon dienen", hat Jesus die Zuhörer seiner Bergpredigt ermahnt. (Matthäus 7,24) Seine Jünger hat er angewiesen, dem alttestamentarischen Gebot zu gehorchen und kein Geld gegen Zins zu verleihen. (Lukas 6,35) Die Geldwechsler, die das dennoch taten, hat er sogar gewaltsam aus dem Tempel verjagt. Nach dem Zeugnis des Evangelisten Lukas hat er die Armen gepriesen und die Reichen verdammt. Dies mit folgenden Worten: „Selig seid ihr Armen, denn das Reich Gottes ist euer." (Lukas 6,20) „Weh euch Reichen! Denn ihr habt euren Trost dahin." (Lukas 6,24).

Aus diesen und vielen anderen Bibelzitaten kann man nur einen Schluss ziehen: Gott ist für die Armen und nicht für die Reichen.[79] Daher können und sollen alle, die an Gott glauben, für die Armen und gegen die Reichen eintreten, indem sie die Armut lindern und den Reichtum vermindern. Das Christentum ist, modern gesprochen, keine kapitalistische, sondern eine soziale Religion. Doch das ist von der Kirche wenig erkannt und noch weniger praktiziert worden. Sie hat sich mehr für die Reichen und Mächtigen als für die Armen und Entrechteten eingesetzt.

Banker und Bettler

Dies war aber nicht von Anfang an so. Die Urkirche war – wie Jesus und seine Jünger – selber arm und wurde auch deshalb zunächst vor allem von den Armen unterstützt. Seelischen Trost und materielle Hilfe fanden die Armen auch noch bei der mittelalterlichen Kirche. Doch dafür ließ sie sich bezahlen – nicht nur von der Obrigkeit, sondern auch vom einfachen Kirchenvolk. Von der Obrigkeit wurde die Kirche mit der Verleihung zahlreicher, auch materieller Privilegien belohnt. Weiteres Geld und Gut gewann sie vom Kirchenvolk, das eine besondere Steuer an die Kirche entrichten musste. Sie betrug zehn Prozent des Einkommens, weshalb diese Kirchensteuer „Kirchenzehnt" genannt wurde.

Gegen diese finanziellen Praktiken wäre nichts einzuwenden gewesen, wenn die Kirche die eingenommenen Gelder wirklich an die Bedürftigen verteilt und ausschließlich zum Unterhalt ihres Apparates verwandt hätte. Doch das hat sie nicht getan. Sie ließ stattdessen, wie das moderne Banker tun, das Geld für sich arbeiten, indem sie es gegen Zinsleistungen verlieh. Das war ein glatter Verstoß gegen das alttestamentarische Zinsverbot, das, wie oben gezeigt, von Jesus bekräftigt worden ist. Daher wurden die kirchlichen Bankgeschäfte vom einfachen Kirchenvolk und auch von einigen Repräsentanten der Kirche scharf kritisiert. Papst Innozenz III. beugte sich diesem Druck, indem er im Jahr 1215 das schon auf dem Zweiten Laterankonzil von 1139 erlassene, aber kaum noch beachtete kanonische Zinsverbot erneuerte.[80]

Geld gegen Zins zu verleihen war nur noch den Juden gestattet beziehungsweise befohlen, die damit auf das Geldgeschäft beschränkt und aus dem allgemeinen Wirtschaftsleben verdrängt wurden. Sie durften nicht mehr wie bisher als Handwerker und (Fern-)Händler tätig sein. Dadurch sind „die Juden" nicht, wie das bis heute behauptet wird, immer reicher, sondern immer ärmer geworden. Dennoch wurden „die Juden" von vielen notorisch judenfeindlichen Christen ob ihrer angeblich ungeheuer profitablen Geldgeschäfte beneidet.

Dabei taten sich vor allem die Ritter des Templerordens hervor.[81] Sie usurpierten das eigentlich nur den Juden zustehende Geldgeschäft, indem sie das kanonische Zinsverbot brachen und Geld gegen zum Teil unermesslich hohe Zinsleistungen verliehen. Aus Rittern, die eigentlich zum Kampf gegen die Heiden sowie zur mönchischen Keuschheit und Armut verpflichtet waren, wurden reiche, geldgierige und keineswegs immer keusche Banker. Ihr tatsächlicher Reichtum und ihre vermutliche Unkeuschheit ist ihnen zum Verhängnis geworden. Um sich ihres Geldes zu bemächtigen, ließ der französische König Philipp der Schöne den Hochmeister und einige weitere Ritter des Templerordens im Jahr 1312 verhaften, foltern und zum Tode verurteilen. Daraufhin wurde der gesamte Orden vom Papst aufgehoben.

Ebenfalls verboten und verfolgt wurden aber auch einige Glaubensgemeinschaften, die dem biblischen Armutsideal folgten und deren Mitglieder sich dem Keuschheitsgebot verpflichtet sahen. Die, wie sie sich ob ihres reinen Lebenswandels bezeichneten, „Katharer" (= die Reinen) wurden von der Kirche verketzert und genau wie die reichen und unkeuschen Templer auf dem Scheiterhaufen verbrannt.

Sowohl in finanzieller als auch in sexueller Hinsicht konnte man es der Amtskirche offenbar nie ganz recht machen. Entweder war man zu reich oder zu arm; zu keusch oder zu unkeusch. Nur den neuen Orden, deren Mitglieder ihren Lebensunterhalt durch Betteln verdienten, weshalb sie als Bettelorden bezeichnet wurden, ist der Spagat zwischen Armut und Reichtum, Keuschheit und Unkeuschheit gelungen. Sie wurden schließlich von der Amtskirche geduldet.

Das hat die Kirche nicht davon abgehalten, die weltlichen Banker und Bettler wegen ihrer als anstößig empfundenen Einstellung zu Armut und Reichtum zu kritisieren. Dies obwohl die Kirche selber immer reicher wurde und nicht davor zurückschreckte, ihren Reichtum auch durch Betteln zu vermehren. Die kirchliche Bettelei wurde aber nicht als solche bezeichnet, sondern als Handel, genauer als Ablasshandel. Dabei bettelte die Kirche nicht um Geld und Gut, sie tauschte es gegen die Sünden ihrer Schäflein ein, die diesen vergeben wurden, wenn sie dafür einen finanziellen Tribut an die Kirche entrichteten. Für diese finanzielle Praxis haben die Zeitgenossen den Satz erfunden: „Wenn das Geld im Kasten klingt, die Seele aus dem Feuer (der Verdammnis) springt."

Wie bereits erwähnt, wurde das finanzielle Gebaren der Kirche im Allgemeinen, ihr Ablasshandel im Besonderen zunehmend sowohl von Angehörigen des Kirchenvolkes als auch der Kirche selber kritisiert.[82] Nicht der einzige, wohl aber der schärfste dieser Kritiker war Martin Luther. Nach seiner Meinung konnte man das Seelenheil nicht durch Geld und gute Werke, sondern allein durch den Glauben und allein wegen der Gnade Gottes erringen.

Diese grundsätzliche Kritik hat Luther in seinen programmatischen Schriften – „An den christlichen Adel deutscher Nation," „Von der babylonischen Gefangenschaft der Kirche", „Von der Freiheit eines Christenmenschen" – niedergelegt. Sie erschienen alle im Jahr 1520. Die Schrift, in der Luther das allgemeine finanzielle Gebaren der Kirche kritisierte, war aber schon ein Jahr zuvor – 1519 – veröffentlicht worden.

„Sermon von dem Wucher"

Genauer gesagt handelte es sich um zwei Schriften. Auf den „Kleinen Sermon von dem Wucher" vom November 1519 folgte nämlich zwei Monate später der „Große Sermon von dem Wucher".[83] Luther wandte sich hier einmal gegen den „Geiz", das heißt gegen eine menschliche Untugend, und zum anderen gegen den „Wucher", das heißt gegen die wirtschaftliche Praxis, Geld gegen Zins zu verleihen. Damit argumentierte Luther auf zwei Ebenen – einer moralischen und einer wirtschaftlichen. Das war nicht unproblematisch, konnte aber mit der Berufung auf die Bibel begründet werden. Und das wurde von Luther auch getan. Um seine Kritik des „Wuchers" zu begründen, verwies

Luther auf das alttestamentliche Zinsverbot, das im Lukasevangelium erneuert und bekräftigt worden war. (Lukas 6,35) Luthers Verurteilung des Geizes geschah jedoch nicht mit dem Hinweis auf die Bibel. Dies war aber auch nicht notwendig, galt Geiz doch damals allgemein als eine Untugend. Dennoch hätte Luther schon etwas genauer angeben können, was er unter Geiz verstand und worin sich Geiz von Gewinnsucht und dem Streben nach Profit unterscheidet.

Diese Differenzierung ist dann von dem Schweizer Reformator Johannes Calvin vorgenommen worden, der das Profitstreben für ethisch vertretbar hielt und die Ansicht vertrat, dass wirtschaftlich erfolgreiche Menschen von Gott auserwählt worden seien. Calvins Prädestinationslehre ist von Luther zwar nicht geteilt, aber auch nicht ausdrücklich verworfen worden. Dies haben auch Luthers Anhänger, die bald als „Lutheraner" bezeichnet wurden, nicht getan. Sie haben diesen Teil der sogenannten protestantischen Ethik, in der spätere Historiker den Geist beziehungsweise die Ideologie des Kapitalismus zu erkennen geglaubt haben, nicht übernommen, aber auch nicht verworfen. Dennoch ist das kapitalistische System auch von den Lutheranern als absolut gerecht angesehen und gegen fast alle Angriffe verteidigt worden.

Auch dies geschah mit Berufung auf Luther und seiner Schrift über den „Wucher". Luther hatte hier nämlich nicht alle Formen des „Wuchers" verurteilt, sondern zwischen notwendigen und gerechten und nicht notwendigen und ungerechten Zinszahlungen differenziert. Wer Geld gegen Zins nur aus „Eigennutz" und nur um des „Eigenvorteils" willen verleihe, sei ein „Räuber und Mörder und reißt aus den Armen sein Gut und Nahrung".[84] Wer war und konnte damit gemeint sein?

Nach der Meinung des Verlegers von Luthers Schrift nur ein Jude. Um diesen judenfeindlichen Gedanken zu verdeutlichen und vermutlich auch um Käufer für Luthers „Sermon von dem Wucher" zu gewinnen, hat der Verleger das Titelblatt mit einem Holzschnitt versehen. Auf ihm war ein nach Physiognomie und Barttracht als Jude zu identifizierender Mann zu sehen, der seine beiden Hände fordernd ausstreckt und Folgendes fordert: „Bezal oder gib zinß. Dan ich begere gewinß."

Diese antisemitische Zuspitzung und Eingrenzung des Wucher-Vorwurfs auf die jüdischen Wucherer geschah zwar nicht mit Wissen Luthers, aber auf keinen Fall gegen seinen Willen. Hat Luther doch in seinen späteren judenfeindlichen Schriften den Juden – und zwar allen – „Wucher" vorgeworfen und vorgeschlagen, allen Juden ihr Eigentum wegzunehmen, weil sie dies nur durch ihren „Wucher" und auf Kosten der rechtschaffenen Christen erworben hätten.[85]

Schon deshalb, wegen ihrer antisemitischen Rezeption und Wirkungsgeschichte, ist Luthers „Sermon von dem Wucher" nicht so positiv zu beurteilen, wie dies einige moderne Kirchenhistoriker und Theologen getan haben. Von einer wie auch immer gearteten antikapitalistischen Tendenz kann schon gar nicht die Rede sein. Das wäre auch etwas zu viel verlangt. Schließlich war das kapitalistische System, das Luther hätte kritisieren können, noch gar nicht geschaffen worden.

Seine vielleicht als frühkapitalistisch zu bezeichnenden Ursprünge und Voraussetzungen waren aber gleichwohl schon vorhanden und deutlich erkennbar. Auch für Luther, der die Träger und Nutznießer des im Entstehen begriffenen frühkapitalistischen Wirtschaftssystems sehr wohl kannte, sie aber dennoch nicht kritisierte. Stattdessen verurteilte er diejenigen scharf, die sich gegen ihre soziale Unterdrückung und wirtschaftliche Ausbeutung gewehrt haben. Die blutige Niederschlagung des Aufstandes der Bauern und der sonstigen ländlichen und städtischen Unterschichten durch die Fürsten und die sonstigen politisch und ökonomisch Mächtigen ist von Luther sogar gepriesen und als Gott wohlgefällig dargestellt worden. Für den von den Zeitgenossen so genannten „gemeinen Mann", womit die ländlichen und städtischen Unterschichten gemeint waren, hegte Luther wahrlich keine Sympathie.

Hat er wenigstens die Armen gesegnet und ihnen ihr irdisches Dasein erleichtert? Die Antwort ist nein. Die Armen wurden nicht gesegnet, sondern stattdessen zur Arbeit ermahnt. Nur so, durch harte körperliche Arbeit nämlich könnten sie ihre Armut überwinden. Wenn sie dazu nicht fähig und willens seien, sollten sie zur Arbeit erzogen werden. Dies möglichst in staatlichen Arbeitshäusern und durch einen Staat, der den der Kirche weggenommenen Besitz nicht zur Linderung der Not der Armen verwandte und sich weigerte, die bis dato von der Kirche ausgeübten sozialpolitischen Aufgaben zu übernehmen. Für die Armen gab es keine Almosen mehr. Sie durften sie noch nicht einmal erbetteln, wurde doch das im Mittelalter noch allgemein übliche Betteln verboten. Wuchern war dagegen erlaubt. Insgesamt, so lässt sich konstatieren, hat die Reformation mehr den Reichen als den Armen genützt.

„Evangelium des armen Sünders"

Die Schrift „Das Evangelium des armen Sünders" ist nicht, wie es der Titel vermuten lässt, von einem protestantischen Theologen, sondern von einem sozialistischen Ideologen verfasst worden[86], der von vielen als „Vorläufer des Marxismus"[87] gepriesen wie verurteilt worden ist. Gemeint ist Wilhelm Weitling (1808–1871).

Dieser Sohn einer Dienstmagd und Schneidergeselle hatte sich 1836 im Pariser Exil einer politischen Vereinigung angeschlossen, die sich „Bund der Geächteten" nannte. Von diesem „Bund der Geächteten" spaltete sich noch im selben Jahr auf Betreiben Weitlings der „Bund der Gerechten" ab. Er setzte sich unter dem Motto „Alle Menschen sind Brüder" für die Errichtung einer neuen und gerechten Gesellschaftsordnung ein. Sie wurde „Kommunismus" genannt. Wilhelm Weitling hat den Charakter und die Ziele des „Kommunismus" folgendermaßen beschrieben:

> „Der Kommunismus ist die auf alle Menschen in den gleichen
> Verhältnissen ausgedehnte Gerechtigkeit (...) die größtmög-
> lichst ausgedehnte Gemeinschaft der Anwendung und Fähig-
> keiten und der Befriedigung der Genüsse und Freiheiten (...)
> die Verwaltung der Konsumation und Produktion Aller durch
> das Wissen Aller und im Interesse eines Jeden, d. h. im Interes-
> se Aller (...)."[88]

Aus diesen leider etwas schwer verständlichen, weil unnötig kompliziert formulierten Sätzen geht klar und eindeutig hervor, dass es sich bei Weitlings kommunistischem Gesellschaftsideal letztlich um ein christliches handelte, das zudem nach Weitlings Ansicht in den frühchristlichen Gemeinden schon verwirklicht worden ist. Folglich müsse man sich bei der Schaffung der zukünftigen kommunistischen Gesellschaft an der vergangenen christlichen Gesellschaftsordnung orientieren.

Dies fand nicht den Beifall von Marx und Engels, die dem „Bund der Gerechten" beitraten, ihn in „Bund der Kommunisten" umbenannten und für ihn ein neues und anderes Parteiprogramm entwarfen. In diesem 1847 verfassten „Manifest der Kommunistischen Partei" konzentrierten sie sich nicht auf die Frage, wie der Weitling'sche „Kommunismus" aussehen solle, den sie intern als „Schneiderkommunismus" verspotteten, sondern wie er zu erringen sei – durch Klassenkampf und Revolution:

> „Wenn das Proletariat im Kampfe gegen die Bourgeoisie sich
> notwendig zur Klasse vereint, durch eine Revolution sich zur
> herrschenden Klasse macht und die herrschende Klasse gewalt-
> sam die alten Produktionsverhältnisse aufhebt, so hebt es mit
> diesen Produktionsverhältnissen die Existenzbedingungen des
> Klassengegensatzes, die Klassen überhaupt, und damit seine
> eigene Herrschaft als Klasse auf. An die Stelle der alten bürger-

lichen Gesellschaft mit ihren Klassen und Klassengegensätzen tritt eine Assoziation, worin die freie Entwicklung eines jeden die Bedingung für die freie Entwicklung aller ist."[89]

Die Unterschiede und Gegensätze könnten nicht größer sein: Hier das „Evangelium", die frohe Botschaft des „armen Sünders" Weitling von einer „kommunistischen" Gesellschaftsordnung, die nach dem Vorbild der vergangenen urchristlichen Gemeinden in der Zukunft mit friedlichen Methoden errichtet werden soll. Dort das „Manifest", das Programm für die Schaffung einer „Assoziation" im Hier und Jetzt durch das Proletariat und nach einer mit Kampf und Gewalt durchgeführten Revolution.

Wie wir wissen, hat sich die deutsche Arbeiterbewegung schließlich mehrheitlich für Marx und gegen Weitling entschieden. Der wandte sich von Marx ab und emigrierte in die USA, wo er wieder seinen angestammten Schneiderberuf ausübte. Doch darauf und auf die weitere Geschichte der deutschen Arbeiterbewegung und ihr Verhältnis zur Kirche soll hier nicht weiter eingegangen werden. Hier ist die Beantwortung der Frage wichtiger, wie die Kirche auf die Arbeiterbewegung reagiert hat: mit kompromissloser Ablehnung ihrer Ideologie und rücksichtsloser Bekämpfung ihrer Politik.[90]

Beides ist zu kritisieren. Sowohl die Ideologie der deutschen Arbeiterbewegung als auch die von ihr betriebene Politik waren zwar antiklerikal, aber keineswegs antichristlich. Angestrebt und in allen Parteiprogrammen des „Bundes der Kommunisten"[91] und der späteren „Sozialdemokratischen Partei Deutschlands"[92] festgeschrieben wurde nur eine Trennung von Kirche und Staat und keine völlige Vernichtung der Kirche und des Staates. Letzterer sollte erst in der Zukunftsgesellschaft „absterben". Doch zuvor sollte der Staat reformiert und zur Behebung der sozialen Not eingesetzt werden.

Hätte dies auch mithilfe der Kirche geschehen können? Verfügte sie über ein Programm zur Linderung der sozialen Not, und war es gut und realisierbar? Verschiedene Historiker und Theologen bejahen diese Fragen – mit dem Hinweis auf die „Innere Mission" der Evangelischen Kirche.[93]

„Innere Mission"

Begründer, Ideologe und Organisator der „Inneren Mission" war Johann Hinrich Wichern (1808–1881).[94] Der in Hamburg als Sohn eines Notars geborene Wichern war nach dem frühen Tod seines Vaters gezwungen, die Schule zu verlassen und für den Lebensunterhalt seiner verarmten Familie zu sorgen – als äußerst schlecht bezahlter, aber gleichwohl sehr engagierter Hilfslehrer. Das fand die Anerkennung einiger wohlhabender Hamburger Bürger, welche Wichern ein Stipendium verschafften, das es ihm ermöglichte, seinen Schulabschluss nachzuholen und in Göttingen und Berlin Theologie zu studieren.

Während seines Studiums scheint sich Wichern intensiv und ausführlich mit dem pietistischen Schrifttum beschäftigt zu haben. Von ihren besonders frommen Glaubensbrüdern, die mit einem leicht ironischen Unterton als „Pietisten" bezeichnet wurden, waren die Christen dazu aufgefordert worden, selbst etwas für die Armen zu tun und die allgemeine Sozialfürsorge nicht allein dem Staat zu überlassen. Das fand Wichern gut und beherzigenswert.

Nach Beendigung seines Studiums und nach seiner Rückkehr nach Hamburg, wo er die Stelle eines Oberlehrers erhielt, setzte Wichern die sozialen Lehren der Pietisten in die Tat um. Mit den Spenden Hamburger Bürger erwarb er in Hamburg-Horn das „Rauhe Haus". In ihm wurden Waisen und sonstige als verwahrlost geltende Kinder zu „christlichen Persönlichkeiten" erzogen, und zwar durch Arbeit und nicht selten mit Zwangsmaßnahmen. Wichern erfand für diese alte protestantische Praxis einen neuen Begriff: den der „Inneren Mission".

Ihre Ziele und Prinzipien hat Wichern im September 1848 auf dem Wittenberger Kirchentag einer größeren kirchlichen Öffentlichkeit vorgestellt. Seine hier gehaltene Rede wurde mit großem Beifall aufgenommen. Das hat Wichern ermutigt, ein Jahr später, 1849, eine „Denkschrift" über „Die Innere Mission der deutschen Evangelischen Kirche" zu veröffentlichen.[95] In dieser „im Auftrage des Centralausschusses für die Innere Mission" verfassten „Denkschrift" hat Wichern die ideologischen Leitlinien und Prinzipien der kirchlichen Sozialpolitik folgendermaßen umrissen: Die kirchliche Sozialpolitik müsse von der grundlegenden Erkenntnis geleitet sein, dass „Familie, Staat und Kirche (...) aus Gottes Hand" seien. Diese drei, wie sich Wichern ausdrückte, „Centren" müssten von der „Inneren Mission heilig gehalten" und gegen jeglichen „Umsturz" verteidigt werden. Gemeint war die „Revolution", die von Wichern als das „allgemeine Verbrechen gegen das Ganze des Staates" bezeichnet und verurteilt wurde, weil sie die „Zerstörung aller Begriffe von Recht und Gesetz, von Freiheit und Wahrheit, also aller sittlichen Grundlagen der Gesellschaft bezweckt".[96]

Dem „Kern der revolutionären Partei", womit offensichtlich der nur ein paar Hundert Mitglieder zählende „Bund der Kommunisten" gemeint war, warf Wichern gar vor, den „Atheismus" zu verkünden und sich zum „Satanismus" zu bekennen. Außerdem wurde der „Kommunismus" für alles Übel in der Welt verantwortlich gemacht:

> „Der Kommunismus, der, sei es mit der Kälte des Hohns oder mit der Wut des Fanatikers oder der Glätte des Heuchlers, nicht bloß das Christentum von sich wirft, sondern auch den Rest des Glaubens im Heidentum für den noch zu vertilgenden Rest der menschenverderbenden ‚Unsittlichkeit' erklärt, hat den durch jene Sünden im Volke bereitenden Boden erst instinktmäßig und dann planmäßig benutzt, um die Macht der

> sich widerstrebendsten Leidenschaften zum Kriege gegeneinander aus dem Abgrunde der von Gott verlassenen Selbstsucht heraufzubeschwören und so das Gesamtleben des Volkes zu zerklüften. Er ist die Systematisierung der sündlichen Gelüste, der diese mit all ihren dem Fleisch schmeichelnden Folgen Gott gegenüber zu rechtfertigen wagt, und dann mit der ganzen Wucht der Gott- und Sittenlosigkeit den Ruin der alten Menschheit versucht, um so eine angeblich neue bessere Welt zu schaffen."[97]

Mit dieser mehr schlecht als recht formulierten Höllenpredigt wandte sich Wichern ganz offensichtlich gegen das in einer wirklich guten, ja mitreißenden Sprache geschriebene „Kommunistische Manifest" von Marx und Engels. Nach dem Motto „Haltet den Dieb" wollte er die Kritiker des noch gar nicht voll etablierten kapitalistischen Systems für dessen nicht mehr zu verkennenden negativen Aspekte und Folgen verantwortlich machen.

Dazu zählte Wichern auch den „Pauperismus", die Massenarmut, die übrigens nicht die Folge des kapitalistischen Systems, sondern der rückständigen wirtschaftlichen Entwicklung Deutschlands war. Im noch weitgehend agrarischen und kaum industrialisierten Deutschland fehlten die Arbeitsplätze. Daher, weil sie keine Arbeit hatten, waren so viele Menschen arm. Dies wurde von Wichern nicht erkannt. Stattdessen hat er die „massenhafte, sittliche und christliche Entartung im Volk" für die Massenarmut verantwortlich gemacht.

Ihre Überwindung und die „Ausgleichung zwischen den verschiedenen Besitzständen" sei folglich nur durch eine „sittliche Wiedergeburt des Volkes" möglich und überhaupt wünschenswert. Die soziale Not sei moralisch bedingt. Daher müsse die Moral verbessert werden, um die soziale Not zu lindern. Dieser im Ansatz falsche Gedanke wurde folgendermaßen ausgedrückt:

„Nur durch eine sittliche Wiedergeburt des Volkes in seinen oberen und untern Ständen kann eine befriedigende Ausgleichung zwischen den verschiedenen Besitzständen möglich werden, eine Ausgleichung, die, wenn sie gründlich und andauernd sein soll, im Innern, in den Gemütern beginnen muss. Von dieser Seite her hat sich vorzugsweise die Innere Mission bei der Lösung dieser sozialen Aufgabe unserer Zeit mitzubeteiligen."

Ohne hier weiter auf die konkrete soziale Tätigkeit der Inneren Mission einzugehen: Festzustellen bleibt, dass ihre ideologische Begründung falsch war. Die soziale Frage war (und ist) nicht durch eine, wie auch immer geartete, „sittliche Wiedergeburt" der Menschheit zu lösen. Ihre moralische Verbesserung und Erziehung zur Arbeit reicht nicht aus.

Klar erkannt hat das der Pfarrer und Mitgründer des „Zentralvereins für Sozialreform", Rudolf Todt (1839–1887).[98]

„Von jener allgemeinen evangelischen Stellung, wonach die Lösung der Frage in der allgemein zu nehmenden Wiedergeburt des einzelnen bestehe, so dass also, wenn alle Menschen so wären, wie das Evangelium es verlangt, es auch keine Sozialdemokraten gäbe, müssen wir absehen."[99]

Todt rief dazu auf, bei der Lösung der sozialen Frage nicht nur die Bibel, sondern auch die Werke der „Nationalökonomie" und die „wissenschaftliche Literatur der Sozialisten" zu lesen und heranzuziehen. Die Lösung der sozialen Frage könne auch durch einen republikanischen Staat erfolgen. „Die sozialistische Idee der Republik" habe nämlich „als solche (...) nichts dem Geiste des Neuen Testaments Widerstreitendes".

Für einen evangelischen Pfarrer wie Todt waren das bemerkenswerte Worte. Soll man daher den Sozialreformer Todt mehr preisen als den inneren Missionar Wichern? Keineswegs, denn Todt hat das gemacht, was von Wichern wohlweislich vermieden worden war: die Ideologien des Antisozialismus mit denen des Antisemitismus zu verbinden. Eine erfolgreiche Sozialpolitik sei, so Todt, nicht mit, sondern nur gegen „die Juden" möglich. Zur „Anbahnung des sozialen Friedens in unserm Vaterlande, ja in der gesamten zivilisierten Welt" müsse man der „überhandnehmenden Herrschaft des Judentums einen Damm entgegensetzen".

Todts Amtsbruder, der Hofprediger Adolf Stoecker griff diesen antisemitischen Gedanken auf. In seiner 1880 veröffentlichten Schrift über „Das moderne Judentum, besonders in Berlin" warnte er dieses davor, seine „Kapitalkraft wie die Macht der Presse" weiterhin „zum Ruin der Nation zu verwenden".[100] „Israel" müsse „den Anspruch aufgeben, der Herr Deutschlands werden zu wollen". Das müsse von Kirche und Volk verhindert werden. Denn „wenn das deutsche Volk wieder ein christliches Volk wird, gläubig an Jesum Christum, frei von Geldgier, voll Ehrfurcht für seine Kirche, dann wird das moderne Judentum mit seinem Mammonsgeist, seiner schnöden Presse, seinem Hass gegen die Kirche nichts ausrichten".[101]

Diese antisemitische Argumentation war geschickt, teuflisch geschickt – wurden doch hier die angeblich ungeheuer reichen und mächtigen Juden für die nicht zu verkennenden negativen Folgen und Begleiterscheinungen des kapitalistischen Systems verantwortlich gemacht. Mit dieser Täter-Opfer-Umkehrung wollte Stoecker die davon betroffenen Arbeiter für sich, seine Kirche und seinen Staat gewinnen. Dazu gründete er im Jahr 1878 die „Christlich Soziale Arbeiterpartei". Sie war eine Vorläuferin der „Nationalsozialistischen Deutschen Arbeiterpartei" Adolf Hitlers. Auf ihre Geschichte soll hier nicht weiter eingegangen werden. Stattdessen wollen wir noch einen kurzen Blick auf die Geschichte der Christen werfen, die sich sowohl den „Christlich Sozialen" Stoeckers wie den „Deutschen Christen"

Hitlers in den Weg gestellt haben. Gemeint sind die „Religiösen Sozialisten".[102]

„Religiöse Sozialisten"

Nach dem Ersten Weltkrieg haben sich in verschiedenen Orten vor allem Süddeutschlands Gruppen von Pfarrern und Laien gebildet, welche die bisherige Verketzerung des Sozialismus ablehnten und stattdessen nach einer Aussöhnung zwischen Christentum und Sozialismus strebten. 1924 schlossen sie sich zu einer Arbeitsgemeinschaft zusammen, aus der zwei Jahre später der „Bund der religiösen Sozialisten Deutschlands" hervorging, der von Erwin Eckert geleitet wurde.

Im Hinblick auf die soziale Herkunft und politische Ausrichtung seiner Mitglieder war der Bund sehr heterogen. Neben Pfarrern und Lehrern gehörten ihm auch einige Angestellte und Arbeiter an. Die meisten sympathisierten mit der SPD, einige jedoch auch mit der KPD. Ihr Gründer und Leiter Erwin Eckert ist der KPD sogar beigetreten, weshalb er von der Kirchenleitung suspendiert und seines Pfarramtes enthoben wurde.

Die Kirchenleitung hat aber auch die politischen Stellungnahmen von anderen Religiösen Sozialisten missbilligt – vor allem die gegen den Nationalsozialismus gerichteten. Hieß es doch in einer 1930 abgegebenen „Erklärung des Bundes (der religiösen Sozialisten) gegen den Fascismus":

> „Die religiösen Sozialisten fühlen sich verpflichtet, darauf hinzuweisen, dass durch die fascistisch nationalsozialistische Propaganda der vorchristliche heidnische Machtstaat, die Vorherrschaft der Gewalttätigkeiten und Selbstherrlichen wieder aufgerichtet werden soll (...) Die unentschlossene Haltung der Kirche erweckt den Anschein, als ob sie Angst habe, gegenüber

der Brutalität und Rückschrittlichkeit des Fascismus die Forderungen christlicher Frömmigkeit zu verteidigen (...)".[103]

Das waren richtige und christliche Worte, die aber gerade deshalb von der rechten Kirche nicht gern gehört wurden. Noch mehr scheint sie sich an den Artikeln gestört zu haben, die von einigen Christlichen Sozialisten in den „Neuen Blättern für den Sozialismus" veröffentlicht wurden. Diese Zeitschrift wurde von Sozialdemokraten herausgegeben, die sich zum sogenannten Hofgeismarer Kreis zusammengeschlossen hatten. Er wurde von den linken Sozialdemokraten als rechts eingeschätzt. Das war nicht ganz grundlos, propagierten die Hofgeismarer doch einen „nationalen Sozialismus", der gewisse ideologische Berührungspunkte mit dem Nationalsozialismus aufwies. Doch das hat einige dieser in der Tat national und sozial eingestellten Sozialdemokraten nicht daran gehindert, in den Widerstand gegen den Nationalsozialismus zu gehen. Hier trafen sie auf andere Genossen und Glaubensbrüder, die ihren Widerstand mit christlichen und sozialistischen Motiven legitimiert haben.[104] Das galt vor allem für einige Mitglieder des Kreisauer Kreises. Verschiedene Angehörige des christlichen (evangelischen wie katholischen) Widerstandes haben sich dabei auf die Lehren Paul Tillichs (1886–1965) berufen.

Tillich hatte sich nach seinem Theologie-Studium im September 1914 freiwillig zum Kriegsdienst gemeldet – als Feldgeistlicher. Seine als negativ empfundenen Kriegserlebnisse haben ihn nach 1918 veranlasst, eine andere, kritischere Haltung gegenüber dem Krieg und dem Staat einzunehmen. Das brachte ihn in Kontakt mit dem sogenannten Berliner Kreis der Religiösen Sozialisten. Wegen seines Eintretens und Wirkens für die Religiösen Sozialisten ist Tillich 1933 von den Nationalsozialisten seines Professorenamtes enthoben und zur Emigration in die USA gezwungen worden. Hier hat er bis zu seinem Tod 1956 an den angesehensten Universitäten des Landes gelehrt.

Angesichts dieser wahren und wichtigen Worte wundert es nicht, dass Tillichs Theorien eines religiösen Sozialismus einen großen Einfluss auf viele Christen in beiden Teilen Deutschlands ausgeübt haben – vor allem in seinem östlichen Teil, wo sich einige religiöse Sozialisten dazu bereit erklärten, am „Aufbau des Sozialismus" mitzuwirken. Dies noch dazu in Zusammenarbeit mit Kommunisten, die einige von ihnen in dem in der Sowjetunion gebildeten „Nationalkomitee Freies Deutschland" kennen und schätzen gelernt hatten. War das falsch und ein Verrat an den Idealen des Christentums wie des Sozialismus?

„Verbesserlicher Sozialismus"

Der Begriff des „verbesserlichen Sozialismus" ist von Propst Heino Falcke geprägt worden.[107] Dies geschah im Juli 1972 auf der Synode des drei Jahre zuvor gebildeten „Bundes der evangelischen Kirchen der DDR" (BEK). Auf ihr hatte die Kirche ihren Staat – die DDR – gewissermaßen anerkannt. Dies geschah mit den bereits zitierten Worten, wonach „die Kirche nicht neben, nicht gegen, sondern im Sozialismus" stehen und bleiben wolle. Mit „Sozialismus" waren, wie ebenfalls bereits erwähnt, Staat und Gesellschaft der DDR gemeint. Beide wollte Falcke mit seiner Formel vom „verbesserlichen Sozialismus" verbessern. Das wurde von der Partei- und Staatsführung der DDR als ein unerhörter Affront empfunden. Aus ihrer Sicht gab es an der DDR kaum etwas zu verbessern – und schon gar nicht durch die Kirche. Falckes Wort war also mehr Kampfansage als Anbiederung an den „Sozialismus".

Damit ist die Frage aber nicht beantwortet, ob es in der DDR überhaupt einen wirklichen „Sozialismus" gegeben hat, den die Kirche hätte anerkennen und verbessern können. Für Falckes Amtsbruder Bischof Albrecht Schönherr scheint das der Fall gewesen zu sein, hat er in einem 1972 gehaltenen Vortrag doch Folgendes erklärt:

"Der Sozialismus erstrebt eine Welt, in der die Ausbeutung beseitigt wird und Gerechtigkeit für alle herrscht (...) Entscheidend ist, dass die Machtverhältnisse von Grund auf verändert werden, die Produktionsmittel in die Hand des Volkes kommen und dass an die Stelle der Diktatur der Ausbeuter die ‚Diktatur des Proletariats' tritt, die durch konsequenten Klassenkampf errungen und festgehalten werden muss. (...)"[108]

Bei allem Respekt vor Schönherr, der sich am Kirchenkampf im Dritten Reich wie auch an der Bekämpfung der Partei und Staatsführung der DDR beteiligt hat: In der DDR gab es keinen „Sozialismus", sondern einen Staatskapitalismus. Hier war weder die „Ausbeutung" beseitigt noch „Gerechtigkeit für alle" hergestellt. Die „Produktionsmittel" befanden sich nur formal in der „Hand des Volkes", tatsächlich wurden die angeblich „Volkseigenen Betriebe" von staatlichen Funktionären im Auftrag einer Partei geleitet, die keine „Diktatur des Proletariats", sondern eine bloße Parteidiktatur errichtet hatte. Dies auf Befehl einer fremden Macht – der Sowjetunion – und gegen den mehrmals erklärten Willen des Volkes.

Schönherr hat ganz offensichtlich die Wirklichkeit mit dem Ideal verwechselt, wenn er im Anschluss an diese Lobeshymne auf die DDR „dem Christen" empfiehlt, „in dem Grundanliegen des Sozialismus, Beseitigung der Ausbeutung, Gerechtigkeit für alle, prophetische Forderungen eines Amos oder Jesaja wieder(zu)erkennen".

Doch war das alles wirklich so gemeint? Wollte Schönherr, listig wie er nun einmal war, nur die triste „realsozialistische" Wirklichkeit an dem schönen und anzustrebenden sozialistischen Ideal messen? Richtete sich seine Forderung an den „Christen", „das Evangelium darauf durchzusehen, ob nicht auch Jesus ‚parteilich' für die Schwachen und Deklassierten ist", auch an die schwachen, deklassierten und entrechteten Untertanen dieser „realsozialistischen" Diktatur?

Für diese Vermutung spricht das Faktum des Widerstandes, der von den Bürgern der DDR unter dem Dach und mithilfe der Kirche gegen das diktatorische SED-Regime geleistet wurde. Das ist anzuerkennen. Abzulehnen ist die Vorstellung oder gar Hoffnung, ein gerechtes sozialistisches System in und mithilfe eines zutiefst ungerechten Staates zu errichten. Das ist nur in einer Demokratie, genauer: einer sozialen Demokratie möglich.

„Soziale Demokratie"

Die Bundesrepublik war eine soziale Demokratie und ist es bis heute auch geblieben. Dennoch ist es ihr nicht gelungen, ein soziales (oder: sozialistisches) Gesellschaftssystem zu errichten, das allen, auch den sozial Schwachen gerecht wird. Verantwortlich dafür war auch die Kirche. Sie hat die Etablierung der „freiheitlichen, demokratischen" und, wie immer zu ergänzen ist, „sozialen Grundordnung" mitgetragen und mitverwirklicht. Dabei hat sie ihren Frieden mit den vorher immer abgelehnten und bekämpften demokratischen und sozialdemokratischen Parteien gemacht.[109]

Umgekehrt hat sich auch die Sozialdemokratie der Kirche angenähert und ihre Werte in ihr Parteiprogramm übernommen. Im Godesberger Programm der SPD von 1959 heißt es:

> „Nur eine gegenseitige Toleranz, die im Andersglaubenden und Andersdenkenden den Mitmenschen gleicher Würde achtet, bietet eine tragfähige Grundlage für das menschlich und politisch fruchtbare Zusammenleben (...) Zur Zusammenarbeit mit den Kirchen und Religionsgemeinschaften im Sinne einer freien Partnerschaft ist sie (= die SPD) stets bereit".[110]

Die demokratischen und sozialdemokratischen Ideen und Ideologien sind von der Kirche akzeptiert und mit spezifisch christlichen Ideen und Ideologien verbunden worden. Sie sind aber nicht dazu benutzt worden, um die soziale Demokratie auszubauen und zu festigen. In der Bundesrepublik sind die Freiheitsrechte der Bürger nicht erweitert, sondern immer weiter eingegrenzt worden. Die Kluft zwischen Arm und Reich wurde nicht verringert, sondern vergrößert. So sicher es ist, dass die Armen nicht immer ärmer geworden sind, so sicher ist, dass die Reichen immer reicher geworden sind.

All das zu beklagen und zu verbessern hätte die Kirche können und vielleicht sogar tun müssen. Doch das hat sie nicht getan. Sicher, sie ruft zu Spenden für die Armen auf und sammelt „Brot für die Welt", doch damit werden nur die Symptome der „Krankheit", sprich: die äußerlichen Erscheinungsformen des zutiefst ungerechten kapitalistischen Weltsystems erkannt und behandelt. Für einen christlichen Sozialisten beziehungsweise für einen sozial eingestellten Christen ist und kann das nicht genug sein. Er darf „nicht Gott und dem Mammon dienen". Er muss die „Armen" nicht nur „segnen", er muss ihnen helfen. Er muss radikal sein, das heißt die Wurzeln des Problems anpacken und ausreißen. Er sollte dem Bloch'schen „Prinzip Hoffnung" folgen und es verwirklichen.

IV. „Teufelskinder" – Kirche und Antisemitismus

„Ihr habt den Teufel zum Vater" – ruft Jesus den „Pharisäern" zu. (Johannes 8,44)[111] Man gewinnt fast den Eindruck, als ob er sie anschreit. So dramatisch ist der Schluss der hier von Johannes erzählten Geschichte. Sie handelt von einem Streitgespräch, das Jesus mit den „Pharisäern" führt. Dabei sollen die „Pharisäer" danach getrachtet haben, Jesus zu „versuchen". (Johannes 8,6) Zu diesem Zweck führen sie zu Beginn eine gerade „im Ehebruch ergriffene Frau" vor Jesu, um ihn zu fragen, ob sie nach Moses' Gesetz zu steinigen sei. Doch Jesus durchschaut die böse Absicht der „Pharisäer" und fordert sie auf: „Wer unter euch ohne Sünde ist, der werfe den ersten Stein." (Johannes 8,8)

Die „Pharisäer" geben sich aber nicht geschlagen und führen das Streitgespräch mit Jesus fort. In ihm gibt sich Jesus als Gottes Sohn zu erkennen. Doch das wollen die „Pharisäer" nicht glauben. Jesus antwortet mit dem oben erwähnten Teufels-Vorwurf. Die Pharisäer hätten aber nicht nur den Teufel zum „Vater", sondern würden auch die „Werke" ihres teuflischen Vaters vollenden, indem sie Jesus nach dem Leben trachteten. Dies ist ein Verweis auf die Passion Christi, die hier vom Evangelisten Johannes als Ergebnis einer Verschwörung „der Juden" gegen Jesus dargestellt wird.

Bei den anderen Evangelisten ist das ähnlich. Die Verurteilung und Hinrichtung Jesu durch den römischen Procurator Pilatus nach römischem Recht und durch die nur bei den Römern übliche Kreuzigung (nach jüdischem Recht wurden Verbrecher gesteinigt) wird den teuflischen Juden vorgeworfen, die sich gegen Jesu verschworen hätten.

Im Markusevangelium „lauern" die „Pharisäer" darauf, „dass sie eine Sache wider ihn (= Jesus) hätten". (Markus 3,2) Jesus kündigt daraufhin an, dass er „viel leiden und verworfen werde von den Ältesten und Hohenpriestern und Schriftgelehrten". (Markus 8,31) Sie „suchten, wie sie ihn mit List griffen und töteten". (Markus 14,1) Sie sind es, die „falsch Zeugnis wider Jesus" ablegen, ihn für „des Todes schuldig" erklären und ihn „aus Neid" Pilatus übergeben, der Jesus nur, „um dem (jüdischen) Volk" gefallen zu sein, hinrichten lässt. (Markus 15,11–15)

Noch breiter und noch judenfeindlicher wird die Verschwörungshypothese der „Pharisäer" und „Juden" insgesamt im Evangelium des Matthäus dargestellt und ausgemalt. Geradezu systematisch bereiten die „Pharisäer" Jesu Ermordung vor. Sie überreden das (jüdische) „Volk", von Pilatus die Verurteilung von Jesus zu erbitten. Dieser versucht aber alles, um Jesus zu retten. Doch „sie", die Juden, schreien immer wieder: „Lass ihn kreuzigen!" Pilatus beugt sich diesem Druck, betont aber, dass er „unschuldig an seinem (= Jesu) Blut" sei und wäscht sich die Hände. Die Juden dagegen erklären trotzig und vermessen: „Sein Blut komme über uns und unsere Kinder." (Matthäus 27,15–26)

Im unverkennbaren Widerspruch zu dieser Verteufelung der jüdischen „Gottesmörder" steht die Aufforderung zu ihrer Bekehrung, wie sie vor allem im Römerbrief des Apostel Paulus zu finden ist. (Römer 11,17–26) Hier vergleicht Paulus die Juden, die den „alten Bund" mit Gott gebrochen haben, mit den aus- und abgeschlagenen Zweigen eines Ölbaums. An ihre Stelle seien die Christen getreten, mit denen Gott einen „neuen Bund" geschlossen habe, und die daher in den „Ölbaum hineingepfropft" seien. Doch die Christen sollten sich dessen nicht „rühmen", sondern wissen, „dass nicht du die Wurzel trägst, sondern die Wurzel trägt dich". Dies heißt, dass die Juden, „sofern sie nicht bleiben in dem Unglauben", gerettet und „wieder eingepfropft werden in ihren eigenen Ölbaum". Die Bekehrung der Juden sei die Aufgabe der Christen. Wenn ihnen dies gelänge, wenn die „Blindheit" der noch nicht bekehrten Juden überwunden und sie wie „die Fülle der Heiden" zu Christen geworden seien, dann erfülle sich die Weissagung der Propheten Jesaja und Jeremia, die da lautet: „Es wird kommen aus Zion der Erlöser, der da abwende das gottlose Wesen von Jakob."

Die Bekehrung der Juden ist das heilsgeschichtliche Pfand für die Wiederkehr Jesu, des „Erlösers". Sie liegt vornehmlich im Interesse der Christen und ist keineswegs als judenfreundlich zu deuten, wie dies von christlicher Seite aus immer wieder versucht worden ist. Schon das christliche Bekehrungsangebot und nicht erst die Verteufelung der Juden muss man als antisemitisch deuten – und verurteilen. Zumal es nicht bei diesen antisemitischen Worten geblieben ist.[112] Sie wurden zu Waffen, die von kirchlicher Seite aus gegen die Juden verwendet worden sind.

Dämonisierung und Bekehrung

Die Kirchenväter haben zwar das Bekehrungsangebot von Paulus immer wieder erneuert, um dann aber den Juden, die sich nicht bekehren lassen wollten, vorzuwerfen, „verstockt" zu sein, was mit einer missbräuchlichen Auslegung einiger anderer Bibelstellen begründet wurde.[113] Repräsentanten der Kirche haben im Mittelalter immer wieder zur Vernichtung der „verstockten" jüdischen „Teufelskinder" aufgerufen. Diesem Zweck und Ziel dienten einige antisemitische Legenden, die zwar nicht in der Bibel zu finden sind, aber mit dem Hinweis auf die biblische Verteufelung der Juden begründet werden konnten. Gemeint sind die Vorwürfe des Ritualmordes und der Hostienschändung. Mit ihnen wurde die Vertreibung der Juden aus England im Jahr 1290 und aus Frankreich 1394 begründet.[114]

Dieses Schicksal sollten auch die deutschen Juden erleiden. Anlass bot ein den Juden zur Last gelegter Ritualmord, der sich 1235 in Fulda ereignet haben soll.[115] 32 Mitglieder der jüdischen Gemeinde Fuldas wurden daraufhin sofort niedergemetzelt. Weitere aus anderen deutschen Städten sollten folgen. Eine neue antijüdische Verfolgungswelle kündigte sich an. Sie wurde jedoch von Kaiser Friedrich II. gestoppt. Dieser zwar nicht judenfreundliche, wohl aber äußerst gebildete Herrscher rief eine Kommission von geistlichen und weltlichen Würdenträgern ein und bat sie, die Ritualmordvorwürfe zu überprüfen. Die Kommission kam zu dem Ergebnis, dass „weder im Alten noch im Neuen Testament (...) zu finden (sei), dass die Juden nach Menschenblut begierig wären".[116] Es spräche sogar eine „nicht geringe Wahrscheinlichkeit dafür, dass diejenigen, denen sogar das Blut erlaubter Tiere verboten ist, keinen Durst nach Menschenblut haben können". Daher verkündete Friedrich II., dass die „Juden zu Fulda (...) und die übrigen deutschen Juden" unschuldig seien.

Diesen Freispruch mussten die deutschen Juden aber teuer bezahlen. Sie verloren ihre bisherige rechtliche Gleichstellung und wurden zu „Kammerknechten" des Kaisers erklärt. Dafür mussten die Juden Schutzgelder zunächst an den Kaiser, dann auch an andere weltliche Gewalten zahlen. Das hat die deutschen Juden zwar nicht vor allen weiteren Verfolgungen bewahrt, ihnen aber immerhin die Daseinsberechtigung im „Heiligen Römischen Reich Deutscher Nation" gewährt.

Der notorisch judenfeindlichen Kirche war dies ein Dorn im Auge. Sie plante die Vertreibung der Juden auch aus Deutschland. Mit der Verwirklichung dieses Plans wurde der Orden der Dominikaner beauftragt, der sich bereits bei der Verfolgung der Ketzer so große „Verdienste" erworben hatte, dass die Angehörigen dieses vom Heiligen Dominikus gestifteten und auch nach ihm benannten Ordens nicht selten als *canes Domini* – Hunde des Herren – bezeichnet wurden.

Zur ihrem dienstwilligen Werkzeug machten die Dominikaner den jüdischen Konvertiten Johannes Pfefferkorn. Pfefferkorn sollte zeigen, dass die Juden ihren rechtlichen Status als kaiserliche Kammerknechte verwirkt hätten, weil sie sich der Ketzerei schuldig gemacht hätten.[117] Tatsächlich wies Pfefferkorn in verschiedenen Schriften nach, dass im Talmud lästerliche Stellen über Jesus und vor allem über die „Jungfrau" Maria zu finden seien. Wegen seines ketzerischen Inhalts müssten der Talmud und andere jüdische Schriften eingezogen und verbrannt werden. Nach der Verbrennung ihrer Schriften sollte die Verbrennung der Juden auf den Scheiterhaufen folgen.

Doch die Juden erkannten das drohende Unheil – und wehrten sich. Sie protestierten 1509 bei geistlichen und weltlichen Gewalten wie dem Mainzer Erzbischof und dem Rat der Stadt Frankfurt am Main gegen die von Pfefferkorn verlangte Einziehung ihrer religiösen Bücher. Kaiser Maximilian I. nahm sich der Sache an und beauftragte eine Kommission mit der Überprüfung von Pfefferkorns Thesen und Anklagen.

Ein Mitglied dieser Kommission schrieb ein vernichtendes Gutachten über Pfefferkorns Machwerke. Dies war der Humanist Johannes Reuchlin. Als Hebraist, er lehrte dieses Fach an der Universität Ingolstadt und später Tübingen, war er natürlich des Hebräischen kundig, weshalb es ihm ein Leichtes war, Pfefferkorn falsche Übersetzungen und sonstige Verfälschungen des Talmuds nachzuweisen. Tatsächlich sei im Talmud keine „feindliche Absicht wider die Christen" zu finden.[118] Zwar würden die Juden „Christus nicht als Gott anerkennen", doch dies sei, so Reuchlins trockener Kommentar „selbstverständlich". Da sie „kein Glied der christlichen Kirche" seien, gehe „uns ihr Glaube nichts an". „Ketzer", wie dies die Dominikaner meinten beweisen zu können, könnten sie schon deshalb nicht sein, „weil sie nie im christlichen Glauben gewesen" seien. Daher dürfe an ihrer

Rechtsposition auch nicht gerüttelt werden, die sie als „unmittelbare Glieder des Reichs und Untertanen des Kaisertums" besäßen.

Die Dominikaner, die sich jetzt als Auftraggeber Pfefferkorns zu erkennen gaben, schäumten vor Wut und verfassten eine Anklageschrift nach der anderen gegen Reuchlin. Die wurden jedoch von dem scharfzüngigen Ulrich von Hutten als „Dunkelmännerbriefe" bezeichnet und karikiert zugleich. Die Pfefferkorn/Reuchlin-Kontroverse zog sich mehrere Jahre hin und beschäftigte fast die gesamte damalige gelehrte Welt. Nur einer hielt sich auffallend zurück, von dem man dies am wenigsten erwartet hätte.

Luther und die Juden

Das war Reuchlins Erfurter Kollege Dr. Martinus Luther. In seiner vom Prior der Erfurter Augustinereremiten, Johannes Lang, erbetenen sehr kurzen Stellungnahme aus dem Jahr 1514[119] verteidigte Luther zwar Reuchlin gegen den Vorwurf der „Ketzerei" und sparte auch nicht mit Kritik an den „Kölnern", womit die Dominikaner gemeint waren, gab aber Pfefferkorn und den Dominikanern in einem Punkt recht, nämlich „dass die Juden Gott und ihren König Christus schmähen und lästern" würden. Dies sei schließlich „von allen Propheten (gemeint sind die des Alten Testaments) geweissagt" worden. Eben wegen dieser „Gotteslästerung" seien die Juden „durch den Zorn Gottes so sehr in verworfenem Sinne dahingegeben, dass sie nach dem Prediger Salomo (1,15) unverbesserlich" seien. Daher sei die von den Dominikanern geforderte Verbrennung der jüdischen Schriften völlig unnötig, ja schädlich, weil „jeder Unverbesserliche" (womit wiederum die Juden gemeint waren) „durch Korrektur schlimmer und niemals gereinigt" werde.

Luthers Parteinahme für Reuchlin war also mit scharfen Angriffen gegen die Juden verbunden. Und dies war weder zufällig noch überraschend. Denn Luther begann als vehementer Judenfeind – und blieb es sein Leben lang.[120] Nun ist Luther zwar weder in seinen berühmten Wittenberger 95 Thesen von 1517 noch in seinen drei wichtigsten reformatorischen Schriften aus dem Jahr 1520 auf die, von der Katholischen Kirche geschaffene und zu verantwortende, Judenfrage eingegangen, dennoch war sein „Antijudaismus" keine „zeitbedingte Abirrung" oder ein bloßer „später Fremdkörper", sondern zentraler Bestandteil seiner „Theologie".[121] Warum und wie? Was hat Luther über die Juden gesagt und geschrieben?

Schon in seiner in den Jahren 1513 bis 1515 gehaltenen Psalmenvorlesung hat Luther gemeint, dass die Juden immer noch in der „Synagoge des Satans" (Offenbarung des Johannes 2,9) säßen, weil sie für die Kreuzigung Jesu verantwortlich seien. Wegen ihrer „Bosheit und Treulosigkeit (...) die sie gegen Christus geübt haben", seien sie zudem aus dem „Ölbaum ausgebrochen".[122] Sie könnten aber gemäß dem Ölbaum-Gleichnis (Römer 11) wieder in den Ölbaum eingepfropft werden, wenn sie sich endlich bekehren ließen.

Diesen Gedanken hat Luther in seiner 1523 verfassten Schrift „Daß Jesus Christus ein geborener Jude sei" näher ausgeführt.[123] Die Bekehrung der Juden sollte aber „freundlich" und mit besseren Methoden durchgeführt werden. Dabei dachte der Reformator offensichtlich an sich. Luther scheint fest davon überzeugt gewesen zu sein, dass ihm das gelingen werde, was der gesamten Kirche vor ihm nicht gelungen war – die Bekehrung aller Juden. Dies könne aber nicht nur, dies müsse jetzt erfolgen. Sein Bekehrungsangebot müssten die Juden unbedingt annehmen.[124]

War das „judenfreundlich" oder gar „tolerant", wie dies von kirchlicher Seite immer wieder und bis in die unmittelbare Gegenwart behauptet worden ist? Wohl kaum! Das war allenfalls die sanftere andere Seite der allgemeinen antisemitischen Medaille. Hinzu kommt, dass Luthers Bekehrungsangebot fortan mit scharfen Angriffen gegen die Juden verbunden war.

Keine drei Jahre nach der angeblich judenfreundlichen Schrift „Daß Jesus Christus ein geborener Jude sei" beschuldigte Luther die Juden, Spione des türkischen Erzfeindes zu sein. Dies geschah in den 1526 veröffentlichten „Vier tröstlichen Psalmen an die Königin zu Ungarn".[125] Hier sowie in der 1537 gehaltenen Genesisvorlesung vertrat Luther zudem die These, dass die Juden vom „Satan", der „zu ihrer Rechten" stehe, „verstockt" und „verblendet" seien.[126]

Einen noch judenfeindlicheren Ton schlug Luther 1538 in der Schrift „Wider die Sabbather an einen guten Freund" an.[127] Anlass war das vom Grafen Schlick zu Falkenau (dies ist der „gute Freund") kolportierte Gerücht, wonach die Juden missionieren würden. Das war erstens falsch – bei den „Sabbathern" handelte es sich um eine christliche Sekte – und zweitens kein Grund, die Juden so anzugreifen, wie dies Luther getan hat: Die Juden hätten mit der Ermordung Jesu eine schwere Schuld auf sich geladen, für die sie nach Gottes Willen nun seit 1500 Jahren büßen müssten.[128] Dass ihre Verbannung nun schon so lange dauere, sei ein Beweis, dass Gott die Juden verlassen habe: „Weil nun Gott (...) sie noch immer für und für im Elende (= Ausland) bleiben läßt (...) So ist es offenbar, daß er sie verlassen hat".[129] Dieser Gedanke war neu. Er führte Luther zugleich dazu, die Möglichkeit der Bekehrung der Juden infrage zu stellen: „Könnt ihr die Juden nicht bekehren, so bedenkt, daß ihr nicht besser seid als die Propheten, welche von diesem bösen Volk wiederholt erwürgt und verfolgt worden sind".[130]

Interessanterweise haben unbekannt gebliebene Juden auf diese Schrift Luthers eine Erwiderung verfasst, die Luther maßlos erzürnt zu haben scheint.[131] Resultat seines Zorns war die 1543 verfasste Schrift „Von den Juden und ihre Lügen".[132] Hier betonte Luther zunächst einmal, dass er gar nicht vorgehabt habe, noch einmal über die Juden zu schreiben. Doch seine 20 Jahre zuvor in „Daß Jesus Christus ein geborener Jude sei" an die Juden gerichtete freundliche Aufforderung, sich nun endlich zu bekehren, sei nicht nur nicht befolgt worden, die Juden, diese „heillosen Leute", hätten versucht, „die Christen an sich zu locken".[133] Nicht genug damit, hätten sie die Stirn gehabt, Jesus und die Jungfrau Maria als „Hurkind" und „Hure" zu verspotten.[134] Die Juden seien „leibhaftige Teufel", die „Brunnen vergiftet, Kinder gestohlen und gepfrimet (= durchbohrt)" hätten. Sie seien „voll Hoffart, Neid, Wucher, Geiz und aller Bosheit" und nur daran interessiert, die Christen auszubeuten: „Sie (= die Juden) sind auf das Gold und Silber der Heiden erpicht. Kein Volk unter der Sonne ist geiziger als sie sind und weiterhin bleibe, wie man an ihrem verfluchten Wucher sieht". Durch ihren Reichtum und Wucher hätten sie sich zu Herren der Christen aufgeschwungen:

> „Jawohl, sie halten uns Christen in unserem eigenen Land gefangen, sie lassen uns arbeiten im Schweiß der Nasen (und) Geld und Gut gewinnen, während sie (= die Juden) derweil hinter dem Ofen sitzen, faulenzen, pompen (= feiern) und Birnen braten, fressen, saufen und von unserem erarbeiteten Gut leben. Sie haben uns und unsere Güter durch ihren verfluchten Wucher in ihre Gewalt gebracht. Sie sind unsere Herren, wir ihre Knechte."

In der ebenfalls 1543 veröffentlichten Schrift „Vom Schem Hamphoras und vom Geschlecht Christi" hat sich Luther noch hasserfüllter über die Juden geäußert. Sie seien eine Bande von Verbrechern beziehungsweise eine „Grundsuppe von losen, bösen Buben", die sich gegen die rechtschaffenen Christen verschworen hätten, um ihnen allerlei „Meuchelschaden" anzutun.[135]

Mit dieser antisemitischen Verschwörungsideologie wurde die Vernichtung der Juden begründet. Diese Forderung findet sich in Luthers Schrift „Von den Juden und ihren Lügen".[136] In ihr hat Luther dazu aufgerufen, den Juden ihre religiösen Schriften wegzunehmen, ihre Synagogen zu verbrennen und ihren Rabbinern „bei Leib und Leben (zu) verbieten, hinfort zu lehren". Doch nicht nur das Judentum als Religion sollte liquidiert werden. Auch die Juden selber sollten nicht mehr als Mitmenschen geduldet werden, schlug Luther doch vor, ihnen die Ausübung ihrer traditionellen Berufe als Händler und Geldverleiher zu verbieten. Außerdem sollten sie enteignet werden. Schließlich hätten sie ja ihr ganzes Eigentum „uns gestohlen und geraubt durch ihren Wucher". Die völlig ausgeraubten und mit einem Berufsverbot belegten Juden sollten zur Zwangsarbeit eingesetzt werden: „Zum siebenten, daß man den jungen starken Juden und Jüdinnen in die Hand gebe Flegel, Axt, Karst, Rocken, Spindel und lasse sie ihr Brot verdienen im Schweiß der Nasen".

Doch auch dies war Luther nicht genug. Man sollte sich am Beispiel anderer Nationen orientieren, wo man wie in England, Frankreich und Spanien die Juden „zum Land ausgetrieben" habe. Daher gebe es nur eins: „Drum immer weg mit ihnen".[137] Und mit diesem „immer weg mit ihnen" war keineswegs nur die Vertreibung, sondern ganz offensichtlich auch die Vernichtung gemeint – forderte Luther doch dazu auf, die Juden „wie die Zigeuner" zu behandeln, die bereits seit 1498 „vogelfrei" waren, das heißt von jedermann straflos getötet werden konnten.

Es gibt keinen Zweifel: Luthers verschwörungsideologisch begründete und auf dem Teufelsglauben basierende Judenfeindschaft hatte einen exterminatorischen Charakter. Dies ist durch nichts und von niemandem zu rechtfertigen.[138] Wenn heutige Theologen dies mit dem Hinweis auf irgendwelche „Altersregressionen" (Kurt Bernd Sucher) oder andere „Alterserscheinungen" (Heiko A. Oberman) des Reformators versuchen, die sich auf seine „ungelenke Ausdrucksform" (Martin Bienert) ausgewirkt hätten, dann äußern sie damit ein ebenso bemerkens- wie beklagenswertes Verständnis für Luthers „diabolischen Antisemitismus".[139] Zum Scheitern verurteilt ist auch der

Versuch, zwischen dem angeblich judenfreundlichen jungen und dem alten, etwas judenfeindlichen sowie zwischen dem (guten) Theologen und dem (antijüdischen) Publizisten Luther zu differenzieren (Johannes Brosseder). Geradezu unredlich ist schließlich die Behauptung, Luther habe sich deshalb so über die Juden erregt, weil er ihre Missionstätigkeit fürchtete und auch fürchten musste. Hier wird der Täter Luther zum Opfer gemacht.

Doch hat Luther mit all dem die Judenfeindschaft der Nationalsozialisten vorbereitet und gewissermaßen legitimiert? Gibt es eine – ideologiegeschichtliche – Kontinuität von Luther bis Hitler?

Von Luther bis Hitler?

Für die Kontinuitätsthese spricht zunächst einmal, dass Luthers antijüdische Schriften keineswegs verschwiegen und verdrängt, sondern weit verbreitet und breit rezipiert worden sind.[140] Dies geschah einmal durch verschiedene Repräsentanten der Evangelischen Kirche, die so sehr im Banne von Luthers radikaler Judenfeindschaft standen, dass sie, wie der Reformator empfohlen, selbst die Mission der „teuflischen Juden" als nutzlos und schädlich betrachteten.

Erst in der zweiten Hälfte des 17. Jahrhunderts wurde unter dem Einfluss Speners und des Pietismus mit der protestantischen Judenmission begonnen. Sie war aber alles andere als erfolgreich und wurde auch von der lutherischen Orthodoxie keineswegs gefördert, sondern insgeheim und offen abgelehnt.[141]

Auf Luther und seine judenfeindlichen Schriften berufen haben sich auch die bekanntesten und zugleich berüchtigtsten Judenfeinde der frühen Neuzeit. Dies gilt einmal für Johann Jakob Schudt (1664–1722), der in den „Cabbalistischen Zauber-Künsten" der Juden „Würkungen des Satans" sehen wollte.[142] Der Heidelberger Professor Johann Andreas Eisenmenger (1654–1704) hielt es in seinem über 2000

Seiten dicken antisemitischen „Entdecktem Judenthum" für nicht verwunderlich, „daß die Teuffel so gern bey den Rabbinen und allen Juden seynd, sondern daß es deswegen geschehe, dieweil sie in ihrer bösen Art und Natur sehr miteinander übereinkommen".[143] Eisenmengers Buch wurde auf Drängen der Juden von Kaiser Leopold I. (1658–1705) im gesamten Reich verboten. Gedruckt wurde es daher im preußischen Königsberg, das jenseits der Grenzen des immer noch bestehenden „Heiligen Römischen Reiches" lag. Hier, im protestantischen Preußen, wurde es aber ebenfalls scharf kritisiert.

Generell wurden die religiös motivierten antijüdischen Vorurteile nicht mehr als zeitgemäß empfunden. Aufklärer wie Christian Wilhelm von Dohm wollten in ihnen die „Märchen verfolgungssüchtiger Priester" sehen, die das „Gepräge finsterer Jahrhunderte" trügen. Die „Grundsätze der Ausschließung" der Juden verstießen zudem gegen den Geist und die Prinzipien der Aufklärung.[144]

Dohm stand mit seiner Forderung nach einer Überwindung der religiösen Vorurteile gegenüber den Juden und ihrer, allerdings allmählichen und erst nach einem Erziehungsprozess vollendeten Gleichstellung mit den Christen nicht allein. Auch andere Aufklärer haben sich für eine (wie sie aber erst in den 30er-Jahren des 19. Jahrhundert so genannt wurde) „Emanzipation" der Juden eingesetzt und sich gegen die immer noch grassierenden antijüdischen Vorurteile gewandt.

Dennoch waren keineswegs alle Aufklärer Judenfreunde, einige waren sogar vehemente Judenfeinde.[145] Zu ihnen gehörte Voltaire, der in den Juden ein „abscheuliches Volk" von „Menschenfressern" erblicken wollte.[146] Kant hielt das Judentum für „keine Religion", sondern nur für eine „Vereinigung einer Menge Menschen"[147], denen er einen unüberwindlichen „Wuchergeist" vorwarf. In den Juden beziehungsweise den „unter uns lebenden Palästinern" wollte er eine „Nation von Betrügern" sehen.[148] Herder war der Auffassung, dass die Juden ihren „heilsgeschichtlichen Auftrag" schon lange erfüllt hätten und jetzt nur noch eine „parasitische Pflanze auf den Stämmen anderer Nationen" seien.[149] Fichte lehnte die Emanzipation der Juden mit der folgenden und offensichlich keineswegs scherzhaft gemeinten Begründung ab: „Aber ihnen Bürgerrechte zu geben, dazu sehe ich wenigstens kein Mittel, als das, in einer Nacht ihnen allen die Köpfe abzuschneiden, und andere aufzusetzen, in denen auch nicht eine jüdische Idee sei. Und uns vor ihnen zu schützen, dazu sehe ich wieder kein anderes Mittel, als ihnen ihr gelobtes Land zu erobern, und sie alle dahin zu schicken".[150]

Einige Aufklärer begründeten ihre Judenfeindschaft mit dem Hinweis auf „Rasse"-Theorien beziehungsweise, besser und zutreffender gesagt, mit Ideologien des Rassismus, die ebenfalls von der Aufklärung erfunden worden sind.[151]

Der erste, der dies tat, war der Göttinger Historiker Christoph Meiners.[152] In seiner „Rassen"-Typologie wurden „die Juden" zwar noch zu den „morgenländischen Völkern" gezählt, die vor den „Mongolen" und den als besonders „minderwertig" geltenden „Negern" rangieren. Doch unter den „morgenländischen" und „kaukasischen" Völkern würden „die Juden" den untersten Platz einnehmen. Sie zeichneten sich in negativer Hinsicht durch angeborene Eigenschaften wie „Gefühllosigkeit", „Hang zur Ruhe", „Trägheit und Feigheit", „Trieb der sinnlichen Liebe", „eckelhafte Unreinlichkeit", „unersättliche Raubgier" und „kalte Mordlust" aus. „Der Jude" kenne „keine wahre Reue über Thaten, wodurch man andere unglücklich gemacht hat, keine ächte Freude mit dem verdienten Glück anderer, keine Dankbarkeit gegen Wohltäter und kein uneigennütziges Bestreben, die Wohlfahrt anderer Menschen zu befördern". Sie hätten „nicht Schöpferkraft genug, um selbst schöne Künste zu erfinden, oder eigene Kunstwerke auszuarbeiten, und nicht einmal Thätigkeit und Fähigkeit genug, um die Werke Europäischer Künstler nachzuahmen".[153]

An anderer Stelle zählte Meiners ganz offensichtlich auch den

„schrecklichen Wucher", dessen „erste Urheber" sie seien, zu den angeborenen schlechten Eigenschaften „der Juden".[154] Wegen dieser „Aeusserungen ihrer angestammten Natur" sei den Juden die „vollkommene Gleichheit mit den übrigen Christlichen Einwohnern" in den „teutschen Ländern" zu verweigern. Sie sollten nach Palästina auswandern und „in ihrem alten Vaterland ein neues Jerusalem erbauen und ein neues Reich errichten".[155]

Schon von Meiners und nicht erst von Wilhelm Marr ist die alte überwiegend religiös motivierte mit der neuen rassistisch und sozial geprägten Judenfeindschaft verbunden worden, für die Marr 1879 einen neuen Begriff erfand – den des „Antisemitismus".[156] Eigentlich ist er falsch, weil er eine Antihaltung keineswegs nur gegenüber den Juden, sondern den „Semiten" generell zum Ausdruck bringt. Zu den, nach Sem, einem der Söhne Noahs genannten „Semiten" gehören verschiedene vergangene und noch existierende Völker. Neben den Juden waren und sind das die Araber, Aramäer, Äthiopier, Akkader, Phöniker und andere. Sie stellten und stellen weder in ethnischer noch gar in „rassischer" Hinsicht eine Einheit dar. Das einzige, was diese verschiedenen Völker verbindet, ist ihre Zugehörigkeit zur semitischen Sprachfamilie, die sich von anderen, so der indoeuropäischen, unterscheidet. Gleichwohl sind die Unterschiede zwischen den semitischen Sprachen mindestens genauso groß wie die zwischen den indoeuropäischen Sprachen. Daher ist auch der schon vor Marr anzutreffende Begriff des „Semitismus" falsch, weil er eine gewisse sprachlich-kulturelle und ethnische Einheit der Semiten suggeriert, die es so einfach nicht gibt. Doch Marr focht all dies nicht an. Sein Bestreben war, für Judenfeindschaft einen neuen, scheinbar nüchtern und wissenschaftlich wirkenden Begriff zu finden, der zugleich auf die „rassische" Zugehörigkeit der Juden verweist.

Dieser, meist als spezifisch modern bezeichnete „Antisemitismus" wird von einigen Historikern scharf vom alten „Antijudaismus" abgegrenzt.[157] Diese Differenzierung ist aber von verschiedenen anderen vornehmlich jüdischen Historikern abgelehnt worden.[158] Ihrer Auffassung habe ich mich angeschlossen, was ich im Folgenden etwas näher begründen möchte. Dies mit zwei Argumenten: einmal mit dem Hinweis, dass der alte religiös motivierte Antisemitismus bruchlos in den neuen rassistisch motivierten Antisemitismus übergegangen ist. Und zweitens mit der These, dass beide Varianten des Antisemitismus einen exterminatorischen Charakter gehabt haben. Daher kann keine Rede davon sein, dass der Antijudaismus „nicht so schlimm" wie der Antisemitismus beziehungsweise nur ein „Antisemitismus light" gewesen sei.

Wie bereits gezeigt, war schon der religiös und rassistisch motivierte Antisemitismus einiger Aufklärer alles andere als harmlos. Einen noch radikaleren, aber ebenfalls religiös und rassistisch geprägten Antisemitismus haben nicht alle, aber die meisten deutschen Nationalisten vertreten.

Zu nennen ist einmal Ernst Moritz Arndt, der sich gegen die Emanzipation der Juden mit dem Argument wandte, dass es so zu einer weiteren Vermischung des deutschen mit dem, wie er meinte, „verdorbenen und entarteten Volk" der Juden kommen werde. Eine derartige „Verbastardung" sei unbedingt zu verhindern. Der „germanische Stamm" sei „so sehr als möglich von fremdartigen Bestandteilen rein zu halten".[159]

Hinzuweisen ist auch auf einen weiteren Ideologen des deutschen Nationalismus – den Jenenser Philosophieprofessor Jakob Friedrich Fries, der 1816 die „Aufhebung aller Gesetze des Rechtes und der Sittlichkeit" gegenüber den Juden forderte und dazu aufrief, „diese Kaste mit Stumpf und Stiehl" auszurotten.[160]

Ähnliche Gedanken und Vernichtungsphantasien findet man sowohl bei Richard Wagner[161], der „den Juden" als „Dämon des Verfalls der Menschheit" bezeichnete[162], als auch bei dem schon erwähn-

Ihm ging es um die Versöhnung von Theologie und Sozialismus beziehungsweise des von Tillich so genannten „sakramental-geschichtsbewussten" mit dem „rational-geschichtskritischen" Geist. Tillich bezeichnete das als „Theonomie". „Theonomie" sei die „Einheit von heiliger Form und heiligem Gehalt in einer konkreten Geschichtslage" und schaffe eine „heilige und zugleich gerechte Wirklichkeit". Damit waren offensichtlich Gleichheit, Menschenrechte und Demokratie gemeint. Diese politischen Ziele könnten aber nicht allein rational begründet werden. Hinzu müsse eine „theonom- und nicht dämonisch-metaphysische Haltung" kommen. Damit war wohl das gemeint, was Horkheimer die „Kritik der instrumentellen Vernunft" genannt hat. Bei Tillich liest sich das so:

> „Der Staat muß getragen sein von dem Eros und der inneren Mächtigkeit derer, in denen der theonome Gehalt am mächtigsten zum Ausdruck kommt; er muß in sich tragen ein lebendiges System von Spannungen, in denen das Wirtschaftliche, das Nationale, das Bluthafte u.s.w. in ihrer Bedeutung für die absolute übergreifende Idee gewertet werden."[105]

Einen derartigen Staat wolle der Nationalsozialismus nicht. Daher warnte Tillich den „Protestantismus" davor, sich dem Nationalsozialismus zu öffnen. Wenn er das tue und den „Sozialismus" verwerfe, würde er „wieder einmal seinen Auftrag an die Welt verraten". „Sofern er der kapitalistisch-feudalen Herrschaftsform, deren Schutz der Nationalsozialismus tatsächlich dient, die Weihe gottgewollter Autorität gibt", helfe der Protestantismus „den Klassenkampf (zu) verewigen" und verrate „seinen Auftrag, gegen Vergewaltigung und für Gerechtigkeit als Maßstab jeder Gesellschaftsordnung zu zeugen".[106] Der „Protestantismus" habe stattdessen „seinen prophetisch-sittlichen Charakter darin zu bewähren, dass er dem Heidentum des Hakenkreuzes das Christentum des Kreuzes entgegenstellt".

ten Wilhelm Marr und vor allem bei Adolf Stoecker, der in den deutschen Juden ein „fremdartiges Element"[163] beziehungsweise ein „Volk im Volke"[164] sehen wollte. Ausgesprochen eschatologische Vorstellungen kennzeichnen die antisemitischen Schriften Paul de Lagardes und Julius Langbehns. Der antisemitische Altmeister Theodor Fritsch schließlich wollte in der jüdischen „Großfinanz die Sendlinge der Teufels-Synagoge" und in den Juden selber das „Volk des Teufels" erkennen.[165]

Dies waren Hitlers antisemitische Vordenker, auf die er sich in „Mein Kampf" direkt und indirekt berufen hat. Auch Hitlers Rassenantisemitismus war nämlich mit religiösen und pseudoreligiösen Elementen verbunden und wurde mit ihnen begründet. Meinte Hitler doch, das „Werk des Herrn" zu vollenden, wenn er sich „der Juden" erwehre.[166] Das muss hier nicht weiter kommentiert werden. Wir verzichten auch auf eine genauere Darstellung der Judenverfolgung im sogenannten „Dritten Reich" und beschränken uns auf die Beantwortung der Frage, wie die Kirche darauf reagiert hat.

Schweigende Zeugen

„Als die Zeugen schwiegen", war der Obertitel eines Buches über die „Bekennende Kirche und die Juden".[167] Ein, leider könnte man sagen, guter Titel für eine schlechte Sache – das weitgehende Schweigen der Kirche zur nationalsozialistischen Judenverfolgung. Diese mehr als bedauernswerte Tatsache wird ohne Weiteres deutlich, wenn man eine Zeittafel erstellt (was ich einmal für Lehrzwecke gemacht habe), auf deren linker Seite die judenfeindichen Handlungen der Nationalsozialisten und auf der rechten Seite die Reaktionen der Kirche darauf notiert sind. Während auf der linken, nationalsozialistischen Seite viel Entsetzliches zu finden ist, gähnt auf der rechten, kirchlichen Seite meist entsetzliche Leere.

Wenn wir mit dem Jahr 1933 beginnen, so erkennen wir, dass die Kirche auf das von den Nationalsozialisten am 7. April erlassene antisemitische „Gesetz zur Wiederherstellung des Berufsbeamtentums" nicht reagiert hat.[168] Erst nachdem der in diesem staatlichen Gesetz enthaltene Arierparagraph am 6. September in das Kirchengesetz der Evangelischen Kirche der altpreußischen Union übernommen wurde[169], protestierten einige protestantische Pfarrer gegen die Entlassung ihrer Amtsbrüder, die selber „nichtarischer Abstammung" waren oder mit „einer Person nichtarischer Abstammung verheiratet" waren. Sie schlossen sich, wie im ersten Kapitel bereits erwähnt, dem Pfarrernotbund an, der sich dann energisch gegen die Bestrebungen der Deutschen Christen wandte, auch noch das Christentum zu „arisieren". Der Gau Großberlin der Deutschen Christen hatte diese nicht nur antisemitische, sondern auch antichristliche Forderung am 13. November 1933 folgendermaßen umschrieben und begründet:

> „Wir fordern, dass eine deutsche Volkskirche Ernst macht mit der Verkündung der von aller orientalischen Einstellung gereinigten schlichten Frohbotschaft und einer heldischen Jesus-Gestalt als Grundlage eines artgemäßen Christentums, in dem an die Stelle der zerbrochenen Knechtsseele der stolze Mensch tritt, der sich als Gotteskind dem Göttlichen in sich und in seinem Volke verpflichtet fühlt."[170]

Das war Blasphemie. Diese blasphemische „falsche Lehre" ist dann auch im Mai 1934 von der Barmer Synode verworfen worden. Die Kirche dürfe die „Gestalt ihrer Botschaft und ihrer Ordnung" nicht dem „Wechsel der jeweils herrschenden weltanschaulichen und politischen Überzeugungen überlassen". Waren damit die antisemitischen „weltanschaulichen und politischen Überzeugungen" und, wie zu ergänzen wäre, auch antisemitischen Handlungen der Nationalsozialisten gemeint? Vielleicht. Doch genau weiß man das nicht. In allen

Barmer Thesen werden weder die verfolgten Juden noch der Antisemitismus der sie verfolgenden Christen erwähnt.

Beides geschah erst im Mai 1936 und damit fast ein Jahr nach dem Erlass der antisemitischen Nürnberger Gesetze, auf welche die Kirche wiederum nicht reagiert hatte. In der (ebenfalls schon im ersten Kapitel erwähnten) Denkschrift der Vorläufigen Leitung der Evangelischen Kirche vom 28. Mai 1936 lesen wir: „Wenn den Christen im Rahmen der nationalsozialistischen Weltanschauung ein Antisemitismus aufgedrängt wird, der zum Judenhass verpflichtet, so steht für ihn dagegen das christliche Gebot der Nächstenliebe."[171]

Diesem „Gebot der Nächstenliebe" hätte die Kirche zwei Jahre später bei den Novemberpogromen 1938 folgen müssen. Doch das hat sie nicht getan. Von wenigen Ausnahmen abgesehen, ist den verfolgten Juden nicht geholfen worden. Dass mit den von den Nationalsozialisten geschändeten und verbrannten Synagogen Gotteshäuser geschändet und verbrannt wurden, hätte überall in Deutschland und in allen Kirchen nicht nur bedauert, sondern scharf verurteilt werden müssen. Doch auch das ist, wiederum von wenigen Ausnahmen abgesehen, nicht geschehen.

Zu diesen Ausnahmen gehörte der Pfarrer Julius von Jan, der in seiner Buß- und Bettagspredigt vom 16. November 1938 – sieben Tage nach den Pogromen – Folgendes erklärte:

> „Die Leidenschaften sind entfesselt, die Gebote Gottes missachtet, Gotteshäuser, die andern heilig waren, sind ungestraft niedergebrannt worden, das Eigentum der Fremden geraubt oder zerstört. Männer, die unserm deutschen Volk treu gedient haben und ihre Pflicht gewissenhaft erfüllt haben, wurden ins KZ geworfen, bloß weil sie einer anderen Rasse angehörten."[172]

Diese Worte zeugen von einem wirklichen christlichen Geist, der vielen Deutschen Christen völlig fehlte. Zu ihnen gehörten die Mitglieder des von den Deutschen Christen dominierten Landeskirchenrates der Thüringer Evangelischen Kirche, die für den Buß- und Bettag 1938 einen Aufruf verfassten, der in allen Kirchen verlesen werden sollte. In ihm heißt es:

> „Der feige Mord eines Juden an dem Gesandtschaftsrat vom Rath in Paris hat unser gesamtes deutsches Volk aufs tiefste empört. Dieses Verbrechen erhellt schlaglichtartig, worum es heute im christlichen Abendlande geht. Es geht um den weltgeschichtlichen Kampf gegen den volkszersetzenden Geist des Judentums. Der Nationalsozialismus hat in unserer Zeit diese Gefahr am klarsten erkannt und in verantwortungsvollem Ringen um die deutsche Volksgemeinschaft der jüdisch-bolschewistischen Gottlosigkeit den schärfsten Kampf angesagt. Aufgabe der Kirche in Deutschland ist es, aus christlichem Gewissen und nationaler Verantwortung in diesem Kampfe treu an der Seite des Führers zu stehen."[173]

Angesichts dieses absolut unchristlichen Antisemitismus und Chauvinismus, den die Deutschen Christen an den Tag legten, fragt man sich, warum es die sogenannten intakten Kirchen für angebracht gehalten haben, mit diesen antichristlichen Deutschen Christen zu kooperieren. Geschah dies gar nicht trotz, sondern gerade wegen des Antisemitismus und Chauvinismus? Dafür spricht eine Erklärung der „Nationalkirchlichen Einigung Deutsche Christen" vom März 1939, in der Antisemitismus und Chauvinismus geradezu als Garanten der „nationalkirchlichen Einigung" angesehen wurden. In dieser sogenannten Godesberger Erklärung hieß es nämlich:

> „Wie ist das Verhältnis von Judentum und Christentum? Ist das Christentum aus dem Judentum hervorgegangen und also eine Weiterführung und Vollendung, oder steht das Christen-

tum im Gegensatz zum Judentum? Auf diese Frage antworten wir: Der christliche Glaube ist der unüberbrückbare Gegensatz zum Judentum."¹⁷⁴

In einer anderen Fassung der Godesberger Erklärung (den sogenannten Variata der Godesberger Erklärung) haben ihre Verfasser nicht nur die antisemitische Ideologie der Nationalsozialisten, sondern auch den mit der Berufung auf diese Ideologie geführten Kampf gegen die Juden beziehungsweise die „jüdische Rasse" begrüßt und legitimiert:

> „Die nationalsozialistische Weltanschauung bekämpft mit aller Unerbittlichkeit den politischen und geistigen Einfluss der jüdischen Rasse auf unser völkisches Leben. Im Gehorsam gegen die göttliche Schöpfungsordnung bejaht die evangelische Kirche die Verantwortung für die Reinerhaltung unseres Volkstums. Darüber hinaus gibt es im Bereich des Glaubens keinen schärferen Gegensatz als den zwischen der Botschaft Jesu Christi und der jüdischen Religion der Gesetzlichkeit und der politischen Messiashoffnung."

Nun gut, kann man sagen und so ist es auch nach 1945 gesagt worden, das waren doch nur die Deutschen Christen, und von dieser, wie sie sich selber bezeichnet haben, „SA Jesu Christi" hat sich die Bekennende Kirche doch immer und deutlich genug distanziert. Gilt das auch für den Antisemitismus der Deutschen Christen und anderen Nationalsozialisten? Ist er ebenfalls immer und deutlich genug abgelehnt worden?

Leider nein. Er wurde zwar nicht akzeptiert, aber auch nicht hinreichend und energisch genug abgelehnt und bekämpft. Eine Diskussion über den christlichen und von Luther nicht reformierten, sondern radikalisierten Antisemitismus hat es innerhalb der Bekennenden Kirche kaum gegeben.¹⁷⁵ Dies obwohl oder vielleicht gerade weil sich

Deutsche Christen und Nationalsozialisten immer auf Luthers antisemitische Schriften berufen haben, die im angeblich so christenfeindlichen Dritten Reich in hohen Auflagen gedruckt und massenhaft vertrieben wurden. Dazu haben die Zeugen geschwiegen, und dieses Schweigen kann man nur als zustimmend deuten.

Nicht geschwiegen haben sie zum Juden- und Rassenmord – deutlich und unüberhörbar aber erst im Oktober 1943. Dies mit der (im ersten Kapitel schon erwähnten) Erklärung der 12. Bekenntnissynode der altpreußischen Union, wonach die „Vernichtung von Menschen, lediglich weil sie Angehörige eines Verbrechers, alt oder geisteskrank sind oder einer anderen Rasse angehören, (...) keine Führung des Schwertes (sei), das der Obrigkeit von Gott gegeben ist".[176] Hier wurde zwar auch ausdrücklich betont, dass dem Christen „auch das Leben des Volkes Israel heilig" sei, doch diese an sich selbstverständliche Bemerkung wurde mit dem folgenden Satz wieder eingeschränkt, der geradezu exemplarisch zeigt, dass auch die Bekennende Kirche den christlichen Antisemitismus keineswegs überwunden hat: „Gewiss hat Israel den Christus Gott verworfen, aber nicht wir Menschen oder wir Christen sind berufen, Israels Unglauben zu strafen."

Sicher haben Männer wie Heinrich Grüber und Werner Sylten „nichtarischen" Christen geholfen[177]; Frauen wie Magda Meusel, Elisabeth Schmitz und Katharina Staritz haben ihre Kirche aufgerufen, mehr für die verfolgten Juden zu tun.[178] Und hinzuweisen wäre hier noch auf die Tätigkeit der „Berliner Gesellschaft zur Beförderung des Christentums unter den Juden", die den damals sogenannten Judenchristen zumindest seelsorgerische Betreuung gewährt hat.[179]

Dennoch bleibt das traurige Fazit: Auch die Zeugen haben geschwiegen. Hat wenigstens die Kirche nach 1945 das nicht verschwiegen, und hat sie sich zu ihrer und unserer Schuld bekannt?

„Wir klagen uns an"

„Wir klagen uns an, nicht mutiger bekannt, nicht treuer gebetet, nicht fröhlicher geglaubt und nicht brennender geliebt haben" – heißt es im Stuttgarter Schuldbekenntnis vom Oktober 1945. Wessen klagte man sich an? Sich nicht „mutiger" zu den verfolgten Juden „bekannt" zu haben, um sie, wenn schon nicht „geliebt", so doch für sie „gebetet" und ihnen geholfen zu haben? Wir wissen es nicht, wurden doch im Stuttgarter Schuldbekenntnis die Juden wieder nicht erwähnt. Im Darmstädter Wort vom August 1947 war es ebenso. Auch hier findet man kein Wort über die Juden und keinerlei Kritik des christlichen Antisemitismus. Das wurde einfach verschwiegen.

Dieses Schweigen hielt bis weit in die 60er-Jahre an. Bis dahin hatte man sich wie schon im Stuttgarter Schuldbekenntnis gerühmt, „im Namen Jesu Christi gegen den Geist gekämpft (zu haben), der im nationalsozialistischen Gewaltregiment seinen furchtbaren Ausdruck gefunden hat". Gemeint war der Kirchenkampf, der von Theologen und anderen kirchlichen Ideologen zum „Widerstand" gerechnet wurde. Mit dieser Ideologie, man könnte auch von Lüge sprechen, hat die Kirche (beide Kirchen!) ihre Entnazifizierung verhindert[180] und „Wiedergutmachung" für das ihr angetane Leid verlangt – und auch bekommen.

Immerhin hat die Kirche denjenigen Opfern, welche das nicht verlangt, aber dennoch bekommen haben, die „Wiedergutmachung" nicht geneidet. Die Rede ist von den Juden. Das zu diesem Zweck von dem Christdemokraten Adenauer mit den Repräsentanten der Juden und mit Vertretern des Staates Israel 1952 abgeschlossene Luxemburger Abkommen ist von der Kirche nicht kritisiert worden. Sie hat auch Adenauers um Aussöhnung mit den Juden und dem Staat Israel bemühte Politik unterstützt. Das ist angesichts des in der Kirche tief verwurzelten Antisemitismus anzuerkennen.

Noch anerkennenswerter waren (und sind) die Bestrebungen von meist jungen Christen, den Prozess der Aussöhnung mit den Juden und dem Staat Israel zu fördern, indem sie nach Israel fuhren und zu den Stätten gingen, wo den Juden so unermessliches Leid angetan worden ist, um hier den Lebenden zu helfen und der Toten zu gedenken. Die Rede ist von der „Aktion Sühnezeichen".[181] Ihre Mitglieder wollten es nicht zulassen, dass die Erinnerung an die an den Juden begangenen Verbrechen verblasste und Gras darüber wuchs. Das mit dem Gras war wörtlich gemeint – sind es doch Angehörige der „Aktion Sühnezeichen" gewesen, welche als Erste damit begonnen haben, die Stätten des nationalsozialistischen Terrors vor dem völligen Verfall zu bewahren und in würdige Gedenkstätten umzuwandeln. Beides übrigens mit harter und auch körperlicher Arbeit – eine wirklich christliche, genauer: protestantische Idee. Auf sie waren diese Angehörigen des Kirchenvolkes von ganz allein gekommen und ohne die Zustimmung der Kirchenspitze erlangt oder überhaupt danach gefragt zu haben. Das Kirchenvolk hatte sich hier besser und weitsichtiger erwiesen als die Kirche.

Das ist dann auch von der Kirche erkannt und anerkannt worden. Allerdings erst in den 1970er-Jahren. Erst dann ist auf Kirchentagen und in den Gemeinden über den Judenmord geredet worden, der nach und wegen einer auch in Deutschland sehr erfolgreichen amerikanischen Fernsehserie als „Holocaust" bezeichnet wurde. Selbst für eine „verspätete Nation" wie die deutsche ist diese späte, wie soll man sagen, Entdeckung des Holocaust bemerkenswert. Schuld daran waren aber auch die deutschen Historiker, denn die haben sich im Unterschied zu ihren amerikanischen und vor allem jüdischen Kollegen eigentlich erst seit den 1970er-Jahren ernsthaft und intensiver mit dem Holocaust beschäftigt.

Im Mittelpunkt ihres Interesses und ihrer Forschungen stand aber, wiederum im Unterschied zu dem der amerikanischen und jüdischen Historiker, mehr das Verhalten der Täter als das Leiden der Opfer. Zu den Tätern wurden im Westen aber zunächst nur Hitler und einige andere hochrangige Funktionäre der Partei gerechnet. Im Osten sollten dagegen einige „Elemente des Finanzkapitals" an allem schuld gewesen sein. In ihrem Auftrag sei eine „offene terroristische Diktatur" errichtet worden, die sich vornehmlich nicht gegen die Juden, sondern die Kommunisten gewandt habe.

Seit den 1980er-Jahren haben dann einige jüngere Historiker auch auf die Mitschuld und Mitverantwortung der Eliten und großer Teile der Bevölkerung verwiesen. Dabei geriet auch die bisher ob ihres Kirchenkampfes so gelobte Kirche wieder in den Mittelpunkt des Interesses und der Kritik. Vorgetragen wurde sie von einigen Profanhistorikern, von denen die meisten Laienhistoriker waren. Dies im doppelten Sinne des Wortes: einmal, weil sie keine kirchlichen Ämter bekleideten, und zum anderen, weil sie auch nicht in die Zunft der professionellen (und professoralen) Historiker aufgenommen worden sind. Zu erwähnen ist hier vor allem Ernst Klee und sein Buch über „Die SA Jesu Christi", in dem der Antisemitismus der Deutschen Christen heftig, ja geradezu gnadenlos kritisiert worden ist.

Eine kritische Würdigung fand die Haltung der Kirche zu den Juden auch in einigen Werken, die von kirchenhistorischer und theologischer Seite vorgelegt wurden. Hier ist vor allem auf das bereits erwähnte Buch von Wolfgang Gerlach „Als die Zeugen schwiegen" zu verweisen, das übrigens aus einer schon 1970 verteidigten theologischen Dissertation hervorgegangen ist, die aber erst 17 Jahre später, 1987, gedruckt werden konnte.[182]

Herausgegeben wurde Gerlachs Buch von dem Berliner „Institut Kirche und Judentum", das sich unter der Leitung von Peter von der Osten-Sacken große Verdienste bei der Aufarbeitung der Geschichte des (von mir so genannten) christlichen Antisemitismus erworben hat. Die war zwar in dem schon 1968 erstmals veröffentlichten zweibändigen „Handbuch zur Geschichte von Christen und Juden. Darstellung und Quellen" anhand zahlreicher und ausführlich zitierter Quellen dokumentiert worden, ist aber von den meisten Mitarbeitern des Handbuchs nicht hinreichend kritisiert worden. Stand doch ihre häufig geradezu apologetische „Darstellung" in einem eklatanten Widersprich zu den abgedruckten antisemitischen „Quellen".

Von fast aller Kritik verschont wurde vor allem Luther. Seine eindeutig antisemitischen Schriften wurden geradezu verschwiegen. Ich jedenfalls habe von ihnen weder im Schul- noch im Konfirmandenunterricht gehört. Als ich sie 1983 erstmals las und darüber einen öffentlichen Vortrag hielt[183], wurde ich deshalb heftig gescholten. Dabei war ich nur der Überbringer der schlechten, weil antisemitischen Nachricht.

Wie schon erwähnt, zeichneten sich auch die ersten Arbeiten über Luthers Antisemitismus durch eine Apologie aus, die mich und keineswegs nur mich mehr als erschreckt hat. Überwunden und richtiggestellt wurde das von Peter von der Osten-Sacken, der mit seinem allerdings erst 2002 veröffentlichten Buch über „Martin Luther und die Juden" das erste wirklich umfassende und kritische Werk über den, wie ich meine, Antisemiten Luther verfasst hat.

Dennoch, ja gerade deshalb kann keine Rede davon sein, dass die gesamte Geschichte des christlichen Antisemitismus aufgearbeitet worden ist. Schon gar nicht von der Amtskirche. Sie ist ihrem vergangenen Antisemitismus nicht gerecht geworden.

Bleibt die Frage, ob die Kirche den gegenwärtigen Antisemitismus wenn schon nicht überwunden, so doch wenigstens bekämpft hat. Diese Aufgabe hat sie lange Zeit einer aus Geistlichen und Laien beider christlichen Konfessionen gebildeten Organisation überlassen – der „Gesellschaft für christlich-jüdische Zusammenarbeit", die zu diesem Zweck und Ziel eine jährlich stattfindende „Woche der Brüderlichkeit" veranstaltet.

„Woche der Brüderlichkeit"

Sie ist nicht unproblematisch, weil sie den Eindruck erwecken könnte, dass sich Christen und Juden nur in einer Woche des Jahres brüderlich zueinander verhalten sollen. So ist es von den im Übrigen sehr verdienstvollen Veranstaltern der Wochen der Brüderlichkeit nicht gemeint oder gar beabsichtigt. Sicher nicht beabsichtigt, vielleicht aber gemeint ist etwas anderes und nicht weniger Problematisches: treffen doch hier die Vertreter der christlichen und der jüdischen Glaubensgemeinschaften nicht auf Augenhöhe aufeinander. Christen könnten nämlich das tun, was Juden niemals getan haben, ihre jüdischen Brüder und Schwestern zu ihrem, und das heißt dem christlichen Glauben bekehren.

Wohlgemerkt: „könnten", ist doch nicht nachweisbar, ob dies die christlichen Teilnehmer der Wochen der Brüderlichkeit jemals getan haben. Sie können, ja sie müssen das aber tun, wenn sie den Lehren ihrer Kirchen Folge leisten – indem sie nicht nur dem allgemeinen, bei Matthäus festgeschriebenen Missionsbefehl, sondern auch der von Paulus gegebenen Weisung folgen, gerade die Juden zu bekehren beziehungsweise, wie es in der bildhaften Sprache des Gleichnisses vom Ölbaum heißt, die aus dem Ölbaum des Herrn herausgebrochenen Zweige wieder auf selbigen zu pfropfen.

Gläubigen Christen beider Konfessionen ist beides aufgetragen. Sie müssen Heiden missionieren und Juden bekehren. Zu beiden werden sie auch von ihren Kirchen angehalten. Allerdings mehr von der Katholischen als von der Evangelischen Kirche, in der immerhin über die allgemeine und die spezielle „Judenmission" heftig und kontrovers diskutiert wird. Einige protestantische Landeskirchen haben sogar ihre Angehörigen angewiesen, die Judenmission einzustellen.

Dies ist jedoch von evangelikaler Seite heftig kritisiert worden. Protestantische Fundamentalisten, die es in der Amtskirche und noch mehr in den kleineren protestantischen Religionsgemeinschaften (die früher als „Sekten" bezeichnet wurden) immer noch gibt, bemühen sich bis heute darum, Juden zu bekehren. Sie tun dies zu ihrem eigenen Heil und begründen das mit dem Hinweis auf die von Paulus erneuerte Weissagung der Propheten Jesaja und Jeremia: „Es wird kommen aus Zion der Erlöser, der da abwende das gottlose Wesen von Jakob." (Römer 11,26)

Muss man dieser fundamentalistischen Interpretation der Bibel folgen und ist die Judenmission daher zu akzeptieren? Ich meine nein und verbinde dieses Nein mit der Aufforderung an meine Kirche, sich endlich und ganz und gar von der fundamentalistischen, das heißt wörtlichen Auslegung aller judenfeindlichen Stellen der Bibel zu verabschieden. Dies keineswegs nur wegen Auschwitz, das heißt wegen des Holocaust, weshalb ich auch den Terminus „Theologie nach Auschwitz" ablehne, sondern weil mit diesen judenfeindlichen Bibelstellen die gesamte jahrhundertelange Verfolgung der Juden begründet worden ist.

Wie kann das geschehen? Soll man dem Rat des amerikanischen Historikers und Soziologen Daniel Jonah Goldhagen (der selber Jude ist) folgen und alle judenfeindlichen Stellen im Neuen Testament „einfach" streichen?[184] Natürlich nicht! Goldhagens radikaler Vorschlag ist nicht radikal genug. Es darf nicht nur um Worte gehen, es muss um ihre Auslegung und – noch wichtiger – Anwendung gehen. Was kann das bedeuten?

Wir, Christen und Nicht-Christen, müssen unsere Worte sorgfältig abwägen und gebrauchen. Wir sollten uns davor hüten, von „alttestamentarischem Zorn" und „Rache" nach dem Prinzip von „Auge um Auge, Zahn um Zahn" zu sprechen, über die bösen und selbstgerechten „Pharisäer" zu schimpfen etc. etc. Vor allem aber dürfen wir „die Juden" weder als „Teufelskinder" dämonisieren noch zu unserem, dem christlichen Glauben „bekehren".

Vieles davon, aber eben nicht alles geschieht bereits in unserer Kirche. Sie verflucht die Juden zwar nicht mehr, betet aber insgeheim und offen immer noch für ihre Bekehrung; sie bezeichnet die Juden zwar nicht mehr als „Gottesmörder" und „Teufelskinder", lässt aber zu, dass dies von anderen Christen in anderen Kirchen und von den Anhängern anderer Religionen immer noch gemacht wird. Dies ist eine völlig falsch verstandene Toleranz. Die Kirche verfasst zwar heute keine judenfeindlichen Schriften mehr, distanziert sich aber nicht deutlich genug von den gestern verfassten – nicht nur die vor und nach Luther, sondern auch die von Luther selbst geschriebenen. Insgesamt hat sie mit ihrer antisemitischen Tradition nicht hinreichend gebrochen. Dieser ideologische Irrweg ist noch nicht zu Ende.

V. „Unstet und flüchtig" – Kirche und Antiziganismus

„Unstet und flüchtig sollst du sein auf Erden." (1 Mose 4) Gemeint ist Kain, der seinen Bruder Abel erschlagen hat. Dafür wird er von Gott verbannt und zum ständigen Herumziehen verurteilt. Dies sieht Kain aber nicht ein und versucht, mit Gott zu verhandeln: „Meine Strafe ist zu schwer, als dass ich sie tragen könnte. Siehe, du treibst mich heute vom Acker, und ich muss mich vor deinem Angesicht verbergen und muss unstet und flüchtig sein auf Erden. So wird mir's gehen, dass mich totschlägt, wer mich findet." Tatsächlich hat Gott ein Einsehen und vermindert das Strafmaß: „Nein, sondern wer Kain totschlägt, das soll siebenfällig gerächt werden. Und der Herr machte ein Zeichen an Kain, daß ihn niemand erschlüge, der ihn fände." So geschieht es. Kain überlebt seine Bestrafung und hat sogar viele Kinder und Kindeskinder. Darunter „Jubal, von dem sind hergekommen alle Zither- und Flötenspieler", und „Tubal-Kain, von dem sind hergekommen alle Erz- und Eisenschmiede".

Was hat das alles mit den Roma[185] und der Antiziganismus[186] genannten Feindschaft gegen sie zu tun? Nach unserem Bibelverständnis absolut nichts. Doch andere und ältere Leser der Bibel haben das ganz anders gesehen. Sie meinten, in dem zum ständigen Herumziehen verurteilten Kain und seinen Kindern, die alle weiteren „Zither- und Flötenspieler" sowie „Erz- und Eisenschmiede" gezeugt haben sollen, die Vorfahren der von ihnen verächtlich „Zigeuner" genannten Roma sehen zu können. Schließlich waren viele Roma Musiker und Schmiede und einige zogen ständig herum. Doch warum? Nur weil ihr Stammvater Kain seinen Bruder Abel erschlagen hatte?

Diese Erklärung reichte einigen Chronisten nicht aus. Sie begründeten das Herumziehen der „Zigeuner" mit weiteren, keineswegs frommen Legenden. Nach der einen soll ein „Zigeuner" die Heilige Familie auf ihrer Flucht nach Ägypten nicht beherbergt haben, weshalb er und alle weiteren Roma zu eben diesem Herumziehen verurteilt worden seien.[187] Nach einer weiteren Legende soll ein „Zigeuner" trotz der flehenden Bitten der Jungfrau Maria, es nicht zu tun, die Nägel, und zwar besonders spitze, für das Kreuz Christi geschmiedet haben.[188] Nach einer dritten – auch nicht schönen, aber wenigstens originellen – Legende soll ein „Zigeuner" den auf den Bildern der Kreuzigung Christi fehlenden vierten Nagel gestohlen haben, weshalb Jesu Füße mit einem einzigen Nagel an das Kreuz geschlagen werden mussten. Zu diesen nun wirklich bösen und teuflischen Taten seien die „Zigeuner", so meinte man, vom Teufel persönlich angestiftet worden. Er habe sie zugleich dazu befähigt, weitere teuflische Taten zu begehen. Sie könnten nicht nur die Zukunft vorhersagen, sondern auch Feuer legen wie löschen. Nach der Meinung einiger frühneuzeitlicher Chronisten hätten sie diese magischen Fähigkeiten vom Teufel, mit dem sie außerdem noch ihre (angeblich) schwarze Hautfarbe gemein hätten.[189]

Damit wurde das geschaffen, was man als christlichen Antiziganismus bezeichnen und mit dem christlichen Antisemitismus vergleichen kann. Genau wie der christliche Antisemitismus hat sich auch der christliche Antiziganismus mit anderen sozialen und schließlich auch rassistisch geprägten Vorurteilen vermischt. Dies wird im Folgenden gezeigt, wobei auch auf die – wenigen – Reaktionen der Kirche darauf eingegangen wird.[190]

„Greuliche und schwartze Leute"

Als „greuliche und schwartze Leute" hat Albert Krantz die Roma in seiner zuerst 1523 veröffentlichten „Sachsenchronik" bezeichnet.[191] Sebastian Münster charakterisierte die „Zigeuner" in seiner viel gelesenen „Cosmographey" aus dem Jahr 1550 als „ungeschaffen, schwartz, wüst und unflätig Volck".[192] Den italienischen Mönch Rufo da Lubecca erinnerte die „Schrecken erregende Gestalt" (*forma turpissima*) der „Zigeuner" sowohl an die der „Neger und Tataren" (*nigri ut tatari*) als auch an den schwarzen Teufel.[193]

Womit hatten die Roma diese Beschimpfungen und Verteufelungen verdient? Schließlich waren sie alle lange vor ihrer Ankunft im Heiligen Römischen Reich Deutscher Nation zu Beginn des 15. Jahrhunderts einer christlichen Glaubensgemeinschaft beigetreten. Wahrscheinlich war es die der Athinganen (von griechisch *athinganoi* = die Unberührbaren). Die Athinganen sind im 13. Jahrhundert genau wie die Katharer zu Häretikern erklärt und verfolgt worden. Die gesamte verketzerte Glaubensgemeinschaft wurde ausgelöscht. Ihr Name scheint aber an dem Volk der Roma haften geblieben zu sein, wurden und werden die Roma doch von den übrigen europäischen Völkern nach diesen Athinganen als *cyganki* (russisch), *tsiganes* (französisch), *cingari* (italienisch), „Zigeuner" (deutsch) etc. bezeichnet.

Dabei handelt es sich zwar samt und sonders um Fremdbezeichnungen, die aber keineswegs immer und überall einen negativen Beiklang hatten und haben. Beim deutschen Begriff „Zigeuner" ist das anders. Er suggeriert nämlich, dass die Roma notorische Gauner seien, die ständig herumziehen würden, weshalb man sie mit Recht als „Zieh-Gauner" beziehungsweise „Zigeuner" bezeichnen könne. Diese inhaltlich und sprachlich falsche Erklärung und Ableitung des Begriffs „Zigeuner" ist aber erst im 16. Jahrhundert von einigen deutschen Chronisten erfunden worden. Dies auch erst, nachdem die

Roma von ihren christlichen Glaubensgenossen verteufelt und von den weltlichen Gewalten wegen ihrer angeblich faulen und nomadischen Verhaltensweise verfolgt worden waren.

Bei den ersten Roma, die zu Beginn des 15. Jahrhunderts in das Gebiet des Heiligen Römischen Reiches einwanderten, ist beides noch nicht der Fall gewesen. Ihnen ist weder ihr angeblich falscher religiöse Glaube noch ihre als falsch angesehene nomadische Lebensweise vorgeworfen worden. Von der Kirche wurden sie geduldet, und von den weltlichen Gewalten bis hinauf zum Kaiser erhielten sie Geleit- und Schutzbriefe, die sie „vor allen Unzuträglichkeiten und Ärgernissen" bewahren sollten.[194] Streitigkeiten sollten sie unter sich ausmachen. Zu diesem Zweck wurde ihnen eine eigene Gerichtsbarkeit zugestanden. Insgesamt verfügten die Roma zu Beginn des 15. Jahrhunderts über eine weit bessere Rechtsstellung als die Juden.

In der zweiten Hälfte des 15. Jahrhunderts kam es jedoch zu einem Wandel. Die Roma verloren ihre privilegierte Rechtsstellung. Sie wurden Schritt für Schritt entrechtet. 1498 wurde ihnen vom Reichstag zu Freiburg gar die Ausweisung aus dem Heiligen Römischen Reich angedroht. Die „Zigeuner" sollten sich unverzüglich „uß den landen teutscher nacion" entfernen.[195] Wer sich diesem *edictum publicum* widersetze, wurde für vogelfrei erklärt. Jedermann dürfe „Zigeuner" schlagen und selbst töten, ohne für diese Untaten zur Rechenschaft gezogen zu werden. Denn wenn „yemants mit der tate gegen inen (= die Zigeuner) zu handeln fürnemen, der soll daran nit gefrevelt noch unrecht getan haben". Das war eine Aufforderung zum Mord, modern gesprochen: zum Völkermord.

Etwas Derartiges hatte es in der deutschen Geschichte noch nicht gegeben. Keine andere gesellschaftliche oder religiöse Gruppe ist jemals zuvor so wie die „Zigeuner" für vogelfrei erklärt und verfolgt worden – auch nicht die Juden. Begründet wurde die Vogelfreierklärung der Roma mit dem bloßen Verdacht, dass die „Zigeuner" Spione der Türken, nämlich „erfarer, usspeer und verkundschafter der christen lant seyen".

Der Spionagevorwurf, der zur gleichen Zeit auch den Juden gemacht wurde, war völlig unbegründet. Schließlich waren die Roma keine Muslime, sondern Christen, die vermutlich sogar wegen ihres christlichen Glaubens vor den muslimischen Türken nach Deutschland geflohen waren. Zu erklären ist dies alles nur mit der am Ende des 15. Jahrhunderts um sich greifenden Türkenangst, die geradezu hysterische Züge annahm. Ihren Höhepunkt erreichte sie 1529, als die Türken vor Wien standen.

Doch auch nachdem die Türken hier zurückgeschlagen worden waren, ist die mit dem Spionagevorwurf begründete Vogelfreierklärung der „Zigeuner" nicht aufgehoben worden. Sie selber wurden weiter vertrieben. In den neuen und von den Landesfürsten erlassenen „Zigeunergesetzen" wurde das aber nicht mehr mit religiösen Motiven begründet.[196] Jetzt wurde den Roma nicht mehr vorgeworfen, „falsche Christen", sondern „Zigeuner", das heißt herumziehende Gauner zu sein. Mit dieser Begründung wurden regelrechte und auch so bezeichnete „Zigeunerjagden" veranstaltet, bei denen alle erwachsenen Roma, auch Frauen, ohne Urteilsspruch am nächsten Baum aufgehängt wurden. All das war der Kirche natürlich bekannt. Die entsprechenden antiziganistischen Gesetze und Verordnungen sind in den Kirchen verlesen worden.[197] Dennoch oder vielleicht gerade deshalb, weil sie all das für christlich und gut empfand, hat sie nichts dagegen unternommen. Sie hat ihren christlichen Mitbrüdern in keiner Weise geholfen.[198] Hat Luther das gewusst, und wenn ja: wie hat er darauf reagiert?[199]

Luther und die „Zigeuner"

Luther war über die Vogelfreierklärung der „Zigeuner" und ihre allgemeine äußerst schlechte Behandlung sehr wohl orientiert. Dennoch hat er das nicht kritisiert, sondern empfohlen, die Juden genauso schlecht zu behandeln „wie die Zigeuner". In seiner 1543 veröffentlichten Schrift „Von den Juden und ihren Lügen" hat Luther vorgeschlagen, die Juden „wie die Zigeuner" unter „ein Dach oder Stall" zu bringen.[200] Damit war offensichtlich die Verbringung in ein Arbeitshaus gemeint, in dem Arbeitspflicht herrschte und in dem die männlichen und weiblichen Insassen zur Zwangsarbeit angehalten wurden.[201] Tatsächlich sind Roma in derartige Arbeitshäuser verbracht und zur Arbeit gezwungen worden. Dies sollte nach Luthers Meinung ja auch mit den Juden geschehen.

Warum das alles? Weil es sich, wie Luther in seiner ebenfalls 1543 veröffentlichten Schrift „Vom Schem Hamphoras und vom Geschlecht Christi" ausführt, bei den Juden und „Zigeunern" um eine Bande von vaterlandslosen Verbrechern handele, die sich aus allen Ländern zusammengerottet hätten, um den guten und rechtschaffenen Leuten zu schaden – durch Spionage für die Türken, Brunnenvergiftung, Brandstiftung, Kinderraub und sonstigen „Meuchelschaden":

> „Diese itzigen Juden müssten sein ein grundsuppe aller losen, bösen Buben, aus aller Welt zusammen geflossen, die sich gerottet und inn die Lender hin und her zerstrewt hatten, wie die Tattern oder Zigeuner und dergleichen, die leute zu beschweren mit wucher, die Lender zu verkundschaffen und zu verrathen, wasser zu vergiften, zu brennen, kinder zu stelen und allerley meuchel schaden zu thun."[202]

In seiner 1530 veröffentlichten Schrift „Von Ehesachen" hat Luther den „Zigeunern" (und den Fahrenden generell) vorgeworfen, „ständig Hochzeit und Taufe (zu) halten, wo sie hinkommen".[203] Gemeint war offensichtlich der auch gegenüber Juden gemachte Vorwurf, die Roma würden sich taufen und verheiraten lassen, um auf diese Weise an Taufgeschenke und sonstige Spendengelder zu gelangen. Luther war, wie aus diesen Zitaten hervorgeht, nicht nur ein Judenfeind, er war auch ein Romafeind. Er hat weder den christlichen Antisemitismus noch den christlichen Antiziganismus reformiert, sondern beide Ideologien radikalisiert.

Durch die Reformation ist nicht nur die Lage der Juden, sondern auch die der Roma verschlechtert worden. Die Roma wurden weiterhin aus den „Landen deutscher Nation" vertrieben – mussten aber immer wieder nach Deutschland zurückkehren, weil sie auch in den anderen europäischen Ländern nicht geduldet wurden. Um ihnen den Aufenthalt in Deutschland so unerträglich wie möglich zu machen, wurden sie, wie von Luther empfohlen, in Arbeitshäuser gesteckt, wo sie einem Arbeitszwang unterworfen waren. Die Roma waren am ersten und schwersten von der protestantischen Arbeitsethik[204] betroffen. Dennoch, ja gerade deshalb ist den diskriminierten, entrechteten und verfolgten Roma nicht geholfen worden, weder vonseiten des Staates noch von der Kirche.

Bei den Juden war das anders. Für sie haben sich einige Aufklärer eingesetzt mit der Forderung nach einer „bürgerlichen Verbesserung" der Juden. Die Roma sind dagegen nicht in den durchaus zweifelhaften Genuss einer derartigen „bürgerlichen Verbesserung" gekommen. Im Unterschied zu den Juden sind sie niemals „emanzipiert" worden. Schuld daran war aber nicht nur die notorisch antiziganistisch eingestellte Kirche, sondern auch die Aufklärung.

Die Aufklärung und die „Zigeuner"

Von der Aufklärung ist zwar der Antisemitismus, aber nicht der Antiziganismus kritisiert worden.[205] Einige Aufklärer haben den Antiziganismus sogar noch radikalisiert. Hier ist an erster Stelle der große Immanuel Kant zu nennen. Kant hat zwar kein Buch über die Roma geschrieben, sich aber an verschiedenen Stellen seines Werkes über die

„Zigeuner" geäußert, und zwar immer extrem negativ.[206] In seiner Schrift „Über den Gebrauch teleologischer Prinzipien in der Philosophie" hat er den „Zigeunern" vorgeworfen, „niemals einen zu ansässigen Landbauern oder Handarbeitern tauglichen Schlag abgeben (zu) wollen".[207] Sie seien schlicht „Umtreiber", und „was man eigentlich Arbeit nennen kann", das sei „an den Zigeunern unter uns" nicht zu finden.[208]

Damit hat Kant zu erkennen gegeben, dass er die traditionellen und von Luther bestätigten Vorurteile über die sich angeblich faul herumtreibenden „Zigeuner" nicht überwunden hatte. Anders als Luther und die Chronisten der Frühen Neuzeit hat Kant die schlechten Eigenschaften der Roma jedoch auf ihre angeborenen „Anlagen" zurückgeführt. Obwohl sich die „Zigeuner" schon seit Jahrhunderten im arbeitsamen Europa aufhielten, hätten sie immer noch nicht gelernt zu arbeiten und keinen „Trieb zur Tätigkeit" entwickelt. Ihre Faulheit und nomadische Lebensweise seien ein Erbe ihrer indischen Herkunft. Mit den Indern hätten die „Zigeuner" außerdem die Hautfarbe gemein. „Olivengelb" sei sowohl die „indische Hautfarbe"[209] wie die „wahre Zigeunerfarbe".[210] Wegen ihrer angeborenen negativen sozialen Eigenschaften sei die „Rasse" der „Zigeuner" nicht zu verbessern.

Anderer Meinung war Christian Wilhelm von Dohm. In seiner 1781 veröffentlichten Schrift „Über die bürgerliche Verbesserung der Juden"[211] hat er nicht nur dafür plädiert, die Juden einer „bürgerlichen Verbesserung" zu unterwerfen, um sie schließlich den Christen rechtlich gleichzustellen, auch die „Zigeuner" seien, obwohl eine „sehr verwilderte Nation", durch Erziehung zu verbessern. Allerdings werde dieser Prozess bei den „rohen und verwilderten Zigeunern" weit länger dauern als bei den mit „vorzüglichen Geistesfähigkeiten und Geschicklichkeiten" ausgezeichneten Juden. Dennoch sei es möglich und notwendig, aus den „Nachkommen der itzigen Zigeuner (...) glücklichere Menschen und gute Bürger" zu machen.[212]

Doch war dies angesichts der schon von Kant betonten indischen Herkunft und „rassischen" Eigenschaft der „Zigeuner" wirklich möglich? Mit dieser Frage hat sich der Göttinger Historiker Heinrich Moritz Gottlieb Grellmann in seinem monumentalen Werk über „Die Zigeuner" beschäftigt.[213] Grellmann verstand sich als Aufklärer, weshalb er die Verteufelung der Roma als „Aberglauben" bezeichnete. Außerdem wies er die damals weit verbreitete Vorstellung zurück, wonach es sich bei den „Zigeunern" im Grunde um Gauner, eben „Zieh-Gauner" handele. Für ihn war eindeutig klar, dass die Roma zu einem Volk gehörten, das ursprünglich aus Indien stammte. Doch deshalb seien sie „ein Volk des Orients" und hätten eine „orientalische Denkungsart", die „nach Jahrtausenden noch herrschend" sei[214] und den Charakter der „Zigeuner" insgesamt präge, der durch und durch schlecht sei".[215] Daher, wegen ihrer angeborenen schlechten rassischen Eigenschaften, sei eine Emanzipation der Roma weder möglich noch wünschenswert.

Zu diesem Schluss sind in der Nachfolge Grellmanns auch verschiedene andere Autoren gekommen, welche die Verweigerung der Emanzipation der Roma mit Ideologien des religiösen, sozialen und rassistischen Antiziganismus begründet haben. Zu ihnen gehörte Hartwig von Hundt-Radowsky, der in seinem 1819 veröffentlichten „Judenspiegel" folgenden gehässigen Vergleich zwischen den Juden und den „Zigeunern" zog: „So wie die Juden und Zigeuner in Sprache, Sitten und äußerer Bildung auffallende Ähnlichkeiten haben, und daher auf gleiche Abstammung schließen lassen, so ist auch unter beiden das Verbrechen des Kinderdiebstahls gemein."[216] Ähnlich wie Luther schlug Hundt-Radowsky daher vor, mit den Juden genauso zu verfahren, wie man es noch wenige Jahre zuvor mit den Roma getan habe:

„Vor sechzig oder siebenzig Jahren wurden in manchen Gegenden Deutschlands die Zigeuner, diese Stammesverwandten der

> Juden, aus den Wäldern, in denen sie ihre Hütten aufgeschlagen hatten, zusammengetrieben und wie Raubtiere totgeschossen; und nie waren die Zigeuner doch einem christlichen Staat so gefährlich als die Juden."[217]

Ähnliche, aber nicht ganz so radikale Gedanken und Vorschläge findet man in der 1835 publizierten „Geschichte der Zigeuner" von Theodor Tetzner:

> „Die Juden sind Ausländer, die Zigeuner ebenfalls. Schon das Äußere beider Nationen zeigt eine auffallende Übereinstimmung. Man sehe nur das glänzende schwarze Haar und die glänzend schwarzen Augen; sind sie nicht bei dem Zigeuner wie bei dem Juden zu finden? Die dunkle Farbe der Haut, welche wenigstens der Mehrzahl der Abrahamiden eigen ist, könnte für gleichen Stamm beider Völker sprechen. Auch die übrige äußere Gestalt, der selten hohe Wuchs und der schlanke Körperbau findet sich unter beiden Nationen gleich. Noch mehr in der Lebensweise sehen wir in vielen Stücken eine merkwürdige Übereinstimmung (...) Am meisten zeigt sich in geistiger Hinsicht eine Harmonie zwischen beiden Völkern, die in Erstaunen setzt. Beide sind, bei guten Anlagen, voller List und Ränke; beide nehmen es mit der Ehrlichkeit nicht so genau (...) Scheu vor aller ernsten Arbeit ist ebenfalls ein Charakterzug beider Nationen. Was uns aber noch mehr bestimmen könnte, Zigeuner und Juden für gleichen Gelichters zu halten, das ist ihr festes Beharren bei ihren Eigentümlichkeiten."[218]

Diese radikalen Antiziganisten haben es aber nicht verhindern können, dass in einigen deutschen Staaten über die Emanzipation beziehungsweise die, wie man sich in Preußen ausdrückte, „Civilisierung der Zigeuner"[219] zumindest diskutiert wurde. Dies und nicht etwa die jahrhundertewährende Verfolgung der Roma hat die (evangelische) Kirche auf den Plan gerufen.[220]

Die Kirche und die „Zigeuner"

1829 gründete sie einen Verein, der sich mit der „Zigeunermission" beschäftigen sollte.[221] Er hieß „Naumburger Missions-Hülfs-Verein" und war eine Tochtergesellschaft der „Berlinischen Gesellschaft zur Beförderung des Christentums unter den Heiden". Dass die deutschen Roma gar keine zu missionierenden „Heiden", sondern gläubige Christen waren, wurde dabei offenbar übersehen. Oder auch nicht: Die weitaus meisten der damaligen Roma gehörten nämlich nicht zur richtigen, das heißt Evangelischen, sondern zur Katholischen Kirche. Wollte man sie gar zur Konversion bewegen?

Nein, versicherten die Initiatoren dieses Missionsvereins treuherzig, wir wollen „die Zigeuner" doch nur „zivilisieren" und gemäß der protestantischen Ethik zur Arbeit „erziehen". Außerdem sollte das alles in einem, wie man heute sagen würde, Modellversuch erst einmal ausprobiert werden. Ausgewählt wurde das in der Nähe von Nordhausen im Harz gelegene Dorf Friedrichslohra, wo verschiedene Roma lebten, die sich hier während der französischen Besatzungszeit hatten niederlassen dürfen. Mit ihrer „Mission" wurde ein für diese Zwecke denkbar ungeeigneter ehemaliger Schuhmacher und gelernter Krankenpfleger namens Wilhelm Blankenburg beauftragt.

Doch als der „Zigeunermissionar" Blankenburg 1830 in Friedrichslohra eintraf, bekam er von den dortigen Roma zu hören, dass sie und ihre Kinder gute und gläubige Katholiken seien, weshalb sie keinerlei Bekehrungsversuche vonseiten der Evangelischen Kirche benötigten. Tatsächlich konnte sich Blankenburg davon überzeugen, dass die Roma Grundelemente ihres katholischen Glaubens durchaus beherrschten, einige sogar in Wort und Schrift. Dennoch ließ sich Blankenburg nicht abweisen.

Geschickterweise konzentrierte er sich jedoch nicht auf die Bekehrung der erwachsenen Roma (zur Ausübung von religiösen Handlungen war er sowieso nicht berechtigt), sondern auf die Erziehung ihrer Kinder, für die er in Friedrichslohra auch eine kleine Schule errichtete. Die Roma ließen ihn zunächst gewähren. Doch als Blankenburg die Kinder von ihren Eltern trennen und außerhalb von Friedrichslohra „zur Arbeit erziehen" wollte, regte sich Protest, den Blankenburg auch nicht durch die Androhung unterdrücken konnte, die erwachsenen Roma in „Arbeitshäuser" zu verbringen.

Die protestierenden Friedrichslohraer Roma hatten nämlich einen Fürsprecher gefunden. Und dies war kein Geringerer als der preußische König Friedrich Wilhelm III. Er war brieflich von dem Rom Franz Mettbach über die Zustände in Friedrichslohra in Kenntnis gesetzt worden und fand sie nicht akzeptabel. Der vom König energisch um Auskunft gebetene zuständige Superintendent wehrte sich zwar gegen den Vorwurf der „Proselytenmacherei" und betonte, dass man in Friedrichslohra doch nur versucht habe, dieses „versunkene Volk" zu „erziehen", konnte jedoch die vom preußischen Kultusminister im Januar 1837 verfügte Schließung der Friedrichslohraer (Zwangs-)Anstalt nicht verhindern. Der Naumburger Zigeunermissionsverein löste sich daraufhin selber auf.

Die (evangelische) Kirche hat fortan auf weitere Versuche, die (katholischen) Roma zu missionieren, verzichtet. Die sonstige Sozialarbeit mit den Roma überließ sie der Katholischen Kirche. Erst zu Beginn des 20. Jahrhunderts hat die (evangelische) „Berliner Stadtmission" wieder einen Verein unterstützt, dessen Ziel die geistliche und soziale Betreuung derjenigen Roma war, die sich an den Rändern der deutschen Hauptstadt niedergelassen hatten. Darüber haben diese neuen „Zigeunermissionare", von denen die meisten übrigens weiblichen Geschlechts waren, zwar viel, aber insgesamt nicht viel Positives geschrieben.[222]

Doch sonst hat sich die (evangelische) Kirche nicht an der staatlichen Roma-Politik beteiligt. Dies kann man sowohl loben als auch kritisieren. Loben, weil die weitaus meisten deutschen Roma keine Mitglieder der evangelischen Gemeinden waren, weshalb man ihre Seelsorge getrost der Katholischen Kirche überlassen konnte. Kritisieren, weil es sich bei ihnen aber dennoch um christliche Mitmenschen und deutsche Mitbürger handelte, denen aber dies von staatlicher Seite abgesprochen wurde. Ihnen wurde die deutsche Staatsbürgerschaft verweigert, weshalb viele von ihnen gnadenlos ausgewiesen wurden. Die in Deutschland geduldeten Roma wurden diskriminiert und einem Sonderrecht unterstellt, das gegen Geist und Buchstaben der Verfassung verstieß. Es kam zwar nicht mehr wie noch in der frühen Neuzeit zu regelrechten „Zigeunerjagden", wohl aber zur Verfolgung einzelner Roma. Die anhaltende Diskriminierung, Entrechtung und Verfolgung der deutschen Roma wurde, wie im Folgenden gezeigt wird, mit den alten und neuen Ideologien des religiösen, sozialen und rassistischen Antiziganismus begründet.[223]

Von Reinbek bis Ritter

Emil Reinbek verglich die Roma mit den Indianern und anderen „Völkern", die „gegen die Civilisation anzukämpfen" versucht hätten, um schließlich doch „früher oder später in diesem Kampfe unterzugehen".[224] Sie gehörten zu den „uncultivierten wilden Rassen", ja bildeten „gewissermaßen den Übergang oder den vermittelnden Standpunkt zwischen Thier und Mensch".[225] Für den berühmten italienischen Kriminalbiologen Cesare Lombroso, dessen Lehren vor allem in Deutschland breit rezipiert wurden, waren die Roma schlicht eine „Rasse von Verbrechern".[226] In diesen „Verbrechern" wollte Lombroso einen atavistischen Rückfall in die Anfänge des Menschengeschlechts sehen, weshalb diese „geborenen Verbrecher" auch äußerlich große Ähnlichkeiten mit den Affen hätten.[227]

In dem 1863 veröffentlichten Buch des „Fürstlich Reuß-Plauenschen Criminalraths und Vorstandes des Fürstlichen Criminalgerichts zu Lobenstein", Richard Liebich, über „Die Zigeuner in ihrem Wesen und in ihrer Sprache"[228] wurde allen „Zigeunern" vorgeworfen, „träge und faul zu sein".[229] Alle Hoffnungen, dass dieses Volk durch Erziehung „zu Menschen gemacht" werden könnte, seien „nicht in Erfüllung gegangen". Alle Versuche, „die Zigeuner zu erziehen, zu bilden, sie an festen Wohnsitz zu fesseln, durch dargebotene Gelegenheit zu redlichem und genügendem Erwerb die Lust zur Arbeit und Thätigkeit bei ihnen zu erwecken, zu stärken, sie an eine geordnete Lebensweise zu gewöhnen", hätten einen „mehr als zweifelhaften Erfolg gehabt".[230] Sie hätten „die ihnen nun einmal zur Natur gewordene Lebensart nicht aufgeben mögen". Sie seien und blieben „ewige Zigeuner":

> „Und so irren sie noch heutigen Tages in demselben Schmutz und in derselben moralischen und physischen, sie weder belästigenden noch überhaupt von ihnen auch nur empfundenen Versunkenheit umher, welche schon vor Jahrhunderten ihr unzertrennlicher Begleiter war. Der Zigeuner ist stets ein seiner Ahnen würdiger Enkel geblieben und wird es, den bisherigen Erfahrungen nach, auch wohl bleiben in aller Zukunft."[231]

Daher, weil alle „Zigeuner" von Geburt an kriminell seien, müsse man auch dem einzelnen „Zigeuner" keine persönliche Schuld nachweisen:

> „Wenn der Richter sonst allenthalben zu individualisieren hat, d. h. das zu behandelnde Subject erst in seiner Eigenthümlichkeit erforschen und kennen lernen, und danach den Gang sei-

nes Verfahrens bestimmen muß, so darf der eingeweihte, mit dem Wesen der Zigeuner bekannte Inquirent bei diesen ohne Gefahr generalisieren und keinen Fehltritt zu thun besorgen, wenn er alle mit gleichem Maße mißt, in gleicher Weise behandelt; denn ein echter, wahrer Zigeuner ist der Typus aller anderen."[232]

Damit gab Liebich zu, dass seine „Zigeunerforschung" keineswegs zweckfrei war. Sie diente dem Ziel, alle Roma zu kriminalisieren, um sie dann wie Kriminelle zu behandeln und gnadenlos zu hohen Haftstrafen zu verurteilen. Dieses wahrhaft kriminelle Ziel haben auch verschiedene weitere „Zigeunerforscher" verfolgt. Einer der wichtigsten und zugleich gnadenlosesten Forscher und Verfolger war Robert Ritter. Mit seinem Leben und seinen antiziganistischen Werken wollen wir uns etwas näher beschäftigen.[233]

Der 1901 in Aachen als Sohn eines Marineoffiziers geborene Ritter hatte an verschiedenen deutschen und ausländischen Universitäten Medizin und Philosophie studiert und beide Fächer mit einer Promotion abgeschlossen. Seine philosophische Dissertation erschien 1928 unter dem Titel „Versuch einer Sexualpädagogik auf psychologischer Grundlage".[234] Im Mittelpunkt dieses ziemlich einfältigen Buches standen die ‚Probleme' der Onanie bei männlichen Jugendlichen und der, wie sich Ritter ausdrückte, „Erotik des wohl beschützten unerweckten jungen Mädchens". Die Botschaft ist klar: Sexualität ist grundsätzlich, vor allem aber bei Heranwachsenden schlecht, weil sie die Gesundung des „Volkskörpers" gefährde.

Diese „Erkenntnisse" scheinen Ritter für die Oberarztstelle in der Jugendabteilung der Tübinger Universitäts-Nervenklinik qualifiziert zu haben. Doch zum Glück für die dortigen pubertierenden Jugendlichen und zum Verhängnis der Roma wechselte Ritter von der Sexual- zur „Zigeunerforschung" über. Warum, ist nicht klar. Ritter selber hat später angegeben, er sei in der Tübinger Klinik jungen Roma begegnet, die sich durch „etwas merkwürdig Strolchenhaftes und Spitzbübisches" ausgezeichnet hätten, was sie hinter einer „Maske von Schlauheit" versteckt hätten, worunter sich aber nichts anderes als „getarnter Schwachsinn" verborgen habe.

Was Ritter hier beobachtet haben will, sind exakt die Erkenntnisse und Hypothesen der damals in Mode gekommenen kriminalbiologischen Forschung, die davon ausging, dass auch bestimmte soziale Verhaltensweisen genetisch bedingt seien. Daher spricht viel für die Vermutung, dass Ritter unter dem Einfluss von Kriminalbiologen wie Cesare Lombroso stand, als er sich der „Zigeunerforschung" zuwandte, die für ihn von Anfang an nur ein Teilgebiet der „Asozialenforschung" war.

Deutlich wird dies bereits an seiner Habilitationsschrift, die er, versehen mit einem Stipendium der Deutschen Forschungsgemeinschaft, zwischen 1934 und 1936 anfertigte und 1937 unter dem langen und merkwürdigen Titel „Ein Menschenschlag. Erbärztliche und erbgeschichtliche Untersuchungen über die – durch 10 Geschlechterfolgen erforschten – Nachkommen von ‚Vagabunden, Jaunern und Räubern'" veröffentlichte.[235] Ohne ihn vermutlich wegen seiner jüdischen Herkunft ausdrücklich zu nennen, vertrat Ritter hier die These Cesare Lombrosos, dass es „geborene Verbrecher" gebe. Die genetische Bedingtheit von kriminellem und asozialem Verhalten meinte Ritter mithilfe genealogischer Methoden nachgewiesen zu haben. Dabei hatte er sich auf eine einzige Familie beziehungsweise „Sippe" mit Namen Pfau gestützt, in deren Familiengeschichte, die er bis ins 18. Jahrhundert rekonstruiert hatte, verschiedene Personen auftraten, die mit den Gesetzen in Konflikt geraten waren.

Was hatte dies mit den Roma zu tun? Auf den ersten Blick nichts. Doch Ritter meinte, dass die meisten deutschen Roma gar keine „reinrassigen Zigeuner", sondern Abkommen von „Zigeunern" seien, die sich „entgegen der Stammessitte (...) mit minderwertigen Geschlechtern" gepaart hätten, die wie die Angehörigen der „Sippe Pfau" „durch nichtsnutziges Verhalten, verbrecherische Anlagen, Erbkrankheiten oder Schwachsinn gekennzeichnet waren".[236] Während Ritter in diesen „Zigeunermischlingen" „geborene Verbrecher" und genetisch bedingte Asoziale sah, bezeichnete er die „reinrassigen Zigeuner" als „fremdrassige Splitter", weil sie einer „primitiven" indischen Kaste angehörten.

All dies war alles andere als neu. Schon Grellmann hatte die These aufgestellt, dass die Roma von der untersten und verachtetsten Kaste der Paria abstammen würden. Liebich, Tetzner und andere Antiziganisten waren schon immer der Meinung gewesen, dass Stehlen und andere asoziale und kriminelle Eigenschaften zur spezifisch „zigeunerischen Lebensweise" gehören würden. Neu bei Ritter war seine Behauptung, er könne die „reinrassigen Zigeuner" von den „Zigeunermischlingen" und diese wiederum von den sonstigen Deutschen unterscheiden. Dies keineswegs, wie er immer behauptet hat, durch die Verwendung „anthropologischer", „ethnologischer" und „rassenpsychologischer" Methoden, sondern durch „genealogische und erbgeschichtliche Untersuchungen".

Die dafür notwendigen Daten hat er von staatlichen wie von kirchlichen Organisationen erhalten. Vom Staat bekam er die Unterlagen der Standesämter und von den Kirchen die Kirchenbücher, in denen bis zur Einführung der Zivilehe im Jahr 1875 die Geburten, Heiraten und Todesfälle aller Staatsbürger eingetragen worden waren. Dabei wurde immer auf deren – christliche oder jüdische – Konfession und häufig auch auf ihre „zigeunerische" Herkunft verwiesen. Letzteres versetzte Ritter in die Lage, die „rassische" Zugehörigkeit der „Zigeuner" und „Zigeunermischlinge" zu bestimmen.

Für die von Ritters Forschungen betroffenen „Zigeuner" und „Zigeunermischlinge" hatte das fatale, ja tödliche Folgen. Ihre Verfolgung und Ermordung durch die Nationalsozialisten wäre ohne die vorherige „rassische" Identifizierung durch Ritter und die weiteren „Zigeunerforscher" nicht möglich gewesen. Die nationalsozialistischen Verfolger und Mörder hätten nämlich in vielen Fällen gar nicht wissen können, ob es sich bei ihren Opfern tatsächlich um „Zigeuner" und „Zigeunermischlinge" handelte. Das wussten sie erst durch die „Zigeunerforschung". Sie hatte sich zu einer „mörderischen Wissenschaft" entwickelt.

Das hätte auch die Kirche wissen und kritisieren können. Dennoch hat sie sich durch die Herausgabe der Kirchenbücher an dieser „mörderischen Wissenschaft" beteiligt. Dadurch und durch ihr beharrliches Schweigen zur Verfolgung und Ermordung der Roma hat sie sich letztlich der Beihilfe zum Völkermord schuldig gemacht.[237]

Beihilfe zum Völkermord

Die Roma waren schon beziehungsweise noch in der Zeit der Weimarer Republik diskriminiert und entrechtet – alle alten und neuen „Zigeunergesetze" der Länder verstießen gegen den Gleichheitsgrundsatz der Verfassung. Im „Dritten Reich" wurden sie vom ersten Tag an verfolgt. Einmal durch die nationalsozialistische Regierung, die einige ihrer Rassengesetze auch auf die Roma anwandte. Dies galt bereits für das „Gesetz zur Verhütung erbkranken Nachwuchses" vom 14. Juli 1933, das die Zwangssterilisation von sogenannten „Erbkranken" vorsah.[238] In ihm waren die Roma zwar nicht erwähnt worden, dennoch haben die mit seiner Durchführung beauftragten „Erbgesundheitsgerichte" viele Roma als „schwachsinnig" oder mit einer gewagten Auslegung des Gesetzestextes als „sozial schwachsinnig" eingestuft und zwangsweise sterilisieren lassen.[239]

Die 1935 erlassenen Nürnberger Rassengesetze sind dann ebenfalls im Analogieverfahren auf die Roma übertragen und gegen sie verwandt worden. In den Gesetzen war zwar nur von „Juden" die Rede, doch schon in der „Ersten Verordnung zur Ausführung des Gesetzes zum Schutze des deutschen Blutes und der deutschen Ehre" vom 14. November 1935 wurde betont, dass keineswegs nur Juden der Geschlechtsverkehr und die Eheschließung mit „deutschblütigen Personen" untersagt sei. Eine Ehe sollte „ferner nicht geschlossen werden", wenn generell eine „die Reinheit des deutschen Blutes gefährdende Nachkommenschaft zu erwarten" sei.[240] Am 26. November 1935 hat der Reichsminister des Innern dann präzisiert, wer die „Reinheit des deutschen Blutes" gefährde. Dies sei auch bei einer „Eheschließung von deutschblütigen Personen mit Zigeunern, Negern oder ihren Bastarden" zu befürchten.[241] Dieser Passus wurde in den Kommentaren zur Rassengesetzgebung übernommen.[242]

Zur gleichen Zeit, das heißt spätestens seit 1935, sind die deutschen Roma auch von den lokalen Behörden verfolgt worden. In einigen deutschen Städten wurden sie in Zwangslager gesperrt. Nachgewiesen sind derartige „Zigeunerlager" in Berlin, Frankfurt am Main, Köln, Düsseldorf, Essen, Gelsenkirchen und Königsberg. Ein weiteres großes Lager für die burgenländischen Roma wurde dann im österreichischen Lackenbach errichtet. „Zigeunerlager" stellten einen besonderen Typ im System der nationalsozialistischen Zwangslager dar.[243]

Die Errichtung und der Ausbau der „Zigeunerlager" geschah mit Wissen und Billigung des „Reichsführers SS" Heinrich Himmler, der am 17. Juni 1936 zum „Chef der Deutschen Polizei im Reichsministerium des Innern" ernannt wurde, womit ihm die alleinige Zuständigkeit in der „Zigeunerfrage" zufiel. Dies wirkte sich sofort auf die nun vom Reichskriminalpolizeiamt betriebene und koordinierte Verfolgung der Roma und der „Asozialen" aus, zu denen vor allem die „Mischlingszigeuner" ohne weiteres gezählt wurden, da sie nach den erwähnten Lehren der „Zigeunerforscher" als „geborene Asoziale und Verbrecher" galten.

Auf Betreiben Himmlers ordnete der Reichs- und Preußische Minister des Innern am 14. Dezember 1937 an, dass Personen, „die durch geringfügige, aber sich immer wiederholende Gesetzesübertretungen sich der in einem nationalsozialistischen Staat selbstverständlichen Ordnung nicht fügen wollen", als „asozial" anzusehen und in „polizeiliche Vorbeugungshaft" zu nehmen seien.[244] Neben „Dirnen, Trunksüchtigen, mit ansteckenden Krankheiten, insbesondere Geschlechtskrankheiten behafteten Personen" sowie „Bettlern" wurden in diesem Zusammenhang auch „Landstreicher (Zigeuner)" genannt. Die von Himmler angeordneten „Asozialenaktionen" wurden zwischen dem 21. und 30. April sowie dem 13. und 18. Juni 1938 durchgeführt.[245] In „polizeiliche Vorbeugungshaft" genommen und in die Konzentrationslager Buchenwald, Dachau und Sachsenhausen deportiert wurden neben „Asozialen" und Roma auch einige Juden, die als vorbestraft galten.

Diese brutale und selbstverständlich völlig ungesetzliche Maßnahme war Himmler aber nicht radikal genug. In einem publizierten und von der Presse auch kommentierten Erlass vom 8. Dezember 1938 ordnete er daher die „endgültige Lösung der Zigeunerfrage (...) aus dem Wesen dieser Rasse" heraus an.[246] Dabei verwies er ausdrücklich auf die „bisher bei der Bekämpfung der Zigeunerplage gesammelten Erfahrungen und die durch die rassenbiologischen Forschungen gewonnenen Erkenntnisse".

Mit Letzteren waren die Ritters gemeint, dessen „Rassenhygienische und Erbbiologische Forschungsstelle" inzwischen bereits einen großen Teil der insgesamt etwa 30.000 deutschen Sinti und Roma erfasst und in die Kategorien „Vollzigeuner", „Zigeuner-Mischling mit vorwiegend zigeunerischen Blutsanteil", „Zigeuner-Mischling mit gleichem zigeunerischen und deutschen Blutsanteil" und „Zigeuner-Mischling mit vorwiegend deutschen Blutsanteil" eingeteilt hatte.[247]

Dazu wäre er ohne die Beihilfe der Kirche nicht fähig gewesen, die Ritter die Kirchenbücher zur Verfügung gestellt hat. Darüber hinaus hat die Kirche sogar verschiedene Roma direkt an die Polizei ausgeliefert. Deutlich geht dies aus einem Rundschreiben des Leiters des Archivamtes der Deutschen Evangelischen Kirchenkanzlei, Konsistorialpräsident Johannes Hosemann, vom 7. Oktober 1940 hervor.[248] Unter Hinweis auf den Himmler-Erlass zur „endgültigen Lösung der Zigeunerfrage" hat Hosemann die Pfarrer aufgefordert, alle „Zigeuner, Zigeunermischlinge oder nach Zigeunerart umherziehenden Personen", die sich um „beglaubigte Abschriften von Eintragungen in die Personenstandsbücher oder Personenstandsurkunden" bemühten, sofort der „zuständigen Kriminal-Polizei-Stelle zur Weiterleitung des Antragsstellers" zu melden. Dieses Rundschreiben, in dem die evangelischen Pfarrer dazu aufgefordert wurden, Roma an die Polizei auszuliefern, musste, wenn nicht allen, so doch vielen Pfarrern bekannt gewesen sein, ist es doch im allen zugänglichen Kirchlichen Amtsblatt veröffentlicht worden.[249]

Die von Himmler bereits am 8. Dezember 1938 angekündigte „endgültige Lösung der Zigeunerfrage" begann am 1. September 1939 mit dem Ausbruch des Zweiten Weltkrieges, der auch ein Rassenkrieg gegen Juden und Roma war. Darauf sowie auf die weitere Verfolgung und Ermordung der deutschen Roma soll hier nicht weiter eingegangen werden. Stattdessen ist danach zu fragen, wie denn die Kirche auf all das reagiert hat. Mit permanentem Schweigen. Soweit wir wissen, hat sich nur ein einziger protestantischer Pfarrer für die Roma eingesetzt. Dies war der Magdeburger Pfarrer Hermann Witte, der sich in mehreren Schreiben an das Reichskriminalpolizeiamt für die Freilassung von Roma eingesetzt hat, die 1938 im Zuge der „Aktion Arbeitsscheu Reich" verhaftet worden waren.[250] Erst im Oktober 1943 hat die 12. Bekenntnissynode der altpreußischen Union daran erinnert, dass das biblische Tötungsverbot auch gegenüber Menschen „einer anderen Rasse" gelte. Doch ob damit auch die aus rassistischen Motiven verfolgten und ermordeten Roma gemeint waren, erscheint mehr als zweifelhaft.[251]

Durch ihr permanentes Schweigen, das man durchaus als zustimmend deuten kann, und nicht zuletzt auch durch die Auslieferung der Kirchenbücher an die „Zigeunerforscher", welche die Erkenntnisse ihrer „mörderischen Wissenschaft" an die Mörder weitergaben, hat sich die Kirche der Beihilfe zum Völkermord schuldig gemacht. Hat sich die Kirche dessen nach 1945 angeklagt und wenigstens versucht, das den Roma angetane Leid wiedergutzumachen?

Wider die Gutmachung

Auch diese Fragen sind mit einem Nein zu beantworten. In allen nach 1945 abgegebenen Schuldbekenntnissen der Kirche sind die Roma mit keinem Wort erwähnt worden. Die Kirche hat sich darüber hinaus auch nicht dafür eingesetzt, dass auch die Roma in den durchaus zweifelhaften Genuss der „Wiedergutmachung" gekommen sind, welche den Juden gewährt worden ist. Das muss näher erklärt werden.[252]

„Es ist ebenso wie mit den Juden (...) Es bestand kein Unterschied zwischen den Zigeunern und den Juden."[253] Mit diesen Worten hat der Leiter der Einsatzgruppe D, Otto Ohlendorf, die Frage der alliierten Ankläger beantwortet, warum seine Untergebenen auch „Zigeuner" ermordet hätten. Ohlendorf war kein Einzelfall. Auch andere Täter haben im Nürnberger Kriegsverbrecherprozess bereitwillig zugegeben, dass neben Juden auch Roma zu Opfern des nationalsozialistischen Völkermordes geworden sind. Dennoch und obwohl zur Vorbereitung der Kriegsverbrecherprozesse zahlreiche Quellen gesammelt wurden, in denen der rassistisch motivierte Völkermord an den Sinti und Roma eindeutig dokumentiert wurde[254], sind die Nürnberger Ankläger und Richter auf diesen „zweiten Holocaust" nicht weiter eingegangen.

Immerhin haben die Alliierten dafür gesorgt, dass die überlebenden Roma in allen alliierten Besatzungszonen als Verfolgte des Nationalsozialismus anerkannt wurden, weshalb ihnen auch Entschädigungszahlungen zugesprochen wurden. Sie wurden den Roma aber von vielen Nachkriegsdeutschen geneidet. Auf ihren und auf den Druck der nach wie vor antiziganistisch eingestellten Öffentlichkeit hin haben seit Anfang der 1950er-Jahre verschiedene westdeutsche Gerichte die Anträge der überlebenden Roma auf „Wiedergutmachung" abgelehnt. Dies mit folgender Begründung: Die Roma seien im Dritten Reich nicht aus „rassischen" Gründen, sondern deshalb verfolgt worden, weil es sich bei ihnen samt und sonders um „Asoziale" gehandelt habe.

Da die „Zigeuner und Zigeunermischlinge (...) nicht aus rassistischen Gründen, sondern wegen (ihrer) asozialen und kriminellen Haltung verfolgt und inhaftiert" worden seien, ordnete der Innenminister von Baden-Württemberg am 22. Februar 1950 an, alle „Wiedergutmachungsanträge von Zigeunern und Zigeunermischlingen zunächst dem Landesamt für Kriminal-Erkennungsdienst in Stuttgart zur Überprüfung" zuzuleiten.[255] Da diesem und vielen weiteren Kriminalämtern immer noch viele Beamte der ehemaligen „Zigeunerpolizeistellen" angehörten, welche die Roma in der Zeit des Dritten Reiches verfolgt hatten, entschieden letztlich die Täter, wer ein Opfer gewesen war und wer Anspruch auf „Wiedergutmachung" hatte. Ein veritabler Skandal, der aber weder vonseiten der Öffentlichkeit aufgedeckt noch von der Justiz geahndet worden ist.

Stattdessen haben sich die westdeutschen Richter der Meinung der nationalsozialistischen Politiker und „Zigeunerpolizisten" angeschlossen und die Roma pauschal als „asozial" und „kriminell" stigmatisiert. Übersehen wurde dabei einmal, dass keineswegs alle Roma „Asoziale" und „Kriminelle" waren; zweitens, dass für die Kriminalbiologen auch „asoziales" und „kriminelles" Verhalten vererbbar und „rassisch" bedingt war; und schließlich drittens, dass es mit rechtsstaatlichen Vorstellungen kaum vereinbar ist, Menschen nur deshalb ohne Urteil in Konzentrationslager zu sperren und zu ermorden, weil sie als „asozial" eingestuft wurden.

Diesen dreifachen Fehler machte Otto Küster in seinem Kommentar zum Bundesentschädigungsgesetz von 1953, in dem er die These vertrat, dass alle bis 1943 gegen die Sinti und Roma ergriffenen Maßnahmen aus „kriminalpolitischen Gründen" erfolgt seien.[256] Die nationalsozialistischen Behörden hätten sich auf die „Bekämpfung derjenigen Zigeuner beschränkt, die sich als asozial erwiesen hatten". Erst 1943 seien auch Roma nach Auschwitz deportiert worden, die „persönlich nicht zu beanstanden" gewesen seien.

Küsters These wurde vom Bundesgerichtshof übernommen, der am 7. Januar 1956 höchstrichterlich entschied, dass für die Verfolgung der Roma zumindest bis 1943 nicht „rassenideologische Gesichtspunkte", „sondern die bereits erwähnten asozialen Eigenschaften der Zigeuner" maßgebend gewesen seien, „die auch schon früher Anlaß gegeben" hätten, „die Angehörigen dieses Volkes besonderen Beschränkungen zu unterwerfen".[257] Damit hatte das höchste deutsche Gericht ein Urteil gefällt, in dem die rassistisch motivierte Verfolgung der Sinti und Roma geleugnet wurde.

Dem Unrechtsurteil des Bundesgerichtshofes wurde jedoch widersprochen. Der Frankfurter Senatspräsident Franz Calvelli-Adorno verfasste einen Aufsatz, in dem er nachwies, dass die „rassische Verfolgung der Zigeuner vor dem 1. März 1943", das heißt vor ihrer Deportation nach Auschwitz, begonnen hatte.[258] Heftige Kritik kam auch von der „United Restitution Organization" (URO), die unter der Leitung von Kurt May Quellen und Materialien sammelte, um nachzuweisen, dass die Roma tatsächlich aus „rassischen Gründen" verfolgt worden waren.[259]

Von diesen Argumenten der „Anwälte der Verfolgten" ließen sich einige westdeutsche Oberlandesgerichte nicht beeindrucken. Sie lehnten alle Wiedergutmachungsanträge der Roma rigoros ab. Eine besonders scharfe Haltung nahm das Oberlandesgericht München ein, das sich weiterhin auf die Voten und Gutachten der ehemaligen „Zigeunerpolizisten" in der Münchener „Landfahrerzentrale" stützte und in einem Urteil vom 1. März 1961 die These vertrat, dass die Verfolgung der Roma auch nach dem Auschwitz-Erlass Himmlers nicht rassistisch motiviert gewesen sei. Wenn „Zigeuner von Polizei, SS- oder Wehrmachtsdienststellen festgenommen und für kürzere oder längere Zeit in Gefängnissen oder geschlossenen Lagern festgehalten" worden seien, so sei dies nicht geschehen, „um sie aus Gründen der Rasse zu verfolgen, sondern weil sie ziel- und planlos umherzogen, sich über ihre Person nicht ausweisen konnten oder für Spione gehalten wurden".[260]

Da jedoch andere Gerichte, allen voran das Oberlandesgericht Frankfurt am Main, zu anderen Urteilen gelangten, sah sich schließlich der Bundesgerichtshof am 18. Dezember 1963 genötigt, die Entscheidung von 1956 wenigstens teilweise zu revidieren.[261] Die Richter räumten ein, dass rassenpolitische Motive für Maßnahmen, die seit dem Himmler-Erlass vom 8. Dezember 1938 getroffen wurden, „mitursächlich" gewesen sein könnten. Daher wurde den Roma jetzt gestattet, Entschädigungsanträge für Verfolgungsmaßnahmen zu stellen, die nach dem 8. Dezember 1938 stattgefunden hatten.

Für viele überlebenden Roma kam dies jedoch zu spät. Sie konnten keine Anträge mehr stellen, weil sie inzwischen verstorben waren. Daher mutet es schon zynisch an, wenn die Bundesregierung am 31. Oktober 1986 in einem abschließenden Bericht „über Wiedergutmachung und Entschädigung für nationalsozialistisches Unrecht sowie über die Lage der Sinti, Roma und verwandter Gruppen" behauptet, dass das Fehlurteil von 1956 „verhältnismäßig geringe praktische Auswirkungen" gehabt habe.[262] Insgesamt kann man sich Arnold Spittas Urteil nur anschließen, wonach man im Fall der Roma „wider die Gutmachung" und nicht für eine wirkliche „Wiedergutmachung" entschieden hat.[263] Daher könnten sie eigentlich auch „Wiedergutmachung für die Zeit nach 1945" fordern, wie dies der Liedermacher Wolf Biermann schon 1979 vorgeschlagen hat.

Dieser fromme Wunsch könnte auch von der Kirche geäußert werden. Doch das wird die Kirche schon deshalb nicht tun, weil sie auch das Streben der Roma nach Wiedergutmachung für die Zeit vor 1945 nicht unterstützt hat. Sie hat dazu einfach geschwiegen. Auch für dieses Schweigen könnte sich die Kirche anklagen.

Immerhin haben seit dem Ende der 1980er-Jahre Vertreter beider Kirchen des bis dahin auch von ihnen verschwiegenen Völkermordes an den Roma gedacht.[264] Zu diesem Zweck und Ziel wurden verschiedene Gedenkgottesdienste veranstaltet. Auf die Mitschuld der Kirche (beider Kirchen) wurde dabei aber nicht verwiesen.[265] Ansatzweise geschah dies am 14. März 2013 in einem von Repräsentanten beider Kirchen in Stuttgart veranstalteten Gottesdienst, in dem der Deportation der deutschen Roma 70 Jahre zuvor gedacht wurde. Der evangelische Landesbischof Ulrich Fischer erinnerte hier daran, dass sich die Kirche „durch Amtshilfe, aber auch durch Wegsehen und Schweigen" an der Deportation der Roma mitschuldig gemacht habe.[266] Das ist ein guter Anfang, aber eben nur ein Anfang. Die Kirche muss sich nicht nur zu ihrer Mitschuld an der Deportation und der gesamten Verfolgung der Roma im Dritten Reich bekennen, sie muss sich ihrer Beteiligung an der gesamten Verfolgung der Roma seit dem ausgehenden 15. Jahrhundert anklagen. Dies geht nur, wenn sie auch ihren Antiziganismus überwindet. Hat sie das getan und hat sie den heute noch vorhandenen Antiziganismus kritisiert oder überhaupt bemerkt?

Zigeunerbesen im Emsland

Ende des letzten Jahrhunderts haben Emsländer Kaufleute damit begonnen, Besen vor die Türen und in die Fenster ihrer Geschäfte zu stellen.[267] Damit wollten sie Roma davon abhalten, ihre Geschäfte zu betreten – und dort ihre Waren zu stehlen. Die neugierig gewordenen Roma konnten und wollten das jedoch nicht verstehen. Sie hielten die Besen für Sonderangebote und fragten, was sie denn kosten würden. Damit waren die Emsländer Kaufleute der Lächerlichkeit preisgegeben. Doch das hat viele ihrer norddeutschen Kollegen nicht davon abgehalten, dem emsländischen Beispiel zu folgen und mit Besen Roma abzuschrecken. „Zigeunerbesen" wurden in der gesamten norddeutschen Tiefebene bis hin nach Berlin-Niederschönhausen gesichtet.

Was lehrt uns diese Geschichte? Sie lehrt uns einmal, dass viele Deutsche, keineswegs nur Norddeutsche, in den Roma immer noch notorische Diebe und herumziehende Gauner sehen, weshalb sie die Roma auch immer noch so, nämlich als „Zigeuner" bezeichnen. Diese und andere antiziganistische Vorurteile sind weit verbreitet. Nach den letzten Umfragen sollen mehr als 60 Prozent der gegenwärtigen Deutschen antiziganistisch eingestellt sein.

Die „Zigeunerbesen"-Geschichte lehrt uns zweitens, dass der religiös motivierte Antiziganismus wenn schon nicht am weitesten verbreitet, so doch am tiefsten verwurzelt ist. Für viele Deutsche sind die Roma immer noch unheimlich. Sie sehen in ihnen, wie das schon der Chronist Albert Krantz im 16. Jahrhundert getan hat, „gräuliche und schwartze Leute", die mit dem Teufel verbündet sind, der sie befähigt, teuflische Taten zu begehen. Um dies zu verhindern, um sich vor den teuflischen „Zigeunern" zu schützen, haben die biederen norddeutschen Kaufleute den Roma teuflische Symbole entgegengestellt. Gemeint sind die erwähnten Besen. Denn die gelten nach abergläubischer Meinung als Symbole des Teufels im doppelten Sinne. Auf Besen sollen die durch den Pakt mit dem Teufel zu Hexen gewordenen Frauen durch die Luft zum Blocksberg reiten und fliegen, um dort am „Teufels"- oder „Hexensabbat" teilzunehmen. Mit Besen kann man jedoch, so wiederum der Aberglaube, den Teufel vertreiben. Genau wie man sich mit Kreuzen und Knoblauchzehen der blutdürstigen Vampire erwehren könne.

Ist das alles wirklich nur Aberglauben, den die Aufklärung meinte überwunden zu haben? Nein, es ist ein weiterer Beweis für das, was Ernst Bloch in seinem Buch „Erbschaft dieser Zeit" die „Gleichzeitigkeit des Ungleichzeitigen" genannt hat. Das Vorhandensein von „Überbauten", die längst „umgewälzt" und verdrängt zu sein schienen, aber dennoch immer noch vorhanden sind.[268]

Was geht das alles die Kirche an? Hat sie wenigstens diesen Aberglauben überwunden? Vorgeblich ja. Doch nicht das, was hinter diesem Aberglauben steckt. Und das ist der Glaube an die Existenz eines möglicherweise sogar noch leibhaftigen Teufels. Nun hat zwar der (evangelische) Theologe Friedrich Schleiermacher schon 1821 gemeint, dass man den Teufelsglauben „niemandem mehr zumuten" könne[269], doch dieser Meinung Schleiermachers haben sich keineswegs alle der heutigen (evangelischen) Theologen angeschlossen. Für den Heidelberger Professor für evangelische Theologie Klaus Berger ist der Teufelsglaube sogar „die letzte theologische Grundvoraussetzung eines dualistischen Denkens".[270]

Berger ist kein Einzelfall. Auch andere fundamentalistische Christen glauben an den Teufel. Katholische Christen müssen das sogar tun. Zu den von der Katholischen Kirche verkündeten Lehren gehört der Teufelsglaube. Allerdings lehrt sie auch, wie man den Teufel austreiben kann. Durch exorzistische Riten und Rituale, die man in einigen katholischen Bildungseinrichtungen und selbst Universitäten erlernen kann.

Muss uns aufgeklärte Zeitgenossen das interessieren? Unbedingt, scheinen doch im Teufelsglauben die religiösen Grundlagen der Ideologie des Rassismus zu liegen.[271] Dies gilt auch, ja sogar vor allem für den rassistischen Antiziganismus. Wenn man ihn überwinden will, muss man auch den Teufelsglauben nicht nur überwinden, sondern ihn als das bezeichnen, was er ist: ein gefährlicher Aberglaube.

Hier hat die Kirche noch einiges zu tun. Sie sollte radikaler sein, das heißt an die Wurzeln des Problems gehen. Und die liegen nun einmal im Teufelsglauben. Nur wenn man ihn überwindet, kann man auch den Antiziganismus überwinden. Doch auch wenn die Kirche aus welchen Gründen auch immer dazu nicht bereit ist, sollten die Kirche und wir, die nach der protestantischen Auffassung die Kirche sind, jedenfalls den Objekten und Opfern des Antiziganismus helfen – den Roma, die bei uns immer noch diskriminiert werden und in einigen unserer Nachbarländer schon wieder verfolgt werden. Leider geschieht das bis heute nicht.[272] Das Schweigen hält an.

VI. „Schweige in der Gemeinde" – Kirche und Antifeminismus

„Wie in allen Gemeinden der Heiligen lasset die Frauen schweigen in der Gemeinde" – ermahnt Paulus die Korinthergemeinde. (1. Korinther 14,34) Das hätte er nicht sagen sollen.²⁷³ Wenn die weiblichen Mitglieder der Korinthergemeinde Paulus' Gebot gefolgt wären, hätte es weder diese noch eine andere christliche Gemeinde gegeben. Denn die sind alle von Frauen mit aufgebaut worden. Dennoch sollten diese nach Paulus' Meinung schweigen und sich „unterordnen, wie auch das Gesetz sagt".

Welches „Gesetz"? Gibt es ein biblisches Gebot, wonach sich die Frauen „unterordnen" sollen? In der Bibel wird doch ausdrücklich gesagt, dass Männer und Frauen von Gott und „nach seinem Bilde" geschaffen worden sind: „Und Gott schuf den Menschen nach seinem Bilde, und er schuf ihn als Mann und Frau". (1 Mose 1,27)

Nun soll zwar die erste Frau aus der Rippe des ersten Mannes geschaffen worden sein, doch dadurch wird diese Eva keineswegs minderwertiger als Adam, der wie alle Tiere aus „Erde" gemacht worden ist. (1 Mose 2,18–22) Doch es ist Eva und nicht Adam, die sich von der „Schlange", die ganz offensichtlich den Teufel verkörpert, dazu verleiten lässt, vom verbotenen „Baum der Erkenntnis" zu essen. Zur Strafe für die Missetat Evas werden beide, Adam und Eva, aus dem „Garten Eden" vertrieben. Adam wird aufgetragen, sich mit „Mühsal" von seinem „Acker" zu ernähren und sein „Brot" im „Schweiße seines Angesichts" zu essen. (1 Mose 3,17–19) Eva dagegen soll fortan „unter Mühen" und Schmerzen Kinder gebären. Ihr „Verlangen" soll nach ihrem „Manne sein", der ihr „Herr" sein soll: „Ich will dir viel Mühsal schaffen, wenn du schwanger wirst; unter Mühen sollst du Kinder gebären. Und dein Verlangen soll nach deinem Manne sein, aber er soll dein Herr sein." (1 Mose 3,16)

Im ersten Buch Mose wird das beschrieben und zugleich vorgeschrieben, was moderne Soziologen als Patriarchat bezeichnet haben.[274] Es soll das Matriarchat abgelöst haben. Nach der Meinung von Marx und Engels war es das erste Herrschaftsverhältnis – das des Mannes über die Frau. Begründet wurde es mit einer Ideologie – der des Antifeminismus. Ist diese Interpretation zulässig? Kann man den von der Frauenrechtlerin Hedwig Dohm Anfang des 20. Jahrhunderts erfundenen Begriff des Antifeminismus bei der Interpretation der Bibel verwenden?[275]

Wenn man (oder Frau) das in der Bibel beschriebene und vorgeschriebene patriarchalische Herrschaftsverhältnis als antifeministisch empfindet, was von einigen ansatzweise schon im Mittelalter so gesehen wurde[276], dann ist diese Frage mit Ja zu beantworten. Alle monotheistischen Religionen, zu denen neben Judentum und Christentum auch der Islam zu zählen ist, kennen nur einen – offensichtlich männlichen – Gott[277] und verbieten die Verehrung anderer Götter – und Göttinnen.

Eine dieser Göttinnen wird auch noch in der Bibel erwähnt und äußerst negativ bewertet. Dies ist die aus der sumerischen Mythologie stammende Lilith. In Luthers Bibel-Übersetzung wird sie als „Nachtgespenst" bezeichnet. (Jesaja 34,14) Damit wird sie offensichtlich zu den „Zauberinnen" gezählt, die man nicht „am Leben" lassen soll. (2 Mose 20,17)

Die übrigen im Alten Testament erwähnten Frauen werden dagegen überwiegend gelobt, weil sie ihren Männern untertan sind und ihnen viele Kinder schenken. Eine tut das zwar nicht, wird aber dennoch ob ihrer sexuellen Reize und Künste gelobt, die sie dazu einsetzt, den persischen König Ahasver davon zu überzeugen, nicht Juden, wie ihm das vom bösen Haman geraten, sondern Perser zu ermorden. Gemeint ist die schöne Esther, deren Reize und Heldinnentaten von den Juden während des Purimfestes gelobt und ziemlich ausgelassen gefeiert werden. Für die in sexuellen Dingen etwas verklemmt denkenden und handelnden Christen war Esther dagegen kein Vorbild.

Die Christen haben sich stattdessen für die reine Jungfrau Maria begeistert und begeistern lassen. Maria wurde im Neuen Testament zum positiven Gegenbild der sündigen Eva gemacht. Das heißt aber nicht, dass alle im Neuen Testament erwähnten Frauen positiv dargestellt werden. Eine wird sogar ob ihrer sexuellen Reize und Handlungen scharf verurteilt. Und das ist Salome, die vor König Herodes einen sehr gewagten Tanz vorführt, um ihn anschließend zu bitten, Johannes dem Täufer den Kopf abzuschlagen. (Markus 6,23–29)

Im Neuen Testament tauchen auch noch andere „Sünderinnen" auf. Dabei handelte es sich ganz offensichtlich um Prostituierte. Einer von ihnen – übrigens namenlosen – ist Jesus im Haus des Pharisäers Simon begegnet. Hier hat sie Jesus die Füße geküsst und mit ihren „Tränen" benetzt, um sie anschließend mit ihren „Haaren" zu trocknen. Dafür werden dieser Frau die „Sünden vergeben". (Lukas 7,36–50)

Ebenfalls eine „Sünderin", das heißt eine Prostituierte, soll eine Frau gewesen sein, die nach ihrem Herkunftsort Magdala (und vermutlich auch um sie von den anderen Marias im Neuen Testament zu unterscheiden) Maria Magdalena genannt wurde. Maria Magdalena war nicht verheiratet. Allein deshalb wurde sie verdächtigt, vor ihrer Begegnung mit Jesus der Prostitution nachgegangen zu sein. Die Existenz einer solchen Frau hätten die Evangelisten verschweigen können. Doch das haben sie nicht getan. Von allen Evangelisten wird stattdessen berichtet, dass Maria Magdalena zu den ersten und eifrigsten Anhängern Jesu gehört hat. Sie hat ihn auf seinem irdischen Lebensweg bis zu seinem Tode begleitet. Sie gehörte zu den Frauen, die seiner Kreuzigung zugesehen haben, um ihn danach zu beerdigen. (Matthäus 27,55–61) Maria Magdalena ist es schließlich, die am Ostermorgen das Grab Christi leer vorfindet, dem auferstandenen Christus begegnet und diese frohe Botschaft seinen geflohenen Jüngern mitteilt. (Johannes 20,11–18)

Maria Magdalena war ohne Zweifel die Frau, die Jesus nach und neben seiner Mutter Maria am nächsten gestanden hat. Daher spricht viel für die schon in der Antike geäußerte Vermutung, dass sie seine Ehefrau gewesen ist. Doch das ist eine Spekulation. Unbezweifelbar ist aber, dass es ohne Frauen wie Maria und Maria Magdalena nicht zur Entstehung und Ausbreitung des Christentums gekommen wäre. Hat die Kirche das erkannt und anerkannt?[278]

Heilige und Hexen

Ja, indem sie aus Jesu Mutter die Heilige Jungfrau Maria gemacht und Maria Magdalena sowie viele weitere Frauen zu Heiligen erklärt hat. Das war zwar nicht unbedingt frauenfreundlich, aber auch nicht ausgesprochen antifeministisch. Diesen guten und, was Maria angeht, absolut reinen Frauen wurden aber die bösen Frauen gegenübergestellt, die wie Eva vom Teufel zu ihrem sündhaften Handeln angestiftet worden sein sollen. Allen sonstigen Frauen wurde von der Kirche das Paulinische Schweigegebot auferlegt, weshalb sie weitgehend von den kirchlichen Diensten ausgeschlossen wurden, indem ihnen die höheren kirchlichen Weihen verweigert wurden. Den jetzt ausschließlich männlichen kirchlichen Würdenträgern wurde außerdem noch ein Heiratsverbot auferlegt.

All das kann man durchaus als antifeministisch deuten und empfinden. Vor allem deshalb, weil es mit antifeministischen Ideologien wie der von der Minderwertigkeit und Sündhaftigkeit der Frauen begründet wurde, die sich leichter vom Teufel verführen ließen und daher weniger an Gott glauben würden als Männer. Diese dualistische Gegenüberstellung der im Prinzip guten Männer mit den grundsätzlich bösen Frauen wurde mit dem dualistischen Teufelsglauben begründet.[279]

Seine Ursprünge liegen zwar schon im Alten und noch mehr im Neuen Testament, wo der Teufel bereits als Widersacher Gottes und Jesu Christi auftritt[280], doch seine endgültige Radikalisierung fand der Teufelsglauben erst durch einige mittelalterliche Theologen, die es wie Thomas von Aquin für möglich hielten, dass der Teufel eine körperliche, zwischen Mensch und Tier schwankende, Gestalt annehmen und bestimmte Menschen und Menschengruppen dazu verleiten könne, allerlei Unheil zu tun.[281]

Von diesem Unheil gab es im späten Mittelalter reichlich. Von außenpolitischen Bedrohungen wie dem Einfall der Mongolen im 13. Jahrhundert über die sich häufenden Naturkatastrophen bis hin zu der schrecklichen Pestepidemie Mitte des 14. Jahrhunderts.[282] Für all dieses Unheil, das man sich rational nicht erklären konnte und in dem die angsterfüllten Menschen die Vorboten des unmittelbar bevorstehenden Unterganges der Welt sehen wollten, wurden neben den traditionellen Außenseitern der Gesellschaft wie Juden und Leprakranken auch die Katharer und andere Sekten verantwortlich gemacht.[283] Deren geheimer Herr sei der Teufel persönlich, der diese Teufelssekten zu ihren fluchwürdigen Taten anstifte.

In diesem Klima der um sich greifenden Angst kam es zu dem, was der französische Mentalitätshistoriker Jean Delumeau als „diabolische Explosion" bezeichnet hat.[284] Dies führte wiederum dazu, dass verschiedene dämonische Vorstellungen, die noch im hohen Mittelalter als abergläubisch und heidnisch gebrandmarkt und abgelehnt worden waren, nun übernommen und von der Kirche ausdrücklich sanktioniert wurden, wobei man zugleich auf die Dämonen und Zauberinnen im Alten Testament verwies. Es kam zu dem, was der evangelische Theologe Gustav Roskoff als die „Herabdrückung der heidnischen Götterwelt zur christlichen Teufelei" bezeichnet hat.[285]

Eindeutig heidnischen Ursprungs war der Glaube, dass gewisse Frauen über dämonische Fähigkeiten verfügten. Sie wurden als „Hexen" bezeichnet. Das Wort „Hexe" stammt aus dem althochdeutschen *hagazussa*.[286] *Hagazussa* ist eine Zusammenfügung aus *hag* (= Zaun) und *zussa* (= weiblicher Dämon) und bedeutet wörtlich „Zaungeist". Im 13. Jahrhundert wurde *hagazussa* in das lateinische *strix* oder *striga* übersetzt, womit eine dämonische Frau gemeint war, welche die Fähigkeit zum Zaubern hatte.

Dies war bisher von der Kirche als heidnischer Aberglauben abgetan und bekämpft worden. Doch seit dem 13. Jahrhundert lehrte die Kirche, dass Menschen, vor allem Frauen, tatsächlich über dämonische Fähigkeiten verfügen könnten, wenn sie vorher einen Pakt mit dem Teufel abgeschlossen hätten, durch den sie befähigt würden, allerlei Schadenzauber zu verüben. Dazu gehörte das Schlechtwettermachen, das unentdeckte Anzünden von Häusern und Ställen, das Verhexen von Kühen, die plötzlich keine Milch mehr gaben, sowie die Verbreitung von unerklärlichen Krankheiten unter den Menschen und – das war offensichtlich das Schlimmste – von Impotenz bei Männern.[287] Die Hexen-Ideologie beziehungsweise der, wie er bis heute verharmlosend genannt wird, Hexenwahn basierte also einerseits auf dem christlichen Teufels- und andererseits auf dem heidnischen Dämonenglauben.

Papst Johannes XXII (1316–1334) hat dann 1326 beide Ideologien oder Irrglauben miteinander verbunden und in seiner Bulle „Super illius specula" angeordnet, dass den *malefici* der neu erfundene Inquisitionsprozess gemacht wurde.[288] Die Durchführung dieser Hexen- und Zaubererprozesse, die auch von anderen Päpsten wie Alexander V. (1409–1410) und Martin V. (1417–1431) befohlen worden waren, stieß jedoch ausgerechnet in Deutschland beziehungsweise im damaligen Heiligen Römischen Reich Deutscher Nation auf Widerstand. Dies veranlasste Papst Innozenz VIII., 1484 die berühmt-berüchtigte Hexenbulle „Summis desiderantis affectibus" herauszugeben, in der er anordnete, dass „alle Irrthümer gänztlich ausgerottet werden" müssten.[289]

Dies gelte besonders für Gebiete in „Oberteutschland" und den „Meyntzischen, Cölnischen, Trierischen, Saltzburgischen und Bremer Ertzbistümern", denn hier hätten besonders „viele Personen beyderley Geschlechts, ihrer eigenen Seligkeit vergessend, und von dem Catholischen Glauben abfallend, mit denen Teufeln, die sich als Männer oder Weiber mit ihnen vermischen, Mißbrauch" gemacht,

> „und mit ihren Bezauberungen, Liedern und Beschwerungen, und anderen abscheulichen Aberglauben und zauberischen Übertretungen, Lastern und Verbrechen, die Geburten der Weiber, die Jungen der Thiere, die Früchte der Erde, die Weintrauben und Baumfrüchte, wie auch die Menschen, die Frauen, die Thiere, das Vieh (...) verderben, ersticken und umkommen machen und verursachen, und selbst die Menschen, die Weiber, allerhand groß und klein Vieh und Thiere mit grausamen sowohl innerlichen als äusserlichen Schmertzen und Plagen belegen und peinigen, und eben dieselben Menschen, daß sie nicht zeugen, und die Frauen, daß sie nicht empfangen, und die Männer, daß sie denen Weibern, und die Weiber, daß sie denen Männern, die eheliche Werke nicht leisten können, verhindern."

Mit der Eindämmung und Bestrafung dieser schrecklichen Verbrechen in den deutschen Landen beauftragte Papst Innozenz VIII. die Dominikaner Henricus Institoris (= Heinrich Kramer)[290] sowie Jacobus Sprenger und ernannte sie zu „Inquisitoren des Ketzerischen Unwesens". Der Papst hätte keine furchtbareren Inquisitoren und schlimmeren Hexenjäger finden können. Dabei stützten sie sich auf ein Buch, das von beiden herausgegeben wurde, aber in Wirklichkeit allein von Heinrich Kramer geschrieben worden ist, den berüchtigten „Malleus Maleficarum" oder „Hexenhammer", der erstmals 1486 gedruckt wurde und bis 1669 nicht weniger als 30 Auflagen erreichte.[291] Schon dies unterstreicht seine historische Wirkung, wozu auch die Tatsache beigetragen hat, dass dem Buch die erwähnte Hexenbulle Innozenz' VIII. beigefügt war.

Der „Hexenhammer" zerfällt in einen theoretischen und einen praktischen Teil. Im ersten wird der von der neueren Forschung so genannte kumulative Hexenbegriff – Teufelspakt, Teufelsbuhlschaft, Hexenflug, Hexensabbat und Schadenzauber – noch einmal entwickelt und theologisch begründet. Auffallend ist die starke Zuspitzung auf das weibliche Geschlecht, die schon im Titel „Malleus Maleficarum" (= Hammer der Hexen) zum Ausdruck kommt. Seinen unbändigen Hass auf die Frauen[292], die abergläubischer, eitler, lügnerischer, rachsüchtiger und vor allem wollüstiger seien als die Männer, versuchte Kramer theologisch zu begründen. Die Frauen seien den Männern schon in körperlicher und geistiger Hinsicht unterlegen, weil sie nach der Schöpfungsgeschichte nur aus einer krummen Rippe geformt seien.[293] Außerdem neigten sie mehr zur Sünde, wofür Eva als Beispiel herhalten musste. Schließlich zweifelten sie schneller am Glauben, weshalb Kramer das Wort *femina* von *fides* (= Glaube) und *minus* ableitete.[294]

Da nun die „Frau (...) schneller am Glauben zweifelt, auch schneller Glauben ableugnet"[295], sei sie für das Delikt der Hexerei prädisponiert. Dies gelte insbesondere für die Teufelsbuhlschaft, zumal der Teufel männlich sei und sich daher bevorzugt mit Frauen einlasse. Das „männliche Geschlecht" habe der nicht genug zu preisende „Höchste" dagegen „von so großer Schändlichkeit bis heute bewahrt".[296]

Der zweite Teil des „Hexenhammers" besteht aus einer detaillierten juristischen Anleitung, wie man Hexenprozesse durchführen – und vor allem, wie man die zur Verurteilung notwendigen Geständnisse durch eine „peinliche Befragung", das heißt durch den brutalen Einsatz der Folter, erreichen könne.[297] Diese Ausführungen waren besonders wirkungsvoll, da die weitaus meisten Ankläger und Richter in Hexenprozessen ihnen folgten. Die durch die Folter gepeinigten männlichen „Unholde" und noch mehr die weiblichen „Hexen" gaben immer weitere Details ihres Paktes mit dem Teufel preis, wobei die (männlichen) Juristen und auch die Theologen besonders die Details interessierten, wie und in welcher Form denn dieser Pakt mit dem Teufel abgeschlossen worden war. Dabei konzentrierte man sich auf den sexuellen Bereich und zwang die gefolterten Frauen, sämtliche Einzelheiten über ihre „Buhlschaft" mit dem Teufel preiszugeben. Der Teufel soll dabei in halb tierischer, halb menschlicher Gestalt und mit einem mächtigen Penis versehen aufgetreten und in unnatürlicher und perverser Weise mit den „Hexen" kopuliert haben. Die krankhafte sexuelle Phantasie der Inquisitoren kannte keine Grenzen. Spätere Forscher haben dies unter anderem auch auf die sexuellen Nöte der meist zum Zölibat verpflichteten Theologen zurückgeführt. Dies mag so sein, erklärt aber nicht, warum sich auch die weltlichen und meist verheirateten Juristen so sehr für diese sexuellen Details interessiert haben.

Ihrem wahrhaft fanatischen Eifer ist es auch zu verdanken, dass die gefolterten „Hexen" die Namen weiterer „Hexen" preisgaben, die ja selten einzeln, sondern meist in Gruppen an den Orgien und „Hexensabbaten" teilgenommen haben sollen. So führte ein Hexenprozess meist zum nächsten und übernächsten. In einigen Regionen kam es zu regelrechten Hexenprozesswellen. Angeregt und angestoßen wurden sie keineswegs nur von den Theologen und Juristen. Die Initiative ging häufig auch von unten aus.[298] Menschen verdächtigten ihre, aus welchen Gründen auch immer, verhassten Nachbarn. Besonders betroffen waren ferner bestimmte Außenseiter der dörflichen Gemeinschaften.[299] Der Hexerei verdächtigt wurden jedoch auch Angehörige der städtischen Oberschichten, welche die Missgunst ihrer Standesgenossen oder den Neid der Unterschichten hervorgerufen hatten. Für ihre Ankläger und Richter waren sie besonders begehrte Fälle, richtete sich doch das Honorar der Hexenjäger an dem Einkommen ihrer Opfer. Und reiche Hexen brachten mehr Geld als arme. Insgesamt ergibt sich aber kein klares soziales Profil. Die Hexenverfolgungen können nicht immer und generell als Mittel der sozialen Konfliktlösungen angesehen werden.[300] Wichtiger und folgenreicher scheinen die antifeministischen ideologischen Beweggründe gewesen zu sein, wie sie im „Hexenhammer" zusammengefasst und sanktioniert worden waren.

Dabei war gerade der „Hexenhammer" keineswegs unumstritten. Schon drei Jahre nach seinem erstmaligen Erscheinen veröffentlichte der Humanist Ulrich Molitor eine Gegenschrift, in der er die Vorstellungen von der Teufelsbuhlschaft und dem Hexenflug schlicht als „Narrenwerck" bezeichnete.[301] 1509 ging Erasmus von Rotterdam noch einen Schritt weiter. In einer, ironisch „Lob der Torheit" betitelten, Schrift wandte er sich mit scharfen Worten gegen die „Liebhaber lügenhafter Wunder und Weissagungen", mit denen „betrügerische Theologen" gemeint waren, die Zeitgenossen in ein „Meer von Aberglauben" gestürzt hätten.[302] In einer später gedruckten Verteidigungsrede für eine der Hexerei angeklagte Frau wagte es Agrippa von Nettelsheim 1519, die wichtigsten Thesen des „Hexenhammers" als „Hirngespinste" und „Sophismen" zu bezeichnen, auf Grund derer „unschuldige Weiber zur Folter" geschleppt und als „Ketzer" verurteilt würden.[303] Willibald Pirckheimer schließlich verspottete in einem 1520 veröffentlichten Theaterstück den katholischen Theologen und Widersacher Luthers, Johannes Eck, in einer schon fast aufklärerischen Weise, weil Eck geglaubt habe, dass es möglich sei, nach Hexenart „auf einer Mistgabel oder einem Bündel Heu (zu) reiten".[304]

Luther, die Hexen und die Frauen

Dieser aufklärerische Spott hätte Luther, der ein Jahr zuvor seine große Disputation mit Johannes Eck gehabt hatte, gut angestanden. Luther hätte dem Papst und den „Papisten" neben Werkgerechtigkeit, Ablasshandel und anderen theologischen Irrlehren mit Fug und Recht auch unchristlichen Aberglauben vorwerfen können, wie dies die protestantischen Hexenforscher des 19. Jahrhunderts auch getan haben. Doch das hat Luther sehr zur Verwunderung, ja zum Entsetzen nicht nur der lutherischen Hexenforscher, sondern auch vieler weiterer Lutheraner nicht getan. Im Gegenteil.

Luther hat den katholischen Hexenwahn ohne jegliche Einschränkung übernommen. Deutlich wird dies einmal an seiner Erklärung des Begriffs „Hexe" aus dem Jahr 1522. Ähnlich wie die Päpste und der Autor des „Hexenhammers" definierte Luther die „Hexen" und „Zauberer" folgendermaßen:

> „Die Zauberer oder Hexen, das sind die bösen Teufelshuren, die da Milch stehlen, Wetter machen, auf Böcken und Besen reiten, auf Mänteln fahren, die Leute schießen, lähmen, verdorren, die Kinder in der Wiege martern, die ehelichen gliedmaßen bezaubern (...), die da können Dingen eine andere Gestalt geben, daß eine Kuh oder Ochs scheinet, das in der Wahrheit ein Mensch ist, und die Leute zur Liebe und Buhlschaft zwingen, und des Teufels Dinge viel."[305]

Diese „Zauberer oder Hexen" solle Gottes Zorn und die weltliche Gerichtsbarkeit treffen, verstießen sie doch, wie dies Luther in seinem „Deutschen Katechismus" von 1529 schrieb, gegen das erste Gebot:

> „Gepot Gottes. Du solst kein andere Götter haben neben mir. Dahin gehören auch die, die es zu grob treiben und mit dem

Teuffel einen Bund machen; das er yhn Gelt genug gebe odder zur Buhlschaft helfe; yhr Viech bewahre, verloren Gut widderschafft etc. Als die Zauberer und schwarzkünstige; denn diese alle setzen yhr Herz und Vertrauen anderswo denn auf den wahrhaftigen Gott, versehen sich kein gut's zu yhm, suchen's auch nicht bei yhm."[306]

Das traurige Fazit ist eindeutig: Luther hat den, wie gezeigt antifeministisch geprägten Hexenwahn nicht überwunden. Hat er es deshalb nicht getan, weil er selber ein Antifeminist war, der die Frauen wenn schon nicht hasste, so doch verachtete? Diese Frage kann mit einem, allerdings eingeschränkten Nein beantwortet werden. Eingeschränkt deshalb, weil auch Luther ziemlich dümmliche Sprüche über die Frauen von sich gegeben hat, die auf heutige Frauen und sicherlich auch auf einige der heutigen Männer abstoßend und, wie man heute sagt, machohaft wirken. Dazu gehören: „Es ist kein Rock, der eine Frau oder Jungfrau so übel ansteht, als wenn sie klug sein will"; „Die größte Ehre, die das Weib hat, ist allzumal, dass die Männer durch sie geboren werden"; „Frauen werden mit der Mutterschaft zum Werke Gottes".

Diese und ähnliche Sprüche des Reformators kann man als antifeministisch deuten. Muss man aber nicht, wenn man in ihnen nur die Bekräftigung der in der Bibel beschriebenen und vorgeschriebenen patriarchalischen Gesellschaftsordnung sehen möchte. Das heißt, wenn man glaubt, dass es Gottes Wille ist, dass die Frau dem Mann untergeordnet und zur Mutterschaft verpflichtet ist. Diesen Glauben hat auch Luther nicht kritisiert und zu reformieren gewagt. Sehr zum Kummer der heutigen Feministinnen und feministisch gesinnten Theologinnen hat er in den Frauen „nur" Hausfrauen und Mütter sehen wollen. Doch was heißt „nur"? Ist das von Luther gepredigte und vorgelebte Familienideal wirklich immer und durch und durch schlecht?

Verfügte das protestantische und ganz wesentlich von der Frau verwaltete und geleitete Pastorenhaus nicht auch über gute Seiten? Schließlich sind aus ihm einige unserer bedeutendsten Dichter und Denker beiderlei Geschlechts hervorgegangen.

Doch darauf und auf die weiteren – vielleicht – positiven Aspekte in der Haltung Luthers zu den Frauen soll hier nicht weiter eingegangen werden. Auch nicht auf das von späteren Angehörigen der Kirche gezeichnete antifeministische Zerrbild von Luthers Frau und Luthers Haus.[307] Stattdessen wollen wir einen Blick auf die Einstellung der Aufklärung zu den Hexen und den Frauen werfen.

Die Aufklärung, die Hexen und die Frauen

Zu den unbestreitbaren Verdiensten der Aufklärung gehört die endgültige Überwindung des Hexenwahns. Möglich war dies aber erst nach einer zwei Jahrhunderte währenden Diskussion über das Für und Wider der Hexen-Ideologie.[308] Sie begann mit dem 1563 veröffentlichten Buch des protestantischen Arztes Johann Weyer (1515–1588) „De praestigiis daemonum".[309] Zu diesen „Blendwerken der Dämonen" zählte Weyer das „Delikt" der „Hexerei". Während die „Zauberer" und „Giftmischer" unbedingt zu bestrafen seien, müsse bei Frauen, die der „Hexerei" angeklagt wurden, geprüft werden, ob sie nicht vom Teufel nur verführt worden seien oder sich die „Hexenfahrten" und „Hexensabbate" nur eingebildet hätten. Schließlich handele es sich um Frauen, die generell, vor allem aber im fortgeschrittenen Alter zum „Aberwitz" und zur „Melancholie" neigten, die nach der Meinung Weyers durch eine Erkrankung des Uterus hervorgerufen worden sei. Weyer wollte beweisen, dass

> „der Stiffter vnd anfenger alles arges und boeses/ nemlichen der alte listige Schalck vnd Tausentkuenstler der leidige Sathan/

> dieweil er so viel vnd mancherley betrug vnd blendungen erdacht/ dadurch er den Leuthen gleich im anfang ein blawen dunst fuer die augen gemacht/ vnd sie redlich betrogen hat: Auch noch auff den heutigen tag/ da die Welt ohne das sehr alt und bawfellig ist/ solch spiel immerfort treibet bey den Leuthen/ allermeist aber bey den alten toerichten Muetterlein/ die nun in die aberwitz gerathen seyn (...)"[310]

Weyers Geschichten über die „Melancholie" der „Muetterlein" sind zwar auch nicht gerade frauenfreundlich, aber auf jeden Fall nicht so frauenfeindlich wie die Spekulationen Kramers über die „Geilheit" der Frauen, die sich bewusst und willig mit dem Teufel eingelassen haben sollen.

Die antifeministischen Ausfälle Kramers sind dann von Jean Bodin (1530–1596) wieder aufgegriffen worden. In seiner zuerst 1580 erschienenen Schrift „De la Démonomanie Des Sorciers" (= Über die Dämonologie der Hexen) hat Bodin Weyer vorgeworfen, nicht nur ein schlechter Arzt, sondern auch ein Anhänger des Teufels zu sein, weil Weyer leichte Zweifel an der „Teufelsbuhlschaft" geäußert habe.[311] Die „Hexen" seien nämlich keineswegs gegen ihren Willen vom Teufel missbraucht worden. Sie hätten sich willentlich mit ihm verbündet, um die empirisch nachweisbaren „Maleficien" auszuüben. Daher seien sie für ihre Untaten verantwortlich. „Hexerei" sei wie Ketzerei sowohl ein Abfall von Gott als auch ein Verbrechen gegen den Staat, der daher die Pflicht habe, die von den „Hexen" gestörte Ordnung wiederherzustellen. Und dies mithilfe des Hexenstrafrechts und unter Einsatz der Folter. „Milde Richter" dürfe es hier einfach nicht geben.

Zustimmung fand Bodin bei Martin DelRio (1551–1608). Der als Sohn einer spanischen Adelsfamilie in den Niederlanden geborene DelRio hatte zunächst eine politische Laufbahn eingeschlagen, bevor er dann 1580 dem Jesuitenorden beitrat und als Professor für Theologie in Lüttich und Graz lehrte. Zwischen 1588 und 1600 veröffentlichte er sein sechsbändiges Werk „Disquisitionum magicarum libri sex", in dem er die These vertrat, dass vor allem protestantische Territorien von der „Hexerey" und „Ketzerey" befallen seien.[312]

Ebenfalls von der Wissenschaftlichkeit und Richtigkeit der Hexenprozesse überzeugt war der protestantische Jurist Hermann Goehausen (1593–1632), der als erster Inhaber der wippermannschen Familienprofessur in Rinteln 1630 das Buch „Processus juridicus contra sagas & veneficos" veröffentlichte.[313] Hier erklärte er lang und breit, wie man mit „Hexen und Unholden" umgehen solle, nämlich vor allem durch den rücksichtslosen Einsatz der Folter. Dabei bewies Goehausen eine geradezu sadistische Liebe zum Detail der einzelnen Foltermethoden, deren Vor- und Nachteile er ausführlich darlegte. Ähnlich war es bei dem sächsischen Rechtsgelehrten Benedikt Carpzow (1595–1666), der ebenfalls Protestant war. Carpzow setzte sich in dem von ihm 1638 in Wittenberg veröffentlichten Buch zum Sächsischen Strafrecht („Practica nova imperialis Saxonica rerum criminalium") für den rücksichtslosen Gebrauch der Folter in Hexenprozessen ein, was er wissenschaftlich, genauer gesagt: rechtswissenschaftlich begründete.[314]

Die Brutalität, mit der Goehausen und Carpzow die Folter propagierten, rief aber dann doch Kritik hervor. Der Jesuit Friedrich von Spee (1591–1635) kritisierte in seiner 1631, anonym und unter dem fingierten Druckort Rinteln (wo Goehausens Machwerk ein Jahr zuvor erschienen war) veröffentlichten Schrift „Cautio Criminalis" die Thesen Goehausens und Carpzows, um schließlich Sinn und Nutzen der Hexenprozesse generell zu bezweifeln, weil alle Geständnisse nur durch den Einsatz von Foltermethoden erzielt worden seien.[315] Die gesamte „Lehre" von der Hexerei stütze sich nur auf „mancherlei Ammenmärchen". Doch warum dies der Fall sei, führte Spee nicht weiter aus, und er wagte es insbesondere nicht, die leibliche Existenz des Teufels und damit die ideologische Basis des Hexenwahns infrage zu stellen.

Als Erster hat dies der holländische Pastor Balthasar Bekker (1634–1698) in seinem 1691 veröffentlichten Buch „De betoverde wereld" (= Die behexte Welt) getan.[316] Teufelspakt und Teufelsbuhlschaft seien reine Produkte der Phantasie beziehungsweise ein „Gedicht" und ein „Geschwätz", das von den „heidnischen Poeten erdacht" worden sei, um dann jedoch von der Kirche übernommen zu werden. Alles, was den Menschen übernatürlich erscheine, sei keineswegs ein Werk des Teufels, sondern habe natürliche Ursachen. Dies gelte auch für die Zauberei. Diese Descartes entlehnte rationale Widerlegung des Glaubens an Zauberei und die körperliche Existenz des Teufels brachte Bekker jedoch die Kritik auch seiner protestantischen Glaubensbrüder ein. Da half ihm der Hinweis nicht, dass gewisse „Beschwörungen" nur noch im „Papstthum" anzutreffen seien, während die Protestanten dies nicht nötig hätten und allein ihrer „Erfahrung" vertrauen könnten. Bekker wurde seines Pastorenamtes enthoben und vom Empfang des Abendmahls ausgeschlossen und konnte noch froh sein, dass ihm kein Hexerei- oder Ketzereiprozess gemacht wurde.

Dies musste der Rechtsprofessor Christian Thomasius (1655–1728) nicht mehr befürchten, obwohl auch er noch von seinen Kollegen an der Universität Halle stark angefeindet wurde. Anlass war seine 1701 veröffentlichte Studie „De crimine magiae" (= Vom Laster der Zauberei), in der er den damaligen Forschungsstand einer kritischen Würdigung unterzog.[317] Sie brachte ihn zu dem nüchternen Ergebnis, dass in den „Schriften (...) der berühmtesten Scribenten sowohl der Catholischen als Protestierenden" (= Protestanten) nur „allerhand Fabeln von Zauberern und Hexen" zu finden seien. Nirgendwo habe er auch nur „einen Schatten der Wahrheit" angetroffen. Dies gelte vor allem für die Vorstellung von der leibhaftigen Gestalt des Teufels.

Tatsächlich könne der Teufel keinen Leib annehmen, Beischlaf ausüben und Menschen durch die Lüfte führen. All dies seien „Fabeln", welche die Kirchenväter von den Griechen und „Phariäsern" übernommen hätten. Jetzt sei es an der Zeit, das „menschliche Geschlecht" von diesem „thörichten Abergläubischen Wesen" zu befreien.[318]

Und so geschah es auch. In den protestantischen Territorien hörten die Hexenprozesse zu Beginn des 18. Jahrhunderts fast schlagartig auf. Nur in katholischen Regionen gab es noch einige vereinzelte Hexenprozesse. Die letzte Hexenverbrennung in Deutschland fand 1775 in der Fürstabtei Kempten statt. Zum dann doch ziemlich schnellen Ende der Hexenverfolgung haben jedoch auch staatliche Anordnungen beigetragen, die Prozesse selber und die Folter einzuschränken und schließlich ganz einzustellen. Ohne Folter waren auch die fanatischsten Hexenjäger ziemlich machtlos. Dennoch war die Erwartung des Hexenforschers Georg Conrad Horst, „daß solche Verirrungen der menschlichen Vernunft, wie sie der Glauben an Teufelsbündnisse und Hexerei erzeugte, nie wieder zurückkehren, in keinem Zeitalter wieder möglich werden", etwas voreilig.[319]

Die Aufklärung hat zwar den antifeministischen Hexenwahn, nicht jedoch den Antifeminismus selber überwunden, hat sie doch an dem Prinzip der Ungleichheit zwischen Mann und Frau festgehalten.[320] Dies wurde jedoch nicht mehr mit dem Hinweis auf Gott und die Bibel, sondern mit dem Hinweis auf die Natur und die moderne (Natur-)Wissenschaft begründet. Diese neue antifeministische Ideologie ist von Immanuel Kant folgendermaßen formuliert und begründet worden:

> „Wenn daher die Frage ist: ob auch die Gleichheit der Verehelichten, als solcher widerstreite, wenn das Gesetz von dem Manne in Verhältnis auf das Weib sagt: er soll dein Herr (er der befehlende, sie der gehorchende Teil) sein: so kann dieses nicht

als der natürlichen Gleichheit eines Menschenpaares widerstreitend angesehen werden."[321]

Das war und konnte nicht das letzte Wort in dieser Sache sein. Die Französin Olympe de Gouges wandte sich 1791 gegen die These der Aufklärer, wonach die Frau nur eine *femelle de l'homme*, das heißt eine untergeordnete Gefährtin des Mannes sei, der folglich die *droits de l'homme* (wörtlich: Männerrechte) zu verweigern seien, mit einer „Erklärung der Rechte der Frau und Bürgerin", in der die sofortige und völlige rechtliche Gleichstellung der Frauen mit den Männern gefordert wurde.[322] So weit wie Olympe de Gouges wollte Theodor von Hippel nicht gehen. In seinem 1792 veröffentlichten Buch „Über die bürgerliche Verbesserung der Weiber" hat er stattdessen eine schrittweise und von einem Erziehungsprozess begleitete Gleichstellung der Frauen vorgeschlagen.[323]

Beides geschah nicht. Nicht zuletzt auf Druck der Kirche, die keinerlei Anstalten machte, ihre antifeministischen Dogmen und Ideologien zu reformieren, ist es weder zu einer sofortigen noch zu einer schrittweisen Emanzipation der Frauen gekommen. Diese mussten sich die Frauen selber und gegen den heftigen Widerstand wiederum der Kirche erkämpfen.

„Dem Reich der Freiheit werb ich Bürgerinnen"

„Dem Reich der Freiheit werb ich Bürgerinnen" – das war das Motto der von Louise Otto-Peters (1819–1895) im Jahr 1849 begründeten „Frauen-Zeitung". Ein gutes Motto für eine wirklich gute Sache – die deutsche Frauenbewegung, deren Geschichte mit Louise Otto-Peters und ihrer „Frauen-Zeitung" begann.[324] Die „Frauen-Zeitung" ist zwar wie einige andere ebenfalls während der Revolution von 1848 gegründeten Frauen-Vereine in der Reaktionszeit verboten worden, doch das hat Louise Otto-Peters nicht gehindert, fünfzehn Jahre später, 1865, den „Allgemeinen Deutschen Frauenverein" (ADF) zu gründen, der sich 1894 mit anderen Vereinen zum „Bund Deutscher Frauenvereine" (BDF) vereinigte. Ihm gehörten überwiegend bürgerliche Frauen an, welche sich für eine Reform der höheren Mädchenschule und der Lehrerinnenausbildung einsetzten und die Zulassung von Frauen zum Universitätsstudium sowie das Wahlrecht für Frauen forderten.

Das waren wahrlich keine revolutionären oder gar unchristlichen Bestrebungen und Forderungen, wurden aber dennoch von Kirche und Staat so wahrgenommen, weshalb sie entschieden abgelehnt und bekämpft wurden. Die Kirche warf den Angehörigen der bürgerlichen Frauenbewegung vor, ihrer Obrigkeit nicht treu und gehorsam zu sein und mit ihrem Streben nach einem Wahlrecht das Paulinische Schweigegebot gebrochen zu haben. Ein gewisser Pastor Arnold hat diese Kritik in einem 1912 im „Handbuch der Frauenhülfe" veröffentlichten Aufsatz folgendermaßen begründet:

> „Weit mehr in unseren Tagen als jemals zuvor tritt das, was die beiden Geschlechter voneinander unterscheidet und trennt, gegenüber dem, was sie verbindet und verbinden soll, in den Vordergrund. Aus dieser starken Betonung des Trennenden hat sich eine sehr energische, in ihren Einzelerscheinungen oft recht seltsame Vertretung der wirklichen oder vermeintlichen Interessen des weiblichen Geschlechts herausgebildet (...) Die Frauenbewegung fragt, was braucht die Frau heutzutage im Kampf ums Dasein, was muss ihr an Rechten, an Bildung gewährt werden, um sie leistungsfähig und selbständig, ja, um sie dem Manne ebenbürtig zu machen."

Dies seien aber „ganz andere Ziele", die nicht mit der Berufung auf das Evangelium begründet werden könnten, weshalb sie und die gesamte (bürgerliche) „Frauenbewegung" von der Kirche abgelehnt werden müssten.[325]

Auf eine noch schärfere, ja geradezu fanatische Ablehnung stieß die proletarische Frauenbewegung.[326] Dies nicht ohne Grund, war es ihr doch zu verdanken, dass die Forderung nach der Einführung des Frauenstimmrechts in das Parteiprogramm der SPD aufgenommen wurde – einer Partei, die sich für die Trennung von Kirche und Staat einsetzte und, wenn auch nur verbal, mit einer sozialen Revolution drohte, die zur endgültigen und eigentlichen Lösung der Frauenfrage führen sollte. All dies war in einem ausgesprochenen Bestseller zu lesen. Gemeint ist August Bebels erstmals 1879 veröffentlichtes Buch „Die Frau und der Sozialismus". Gelesen wurde Bebels Werk nicht nur in sozialdemokratischen, sondern wie ein Superintendent namens Stursberg entsetzt feststellte, „auch in anderen Kreisen unseres Volkes".[327]

Das dürfe nicht sein. Die Kirche müsse „die Gefahren, welche im Gefolge der finsteren Mächte aus dem Abgrunde des Unglaubens und der Gottesfeindschaft einherziehen", abwehren.[328] Vor allem müsse sie den „Kampf um die Jugend unseres Volkes" aufnehmen, die von der „Sozialdemokratie" der Kirche entrissen und dem Christentum entfremdet werde, um sie „mit glühendem Klassenhass (zu) erfüllen und für die Revolution (zu) schulen".[329]

Zu diesem antisozialistischen wie antifeministischen Zweck und Ziel wurden „landeskirchliche Instruktionskurse zur Einführung in die Kenntnis und das Verständnis der sozialen Aufgaben und des Anteils der Kirche an ihrer Lösung" durchgeführt.[330] Hier wurde zunächst einmal ausgeführt und erklärt, wer die Schuld an der Entstehung der „sozialen Frage" habe. Natürlich nicht der Kapitalismus, sondern der „Mammonismus, der Materialismus und nicht minder der falsche Liberalismus".[331] Besondere Schuld an „unseren sozialen Zuständen" trügen aber auch die „lässigen" Frauen und Hausfrauen, die es nicht verstünden, „ihren Haushalt und ihre Wirtschaft (...) in Ordnung zu halten".³³² Daher müsse man hier ansetzen und diese unordentlichen Hausfrauen zu einer ordentlichen Hausarbeit erziehen. Zu diesem Zweck müssten „Haushaltungsschulen" eingerichtet und „Wanderkurse für Haushaltungsunterricht" veranstaltet werden.

Diese Aufgaben sollten von einer neuen kirchlichen Organisation übernommen werden. Sie wurde „Frauenhülfe" genannt und sollte in jeder Gemeinde über eine Abteilung verfügen. Ihre weitere Tätigkeit wurde in einem eigens zu diesem Zweck verfassten „Handbuch der Frauenhülfe" ausführlich beschrieben und genauestens vorgeschrieben.³³³ In weiteren Instruktionskursen wurde die „Frauenhülfe" dazu angehalten, zur „Versöhnung der Stände" und der „beiden Geschlechter" beizutragen.³³⁴ Dabei sollte der „hauswirtschaftlichen Ausbildung der weiblichen Jugend eine erhöhte Aufmerksamkeit zugewandt" werden, da die „Zersetzung des Familienlebens zum großen Teil in der mangelhaften hauswirtschaftlichen Vorbildung der Töchter unseres Volkes" zu suchen sei.³³⁵ Besonders wichtig sei die Erlernung der Kochkunst. Dafür seien „Wanderkurse von zirka 7wöchentlicher Dauer" erforderlich.³³⁶ Mit diesen „Wanderkochkursen" könnten schon die „jungen Mädchen" auf ihre „späteren heiligen Pflichten gegenüber Gatten und Kindern" vorbereitet werden. Den „Hausfrauen der Zukunft" könne und müsse so beigebracht werden, „dass jede Nachlässigkeit im Hausstande letztlich eine Sünde wider Gott ist".³³⁷

Die Idee, mit „Wanderkochkursen" den Feminismus wie den Marxismus bekämpfen zu können, wirkt auf heutige Leser schon fast komisch. Dennoch ist sie und die gesamte „Frauenhülfe" ernst zu nehmen. Die „Frauenhülfe" war die kirchliche Antwort auf die (bürgerliche und proletarische) Frauenbewegung.³³⁸ Dagegen wäre nichts einzuwenden gewesen, wenn das alles nicht religiös begründet worden wäre. Sollte die „Frauenhülfe" doch nach der Vorstellung ihrer (männlichen) Initiatoren eine „Kämpferin" sein, „welche helfen soll, die Sünde und die aus ihr erwachsene Not zu überwinden, damit Seelen willig werden zum Heiland zu kommen".[339] Man sollte aber eine weltliche Bewegung, wie es die Frauenbewegung war, nicht mit religiösen Ideologien bekämpfen. Das ist Fundamentalismus, genauer: antifeministischer Fundamentalismus, der wie alle anderen Varianten des Fundamentalismus nicht zu tolerieren ist. Darauf wird (in der Zusammenfassung) noch einmal einzugehen sein. Doch zuvor ist noch ein Blick auf den Kirchenkampf zu werfen, an dem sich, was häufig übersehen worden ist, auch verschiedene Frauen beteiligt haben

„Die singt bei uns Choräle"

„Ach, die singt bei uns Choräle! Die fühlt sich sehr wohl" – beschied ein Berliner Beamter der Gestapo die Frage des damaligen Pfarrers (und späteren Bischofs) Kurt Scharf nach dem Befinden der von der Gestapo gefangen gehaltenen Senta Maria Klatt (1905–1993).[340] Senta Maria Klatt, die in Berliner Kirchenkreisen häufig „Santa Maria" oder einfach „die Klatt" genannt wurde, hat das mit dem Choräle-Singen bestätigt. Damit habe sie aber nicht ihr Wohlbefinden – das war wohl in der Gestapo-Haft kaum möglich –, sondern ihre Freude darüber zum Ausdruck bringen wollen, dass man in der nahe gelegenen Georgenkirche für sie gebetet habe. Jedenfalls meinte sie das aus dem Glockenläuten dieser Kirche herausgehört zu haben.[341] Das nennt man Gottvertrauen.

Die als Tochter eines Philosophieprofessors in Berlin geborene Senta Maria Klatt war Sozialpädagogin geworden und hatte in der Zeit der Weimarer Republik die Leitung eines Kindergartens übernommen. Wegen ihrer (halb-)jüdischen Herkunft musste sie diesen Beruf aber 1934 aufgeben. Daraufhin wurde sie von der Bekennenden Kirche, der sie sich angeschlossen hatte, als Sekretärin der Berliner Geschäftsstelle Berlin-Brandenburg eingestellt.

Für sich genommen ein normaler Job – doch nicht in der NS-

Zeit und in der Zeit des Kirchenkampfes, an dem sich Senta Maria Klatt nicht an herausgehobener, wohl aber an besonders gefährdeter Position beteiligte. Führte sie doch für ihre Chefs – Otto Dibelius und Kurt Scharf – die wirklich wichtigen und zugleich gefährlichen Büro- und Kurierdienste aus. Dazu gehörten die Unterschlagung der von den Gemeinden gesammelten Gelder, um sie vor dem Zugriff der nazifizierten Amtskirche zu bewahren, und die Versendung und Verteilung der sogenannten Fürbittenlisten für die verfolgten Pfarrer der Bekennenden Kirche.

Aus Sicht des NS-Staates (und der NS-Kirche) waren das illegale Handlungen. Deshalb wurde Senta Maria Klatt auch mehrmals – insgesamt vierzigmal – von der Gestapo vorgeladen, verhört und für mehrere Stunden und Tage eingesperrt. Nur mit knapper Not ist sie der von der Gestapo angedrohten Inhaftierung in dem Frauenkonzentrationslager Ravensbrück entgangen. Sie überlebte die NS-Zeit und konnte wieder ihrem Beruf als Sekretärin nachgehen, nunmehr im evangelischen Konsistorium Berlin-Brandenburg.

Größere Beachtung oder gar Dank hat sie jedoch von ihrer Kirche nicht erhalten. In allen kirchenhistorischen Arbeiten über den Kirchenkampf wird ihr Name nicht erwähnt. Erst 1984 haben die Pfarrer Wolfgang See und Rudolf Weckerling auf Senta Maria Klatt und einige andere „Frauen im Kirchenkampf" verwiesen. Dass sie so lange verschwiegen wurden, wird von Renate Scharf im Vorwort dieses so überaus verdienstvollen Buches folgendermaßen konstatiert und kritisiert zugleich:

„In den historischen Aufzeichnungen über die Zeit der Bekennenden Kirche erscheinen überwiegend Männer. Die illegalen Gremien der Leitung setzten sich aus Männern zusammen und die Beschlüsse und Ankündigungen der Bekenntnissynoden waren von Männern verfasst worden. Dennoch spielten die

> Frauen auch in jener Zeit in der Kirche eine große Rolle, aber als ‚Fußvolk'. Sie traten nicht sehr nach außen in Erscheinung; trotzdem hing von ihrer Treue und Entschiedenheit der Bestand einer Bekennenden Gemeinde ab."³⁴²

Dieser Einschätzung von Renate Scharf ist grundsätzlich zuzustimmen. Dennoch ist sie nicht ganz richtig, hat es doch auch einige Frauen gegeben, die im Kirchenkampf eine noch größere Rolle gespielt haben. Sie haben nicht nur den „Bestand einer Bekennenden Kirche" bewahrt, sondern gewissermaßen die Ehre der gesamten Bekennenden Kirche, indem sie eher und entschiedener als ihre Glaubensbrüder für die verfolgten Juden eingetreten sind und ihnen geholfen haben. Hier sollen nur drei von ihnen erwähnt werden.

Einmal Marga Meusel (1897–1953). Nach dem Besuch eines Lehrerseminars und der Ausbildung zur Krankenpflegerin hatte sie 1932 die Leitung des „Evangelischen Bezirkswohlfahrtsamtes" in Berlin-Zehlendorf übernommen.³⁴³ Hier wurde sie 1933 mit den Nöten und Sorgen derjenigen Gemeindemitglieder konfrontiert, die aufgrund des „Gesetzes zur Wiederherstellung des Berufsbeamtentums" vom 7. April 1933 aus allen staatlichen Diensten entlassen worden waren, weshalb einige von ihnen auf die kirchliche Sozialhilfe angewiesen waren. Um die Not dieser „nichtarischen" Christen zu lindern, setzte sich Marga Meusel zusammen mit ihrer Freundin Charlotte Friedenthal, die selber „nichtarischer" Herkunft war, im Herbst 1934 für die Schaffung einer zentralen Beratungsstelle für Christen jüdischer Herkunft ein. Dies wurde jedoch von der von den Deutschen Christen beherrschten Kirche kompromisslos abgelehnt. Um wenigstens die gerade gegründete Bekennende Kirche für diesen Plan zu gewinnen, verfasste Marga Meusel im Mai 1935 eine Denkschrift „Über die Aufgaben der Bekennenden Kirche an den evangelischen Nichtariern". Sie sollte auf der im Juni 1935 in Augsburg abgehaltenen Bekenntnissynode beraten werden. Doch daraus wurde nichts. Die in Augsburg versammelten Synodalen lehnten das ab.

Marga Meusel hat diese Ablehnung hingenommen und keine weiteren Denkschriften mehr verfasst. (Die ihr fälschlich immer zugeschriebene Schrift „Zur Lage der deutschen Nichtarier" vom September 1935 ist, wie wir erst seit Kurzem wissen, von Elisabeth Schmitz verfasst worden.) Stattdessen hat sich Marga Meusel in der Folgezeit darauf konzentriert, allein und gewissermaßen auf privatem Wege den verfolgten „nichtarischen" Christen zu helfen. Das hätte ihr, wenn es denn den Verfolgern bekannt gewesen wäre, die Einweisung in ein Konzentrationslager einbringen können.

Marga Meusel selber hat ihre altruistische Hilfe für die verfolgten „Nichtarier" bis zu ihrem frühen Tod im Jahr 1953 nicht bekannt gemacht und vielleicht auch gar nicht bekannt machen wollen. Möglicherweise auch deshalb, weil dies ihre Kirche nicht wollte – hätte sie doch damit zugeben müssen, dass es sehr wohl möglich gewesen ist, den verfolgten christlichen und jüdischen „Nichtariern" zu helfen. Wie verschiedene andere Frauen auch, die dies tatsächlich getan haben, gehört Marga Meusel zu den „unbesungenen Heldinnen". Immerhin ist sie 2006 von Israel als „Gerechte unter den Völkern" bezeichnet und geehrt worden. Zum Zeichen dessen wurde in der israelischen Gedenkstätte Yad Vashem ein nach ihr benannter Baum gepflanzt. Fünf Jahre später, 2011, wurde auch eine Grünanlage im Berliner Bezirk Zehlendorf in „Marga-Meusel-Platz" umbenannt.

Ähnliche Ehrungen sind auch der bereits erwähnten Verfasserin der Denkschrift „Zur Lage der deutschen Nichtarier", Elisabeth Schmitz (1893–1977), zuteil geworden.[344] Im hessischen Hanau gibt es seit 2005 ein Ehrengrab für Elisabeth Schmitz. Die israelische Gedenkstätte Yad Vashem hat im Oktober 2011 beschlossen, für diese „Gerechte unter den Völkern" einen Baum zu pflanzen. Diese Ehrungen kommen spät, aber hoffentlich nicht zu spät.

Die als Tochter eines Gymnasialprofessors geborene Elisabeth Schmitz hatte in Bonn und Berlin Geschichte, Germanistik und Theologie studiert und war nach der Promotion (übrigens bei dem Historiker Friedrich Meinecke) und dem erfolgreich abgelegten Staatsexamen in den Berliner Schuldienst getreten. Zur Studienrätin ernannt, lehrte sie die Fächer Geschichte, Deutsch und Religion an verschiedenen Berliner Schulen. Nach den Novemberpogromen 1938, die ihr, wie sie selber bekundet hat, das Herz zerrissen haben, hat sich Elisabeth Schmitz in den einstweiligen Ruhestand versetzen lassen. Begründet hat sie das mit der wirklich einzigartigen Bemerkung, dass sie ihren Unterricht nicht mehr so geben könne, wie dies der „nationalsozialistische Staat" von ihr verlange.

Drei Jahre vor diesem mehr als mutigen Protest gegen die nationalsozialistische Schulpolitik hat sie mit der von ihr im September 1935 verfassten Denkschrift „Zur Lage der deutschen Nichtarier" auch gegen die nationalsozialistische Judenpolitik protestiert.[345] Wohlgemerkt gegen die gesamte Judenpolitik und keineswegs nur gegen die, welche gegen die christlichen „Nichtarier" geführt wurde: Hat sie doch in ihrer Denkschrift die Kirche dazu aufgefordert, sich mit dem Schicksal aller vom Regime verfolgten Juden solidarisch zu zeigen mit dem theologischen Hinweis auf die jüdischen Wurzeln des Christentums.

Das waren damals unerhörte Worte, auch was die angesprochene Bekennende Kirche betraf. Elisabeth Schmitz' Denkschrift wurde von der Dritten Bekenntnissynode, die Ende September 1935 in Berlin-Steglitz stattfand, noch nicht einmal zur Kenntnis genommen, geschweige denn angenommen. Sie wurde einfach totgeschwiegen. Die Kirche tat so, als ob diese Denkschrift nie geschrieben worden wäre. Nach 1945 ist sie dann, wie bereits erwähnt, Marga Meusel zugeschrieben worden. Elisabeth Schmitz hat das nicht verhindern können. Sie wurde bis zu ihrem Tod im Jahr 1977 nicht gewürdigt. Ihrer Beerdigung sollen nur sieben Personen beigewohnt haben.

Wie oben schon erwähnt, wurde Elisabeth Schmitz 2011 mit dem Ehrentitel einer „Gerechten unter den Völkern" ausgezeichnet. Dies weil sie (wie einige andere Christen) verfolgten Juden geholfen hat. Natürlich kann das nicht hoch genug anerkannt werden. Aus kirchlicher Sicht ist aber mindestens genauso wichtig, dass Elisabeth Schmitz' altruistisches Verhalten religiös begründet war. Sie war eine der ersten, die mit ihrer Denkschrift aus dem Jahr 1935 dem christlichen Antisemitismus eine klare Absage erteilt hat.

Nicht ganz so weit ist Katharina Staritz (1903–1953) gegangen.[346] Sie hat sich als Theologin und Mitarbeiterin der „Kirchlichen Hilfsstelle für evangelische Nichtarier" nicht für alle Juden, sondern „nur" für die Getauften unter ihnen eingesetzt, die nach christlicher und jüdischer Überzeugung nicht als Juden anzusehen sind. Doch diese religiös durchaus richtige Differenzierung ist bekanntlich von den Nationalsozialisten nicht gemacht worden. Sie haben alle – getauften und nichtgetauften – Juden als „Nichtarier" bezeichnet und verfolgt. Daher sollte man das ohnehin schon in distanzierende Anführungszeichen gesetzte „Nur" ganz streichen und Katharina Staritz ohne jegliche Abstriche würdigen. Zumal dies immer noch nicht ganz geschehen ist. In vielen Werken über den Kirchenkampf und den Widerstand generell wird Katharina Staritz entweder gar nicht oder nur ganz kurz und unter Weglassung ihres Vornamens als „Vikarin Staritz" erwähnt.

Dabei gehörte Katharina Staritz zu den ersten Vikarinnen überhaupt. Diese kirchliche Würde war ihr nach dem Studium von Geschichte, Deutsch und Religion sowie der Theologischen Promotion an der Universität Marburg (an der Theologischen Fakultät dieser Universität als erste Frau überhaupt) im Jahr 1928 verliehen worden. Als Vikarin, was in etwa dem staatlichen Amt einer Referendarin entspricht, war sie in der Krankenhausseelsorge tätig. 1932 erfolgte ihre Ernennung zur Stadtvikarin in Breslau. Dort fand 1938 ihre kirchliche „Einsegnung" statt. Mit ihr war aber nicht wie bei der „Ordination" der männlichen Pfarrer die Ernennung zur Pfarrerin beziehungsweise Pastorin verbunden. Wie die übrigen eingesegneten Vikarinnen erhielt Katharina Staritz auch nur 75 Prozent des üblichen männlichen Pfarrgehalts.

Neben ihrer Tätigkeit als Stadtvikarin in Breslau arbeitete Katharina Staritz für die von Pfarrer Grüber geleitete „Kirchliche Hilfsstelle für evangelische Nichtarier", die, wie (im vierten Kapitel) bereits erwähnt, sich für die Ausreise von „nichtarischen" evangelischen Christen einsetzte. Dies gestaltete sich nach Ausbruch des Krieges als immer schwieriger. Dennoch machte Katharina Staritz weiter und tat alles, um die Lage der „nichtarischen" evangelischen Christen zu verbessern.

In einem Ende September verfassten und an ihre „Breslauer Amtsbrüder" gerichteten Rundschreiben forderte sie dazu auf, mehr für die „nichtarischen" Christen zu tun, die nach dem 5. September 1941 auch noch den diskriminierenden Judenstern tragen mussten.[347] Sie dürften, wie dies übrigens schon in einigen Landeskirchen praktiziert wurde, nicht aus den christlichen Gottesdiensten ausgeschlossen werden. Wenn das geschehe, werde die „christliche Ehre der Kirche durch unchristliches Verhalten" gefährdet. Der Ausschluss von Gemeindemitgliedern jüdischer Herkunft sei absolut unchristlich, was Katharina Staritz mit dem Hinweis auf einige Bibelstellen begründete.

Daraufhin wurde Katharina Staritz selber aus dem Kirchendienst ausgeschlossen. Sie wurde von der Breslauer Kirchenleitung fristlos entlassen. Nachdem die Zeitschrift der SS, „Das Schwarze Korps", einen antisemitisch wie antifeministisch geprägten Schmähartikel gegen die judenfreundliche „Stadtvikarin" veröffentlicht hatte, wurde Katharina Staritz gedrängt, Breslau umgehend zu verlassen. Sie ging an ihren einstigen Studienort Marburg. Dort wurde sie jedoch (möglicherweise nach Hinweisen ihrer Kirche) von der Gestapo aufgespürt und Anfang 1942 in Schutzhaft genommen. Katharina Staritz wurde zunächst in das Arbeitserziehungslager Breitenau verbracht und dann in das Frauenkonzentrationslager Ravensbrück deportiert.

Auf Drängen Paul Graf Yorcks von Wartenburg und einiger weiterer Kirchenmänner ist Katharina Staritz im Mai 1943, wie es hieß, „probeweise" aus der KZ-Haft entlassen worden. Sie konnte nach Breslau zurückkehren, im Januar 1945 flüchtete sie nach Hessen. Die hessische Kirchenleitung weigerte sich aber, sie wieder in die kirchlichen Dienste aufzunehmen. Stattdessen unterrichtete Katharina Staritz Deutsch und Religion am Bad Wildunger Fröbelseminar. Erst 1950 und damit drei Jahre vor ihrem frühen Tod (sie ist nur 50 Jahre alt geworden) hat Katharina Staritz eine Pfarrstelle in Frankfurt am Main erhalten. Obwohl sie immer noch nur den Titel einer Vikarin führen durfte, war sie die erste hessische Pfarrerin. Sie blieb nicht die einzige. Nach und nach sind auch andere Vikarinnen eingesegnet und dann sogar offiziell ordiniert und zu Pfarrerinnen und Pastorinnen ernannt worden.

Frau Pastor ist nicht die Frau des Pastors

Dass es dazu gekommen ist, dass Frau Pastor nicht (immer und nur) die Frau des Pastors war, ist eines der ganz wesentlichen Verdienste der Bekennenden Kirche. Sie hat, wenn auch nicht freiwillig, sondern in einer absoluten personellen Notlage, Frauen den Weg in die traditionell von Männern dominierte Kirche geebnet.[348] Dass dies eigentlich nicht gewollt war, geht aus einer Erklärung des Rates der Evangelischen Kirche der altpreußischen Union von Ende 1944 hervor, in der Folgendes zu lesen war:

> „In Zeiten der Not, in denen die geordnete Predigt des Evangeliums aus dem Munde des Mannes verstummt, kann die Kirchenleitung gestatten, daß Frauen, die dazu geeignet sind, auch im Gemeindegottesdienst das Evangelium verkünden."[349]

Gemeint waren Frauen, die an den Universitäten und an den von der Bekennenden Kirche neu gegründeten Kirchlichen Hochschulen Theologie studiert hatten und zu Vikarinnen ernannt worden waren. Sie wurden gerade von der Bekennenden Kirche dringend gebraucht, weil viele ihrer Pfarrer zum Militärdienst eingezogen worden waren. Außerdem waren sie für die Kirche billiger, bekamen die eingesegneten Vikarinnen doch, wie oben bereits erwähnt, nur 75 Prozent des Grundgehalts der männlichen Pfarrer. Dies obwohl sie mindestens genauso viel arbeiten mussten wie ihre Amtsbrüder. Immerhin durften sie jetzt auch die Gottesdienste leiten und weitere kirchliche Handlungen vornehmen. Aufgrund einer Anweisung des Rates der Evangelischen Kirche der altpreußischen Union vom 31. Oktober 1944 wurde Vikarinnen sogar gestattet, bei der Ordination beziehungsweise der „Einsegnung" von Vikarinnen zu assistieren.[350]

Dennoch hat das alles einigen betont konservativen evangelischen Geistlichen nicht gepasst. Zu ihnen gehörte Pfarrer Eitel-Friedrich von Rabenau, der noch im Dezember 1944 – die Rote Armee war zu diesem Zeitpunkt schon in Ostpreußen eingedrungen – ein Gutachten über den „Dienst der theologisch gebildeten Frauen in der Kirche" verfasste, in dem es gleich einleitend hieß: „Die Frau ist als Gefährtin des Mannes und als Mutter geschaffen. Ihre geistige und seelische Art ist vorwiegend rezeptiv."[351] Nach diesem allgemeinen antifeministischen Statement äußerte sich von Rabenau zu den speziellen Aufgaben der Vikarin folgendermaßen:

> „Die Vikarin muß alles scheuen und ungern tun, was normaler Weise dem Manne – vgl. in der Familie dem Vater – zukommt. (...) Wenn es sein muß, dann tut sie es tapfer in Vertretung des Mannes, mit der Scham, die sich in Entschlossenheit verhüllt, – letzlich doch als Gefährtin. Deshalb hält sie sich aber auch zurück in Bezug auf die Allüren und Attribute des

Mannes. Ihr Auftreten sagt still: Ihr wißt ja alle, warum ich das jetzt tun muß. Denkt, ein anderer stünde hier. Ich bin nur jetzt an seiner Stelle."

Verschiedene Vikarinnen dachten nicht so wie ihr Amtsbruder von Rabenau und deckten die Kirchenleitungen noch bis Anfang 1945 mit Briefen ein, in denen sie dringend darum baten, möglichst umgehend geprüft und ordiniert beziehungsweise eingesegnet zu werden.[352] Ihre Erwartung, dass die Kirche es nicht wagen würde, einmal ausgesprochene und vorgenommene „Einsegnungen" und Ordinationen rückgängig zu machen, sollte nach dem Ende des Krieges in Erfüllung gehen. Die Vikarinnen durften weiter als Pfarrerinnen tätig sein.

Doch wie und vor allem in welcher Kleidung? Sollte es ihnen gar gestattet werden, die (männlichen) Talare zu tragen? Dies hatten nämlich einige findige und des Nähens und Schneiderns kundige Vikarinnen getan. Sie hatten einfach die Talare ihrer Amtsbrüder unten etwas abgeschnitten und oben etwas abgenäht, um mit ihnen auf die Kanzel und vor die Gemeinde treten zu können. Das fand nun gar nicht den Beifall verschiedener Kirchenmänner. Sie diskutierten über die für offensichtlich ungeheuer wichtig gehaltene Frage, ob die Vikarin beziehungsweise Pfarrerin nicht besser in einem weiblichen Kostüm als in einem männlichen Talar auftreten solle.

Zu diesem Zweck ließ der inzwischen zum Bischof ernannte Otto Dibelius eine Art kirchliche Modenschau veranstalten, bei der seine Sekretärin (es war Senta Maria Klatt!) wie ein Mannequin vor den Herren der Kirche paradieren und die verschiedenen kirchlichen Kleidungen vorführen musste. Diese gar nicht schöne Geschichte sagt einiges über den männlichen Geist beziehungsweise antifeministischen Ungeist aus, der immer noch in der Kirche herrschte.

Ist er überwunden oder den Kirchenmännern ausgetrieben worden? Dafür spricht nicht zuletzt die Tatsache, dass seit den 1960er-

Jahren immer mehr Frauen ordiniert und zu Pastorinnen und schließlich sogar zu Bischöfinnen ernannt worden sind.[353] Ihnen allen ist zudem das gestattet worden, was den Pastorinnen in einigen Landeskirchen zunächst noch verweigert wurde – zu heiraten. Dieses höchst merkwürdige protestantische Pendant zum katholischen Zölibat gibt es in der Evangelischen Kirche nicht mehr.

Sie unterscheidet sich von der Katholischen Kirche zudem nicht nur durch die Zulassung von Frauen zu kirchlichen Ämtern, sondern auch im Hinblick auf ihre etwas liberaler gewordene Einstellung zu den spezifisch christlichen Werten von Ehe und Familie. Auch mit der seit den 1970er-Jahren wiedererstarkten Frauenbewegung hat die Kirche ihren Frieden gemacht. Die von ihr geforderte weitere und völlige Emanzipation der Frauen wird von der Kirche nicht mehr abgelehnt. All das empfinden nicht alle, aber die meisten evangelischen Christen als gut. Dies deutet darauf hin, dass die (evangelische) Kirche begonnen hat, ihre tief verwurzelten antifeministischen Einstellungen und Ideologien zu überwinden.

„Zum ewigen und zeitlichen Heil der Menschen" – Zusammenfassung

„Zum ewigen und zeitlichen Heil der Menschen" soll die Kirche beitragen, heißt es im Darmstädter Wort vom August 1947. Ist das geschehen? Ist die Kirche aus der „Front des Guten gegen die Bösen" ausgeschert und hat sie ihren im Darmstädter Wort beklagten „Irrweg" beendet? Ja, insofern sie nicht mehr alles „Gute" verherrlicht und alles „Böse" verdammt. Nein, insofern sie ihren „Irrweg" zwar weitgehend beendet, aber noch nicht ganz aufgearbeitet hat.

Die Kirche beziehungsweise wir evangelischen Christen müssen heute nicht jeder „Obrigkeit" immer treu ergeben sein, wir dürfen und sollen sogar Widerstand in und gegen Diktaturen leisten, indem wir „Gott mehr gehorchen als den Menschen".

Die Kirche beziehungsweise wir evangelischen Christen müssen heute nicht bestimmte Kriege verherrlichen und sie als gerecht bezeichnen, wir dürfen und sollen sogar den Dienst zumindest in ungerechten Kriegen verweigern und „unsere Feinde lieben".

Die Kirche beziehungsweise wir evangelischen Christen dürfen heute „nicht dem Mammon dienen", indem wir die gegenwärtige kapitalistische Gesellschaftsordnung für unantastbar und sakrosankt erklären. Stattdessen müssen wir den Armen helfen und nach einer besseren und gerechteren Gesellschaftsordnung streben.

Die Kirche beziehungsweise wir evangelischen Christen dürfen heute die Juden weder dämonisieren noch bekehren oder gar verfolgen. Wir müssen sie vor aller Verfolgung schützen und sie als unsere älteren Brüder und Schwestern anerkennen.

Die Kirche beziehungsweise wir evangelischen Christen dürfen heute die Roma nicht verachten. Wir müssen unsere Vorurteile überwinden und verhindern, dass ihnen etwas Böses angetan wird. Dies gemäß dem Bibelwort, wonach das, was „den geringsten meiner Brüder angetan" wird, Gott „angetan" wird. (Matthäus 25,40)

Die Kirche beziehungsweise wir evangelischen Christen dürfen es heute nicht zulassen, dass die Frauen „in der Gemeinde schweigen" sollen. Sie sind in Kirche und Staat als völlig gleichberechtigt anzuerkennen. Es kann nicht Gottes Wille sein, dass sie den Männern untergeordnet sind.

In anderen und weltlicher formulierten Worten heißt das, dass die Ideologien des Etatismus, Bellizismus und Mammonismus (oder: Antisozialismus) sowie des Antisemitismus, Antiziganismus und Antifeminismus in der Gegenwart weitgehend überwunden worden sind. Die Geschichte dieser Ideologien ist aber noch keineswegs völlig aufgearbeitet. Von einer Bewältigung dieser Vergangenheit kann keine Rede sein.

So gut und richtig es ist, dass heute die Demokratie und das Recht zum Widerstand anerkannt werden, so sehr ist es zu beklagen, dass beides in der Vergangenheit nicht der Fall war. Hat sich die Kirche doch immer und bis in die NS-Zeit hinein allen autoritären Regimen freiwillig unterworfen und all die bekämpft, die sich ihnen in den Weg gestellt haben. Beides geschah mit der Berufung auf Luthers Obrigkeits-Ideologie. Daher ist beides schärfer zu kritisieren, als dies von kirchen- und profanhistorischer Seite geschehen ist. Dies gilt auch für die kirchliche Ablehnung der demokratischen Bewegungen des 19. Jahrhunderts und der ersten deutschen Demokratie – der Weimarer Republik.

Andererseits sind gewisse Abstriche an dem heute immer noch weit verbreiteten Lob des sogenannten Kirchenkampfes zu machen, der von vielen sowohl Kirchen- wie Profanhistorikern zum Widerstand gerechnet wird. Doch das war der Kirchenkampf nicht. Er darf auch nicht zu einem Alibi für das sonstige völlige Versagen der gesamten Kirche im Dritten Reich gemacht werden. Wirklich zu loben und vor aller unberechtigten Kritik zu schützen ist das Verhalten der Kirche in der DDR. Anerkennenswert ist schließlich und nicht zuletzt auch die vorbehaltlose Anerkennung der Demokratie in der Bonner und jetzigen Berliner Republik.

So gut und richtig es ist, dass heute das Recht zur Verweigerung des Kriegsdienstes anerkannt ist und dass heute für die Bewahrung des Friedens gebetet wird, so sehr ist es zu beklagen, dass die Kirche in der Vergangenheit alle Kriege gesegnet hat, was ebenfalls mit der Berufung auf Luther und der Verwendung von christlichen Symbolen geschah. Damit hat die Kirche das christliche Friedensgebot missachtet.

Außerdem hat sie diejenigen, die sich nicht zuletzt auch unter Berufung auf diese wahrhaft christliche Lehre für die Bewahrung des Friedens eingesetzt haben, nicht unterstützt, sondern sie der Verfolgung durch kriegslüsterne Politiker und Juristen preisgegeben. Die Rede ist von Pazifisten wie Hermann Stöhr, der seinen Einsatz für den Frieden mit dem Leben bezahlen musste.

Umso fassungsloser müssen wir zur Kenntnis nehmen, dass sich die Kirche nicht gegen den allein von Deutschland angezettelten Zweiten Weltkrieg gewandt hat, der vom ersten Tag an auch ein Rassenkrieg gegen Juden und Roma war. Erst im Oktober 1943 ist von der 12. Bekenntnissynode der altpreußischen Union daran erinnert worden, dass das biblische Tötungsverbot auch in diesem Rassenkrieg einzuhalten sei. Umso mehr ist die kirchliche und von der Kirche unterstützte Friedensbewegung in der BRD und noch mehr in der DDR zu loben.

So gut und richtig es ist, dass heute dazu aufgerufen wird, „nicht dem Mammon zu dienen", den Armen zu helfen und die gegenwärtige kapitalistische Gesellschaftsordnung nicht mehr für unantastbar und sakrosankt zu erklären, so sehr ist zu beklagen, dass die Kirche in der Vergangenheit all das nicht getan hat. Dies wiederum unter Berufung auf Luther, der nur den „Wucher" der Reichen kritisiert hat und die Armen zur Arbeit erziehen lassen wollte. (In seinen judenfeindlichen Schriften hat er nur noch den „Wucher" der Juden kritisiert, die er zudem noch zur Zwangsarbeit anhalten wollte.)

Die Kirche ist Luthers Weisungen gefolgt, indem sie die Armen zur Arbeit erzogen und ausschließlich die Juden für die negativen Seiten des kapitalistischen Systems verantwortlich gemacht hat. Gleichzeitig wurden diejenigen, die sich zum Teil wiederum unter Berufung auf das Evangelium für die Schaffung einer gerechteren Sozialordnung einsetzten, mit Billigung der Kirche verfolgt. Die auch heute noch vielfach gelobte, ja geradezu verklärte „Innere Mission" wies neben wenigen Licht- viele Schattenseiten auf. Auch dies ist noch aufzuarbeiten. Trotz allem hat die Kirche schließlich neben der Demokratie auch das Prinzip der sozialen Demokratie anerkannt.

Was die Ideologien des Antisemitismus, Antiziganismus und Antifeminismus angeht, so ist eigentlich schon alles gesagt. Die hier gelobte oder zumindest geforderte Überwindung dieser Ideologien ist aber nur möglich, wenn man auch ihre Geschichte kennt und kritisch darstellt. Dies ist aber beim Antiziganismus überhaupt noch nicht und beim Antifeminismus nur in Ansätzen geschehen. Zur Geschichte sowohl des kirchlichen Antiziganismus wie des kirchlichen Antifeminismus gibt es bisher, soweit ich sehe, keine wirklich umfassenden und tiefschürfenden Untersuchungen.

Beim Antisemitismus ist das völlig anders. In einigen der zahlreich vorliegenden Publikationen zur Geschichte der Ideologie des Antisemitismus wird aber der (von mir so genannte) christliche Antisemitismus nicht hinreichend genug kritisiert. Dies geschieht, indem man ihn als „Antijudaismus" bezeichnet, vom modernen sozial und rassistisch motivierten „Antisemitismus" abgrenzt und als weniger schlimm bezeichnet.

Zwischen beiden Varianten des Antisemitismus gab und gibt es aber fließende Übergänge, und mit beiden Varianten, dem christlichen wie dem rassistischen Antisemitismus, wurde die Verfolgung und Ermordung der Juden begründet. Das wird jedoch von keineswegs allen Kirchen- und Profanhistorikern so gesehen.

Von Profanhistorikern wird die Differenzierung zwischen dem (christlichen) „Antijudaismus" und dem (rassistischen) modernen „Antisemitismus" mit sozial- und wirtschaftsgeschichtlichen Argumenten begründet. Der moderne Antisemitismus sei erst in der Zeit des entstehenden Kapitalismus entstanden und von den neu entstandenen sozialen Mittelschichten getragen worden.

Übersehen wird dabei einmal, dass es den rassistischen Antisemitismus schon vor der Entstehung des Kapitalismus gegeben hat; zweitens, dass der moderne rassistische den alten christlichen Antisemitismus keineswegs verdrängt hat; und schließlich drittens, dass beide Varianten des Antisemitismus keineswegs nur bei den Angehörigen der Mittelschichten, sondern auch bei den Unterschichten anzutreffen waren. Dies vor allem deshalb, weil der Antisemitismus insgesamt immer und vor allem von den Eliten in Staat, Gesellschaft und nicht zuletzt in den Kirchen propagiert worden ist.

Letzteres, dass es auch innerhalb der Kirche Antisemiten gab (zu denen auch Luther gezählt werden kann), wird von Kirchenhistorikern zwar nicht geleugnet, aber immer mit dem Argument verteidigt, dass es sich hierbei doch „nur" um Antijudaisten gehandelt habe. Dies stimmt erstens nicht, weil verschiedene kirchliche Antisemiten ihre Feindschaft gegenüber den Juden auch mit rassistischen Motiven begründet haben, und stellt zweitens eine Verharmlosung des Antijudaismus dar. Warum wird das von kirchlicher Seite immer wieder versucht? Warum ist man so krampfhaft darum bemüht, den Antisemitismus vom Antijudaismus zu unterscheiden?

Die Antwort liegt auf der Hand. Weil man den Antijudaismus

beziehungsweise den christlichen Antisemitismus nicht völlig überwunden hat und ihn auch gar nicht überwinden darf. Dies wird nämlich von Teilen der Kirche – der Katholischen aber mehr als der Evangelischen – geradezu verboten, indem sie nach wie vor Ideologien verbreiten und zu Handlungen aufrufen, die man als antisemitisch bezeichnen kann und dementsprechend verurteilen sollte.

Gemeint ist einmal die Bekehrung der Juden, die mit dem Hinweis auf das Paulinische Ölbaumgleichnis begründet und gerechtfertigt wird. Gemeint ist zweitens die immer noch anzutreffende Verteufelung der Juden, die nach Johannes 8,44 „Teufelskinder" sein sollen und bleiben, wenn sie sich nicht endlich zum wahren, das heißt christlichen Glauben bekehren lassen wollen.

Erst wenn sich die Kirche dazu bereit erklärt, sowohl die Bekehrung wie die Verteufelung der Juden und den ihm zugrunde liegenden gesamten Teufelsglauben aufgibt und überwindet, hat sie tatsächlich ihren Antisemitismus aufgegeben und überwunden.

Ob das jemals geschehen wird? Zweifel sind angebracht. Denn das würde ja nicht nur eine Reformation der alten Katholischen, sondern auch der neuen Evangelischen Kirche voraussetzen. Schließlich ist der gesamte christliche Antisemitismus von Luther nicht reformiert, sondern sogar noch radikalisiert worden. Das zumindest sollten wir evangelische Christen bei den für das Jahr 2017 anstehenden Reformationsfeierlichkeiten nicht vergessen, sondern klar und deutlich ansprechen und kritisieren.

Anhang

Glossar

Antijudaismus
Bezeichnung für die christliche Judenfeindschaft, die vom modernen sozial und rassistisch motivierten Antisemitismus abgegrenzt wird, was jedoch von einigen Historikern kritisiert wird.

Antisemitismus
Mit dem wahrscheinlich von dem Journalisten Wilhelm Marr 1878 erfundenen Begriff werden heute entweder alle – christlichen, sozialen und rassistischen – Formen der Judenfeindschaft oder nur der „moderne" sozial und rassistisch begründete Antisemitismus bezeichnet, der vom christlichen Antijudaismus abgegrenzt wird. Eigentlich ist der Begriff Antisemitismus für Judenfeindschaft falsch, richtet sich doch Anti-Semitentum gegen die Semiten beziehungsweise die Angehörigen der semitischen Sprachfamilie. Zu dieser Sprachfamilie gehören neben dem Hebräischen auch das Arabische und einige andere Sprachen im vorderasiatischen Raum.

Arierparagraph
Nach dem „Gesetz zur Wiederherstellung des Berufsbeamtentums" vom 7. April 1933 nahmen verschiedene Verbände sogenannte Arierparagraphen in ihre Satzungen auf. Sie sahen den Ausschluss von Personen „nichtarischer" Abstammung vor. Als erste evangelische Landeskirche führte die Evangelische Kirche der altpreußischen Union am 6. September 1933 einen besonders radikalen Arierparagraphen ein. Er sah nicht nur die Entlassung von „nichtarischen" Christen, sondern auch von solchen vor, die mit „nichtarischen" Personen verheiratet waren, aus dem kirchlichen Dienst vor.

Bekennende Kirche
Die Bekennende Kirche war keine neue Kirche, sondern eine oppositionelle Bewegung innerhalb der von den Deutschen Christen beherrschten und von einem Reichsbischof geleiteten Reichskirche. Gebildet wurde sie im Mai 1934 auf einer Bekenntnissynode in Wuppertal-Barmen. Mit dem hier verfassten Barmer Bekenntnis wandte sie sich gegen den totalen Machtanspruch des nationalsozialistischen Staates und die staatliche Machtaneignung der nazifizierten Kirche.

Auf der zweiten Bekenntnissynode in Berlin-Dahlem im Oktober 1934 wurde unter Berufung auf ein kirchliches Notrecht („Dahlemer Notrecht") mit dem Reichsbruderrat eine neue Kirchenleitung gewählt. Auf Betreiben der intakten Kirchen wurde ihm die Vorläufige Kirchenleitung an die Seite gestellt.

Nach dem Zerfall der Bekennenden Kirche in einen gemäßigten Flügel, der mit dem neuen Reichsminister für die kirchlichen Angelegenheiten im Reichskirchenausschuss zusammenarbeitete, wählte der radikalere Flügel der Bekennenden Kirche auf der Bekenntnissynode in Bad Oeynhausen im Februar 1936 die Zweite Vorläufige Kirchenleitung.

Seit Mai 1934 hatten sich in allen Teilen Deutschlands Bekenntnisgemeinden gebildet, die von gewählten Bruderräten geleitet wurden. Den Bekenntnisgemeinden konnte man nur nach Unterzeichnung einer Verpflichtungserklärung (die sogenannte Rote Karte) beitreten. Wenn ihren Mitgliedern in den von den Deutschen Christen beherrschten offiziellen Gemeinden der Zugang zu den Kirchen und weiteren kirchlichen Gebäuden verweigert wurde, führten sie ihre Gottesdienste und Versammlungen in angemieteten Räumen durch. Die dafür notwendigen finanziellen Mittel wurden durch Spenden aufgebracht. Ebenfalls mit Spendengeldern der Gemeinden wurden die Pfarrer der Bekennenden Kirche entlohnt, die aus dem Dienst der offiziellen Kirche ausgeschieden waren oder gar nicht erst in ihn aufgenommen worden waren.

Viele weitere Pfarrer der Bekennenden Kirche wurden jedoch weiterhin von der offiziellen Kirche bezahlt, aus deren Dienst sie auch nicht ausgeschieden waren. Dies unterstreicht die schon erwähnte Tatsache, dass die Bekennende Kirche keine neue Kirche war. Daher wurde sie nach 1945 wieder in die „offizielle" Kirche eingegliedert, die jetzt Evangelische Kirche in Deutschland (EKD) genannt wurde. In den alt-neuen Gemeinden wurden auch die Bruderräte wieder aufgelöst. Nur der Reichsbruderrat bestand noch bis 1948.

Barmer Bekenntnis

Als Barmer Bekenntnis wurde die von der Barmer Bekenntnissynode im Mai 1934 verfasste „Theologische Erklärung zur gegenwärtigen Lage der Deutschen Evangelischen Kirche" bezeichnet, in der sich die hier versammelten Synodalen zu einigen

„evangelischen Wahrheiten" bekannten, die sie in sechs Thesen niederlegten. Die wichtigste war die fünfte These (Barmen 5), in der die „falsche Lehre" verworfen wurden, „als solle und könne der Staat über seinen besonderen Auftrag hinaus die einzige und totale Ordnung menschlichen Lebens werden und also auch die Bestimmung der Kirche erfüllen".

Bekenntnissynode
Als (erste) Bekenntnissynode wurde die von Barmen bezeichnet, in der sich die hier versammelten Synodalen im Mai 1934 zu den in sechs Thesen niedergelegten „evangelischen Wahrheiten" bekannten. Auf die erste Barmer folgten bis 1936 noch drei weitere Bekenntnissynoden auf Reichsebene. Weitere Bekenntnissynoden haben einzelne Landeskirchen veranstaltet. Bei der Kirche der altpreußischen Union waren es insgesamt zwölf.

Bischof (Notbischof)
Das Amt eines Bischofs (von griechisch *episkopos* = Aufseher) sollte es nach Luthers Willen eigentlich in der Evangelischen Kirche nicht geben (in der Reformierten Kirche gibt es das bis heute nicht). Denn sie sollte sich auf der Gemeindeebene selber verwalten. Um sich und seine Reformation zu schützen, benötigte Luther jedoch die Hilfe der (evangelischen) Fürsten. Daher wurden sie mit der Leitung der Kirche betraut – in ihrer Eigenschaft als *summus episcopus*, das heißt als oberster Bischof. Diese Funktion sollten sie aber nach Luthers Willen nur für eine begrenzte Zeit als Notbischöfe tun. Dieses Provisorium verfestigte sich. Die Landesherren haben dann ihr landesherrliches Kirchenregiment mithilfe des Konsistoriums ausgeübt. Daneben gab es in einigen lutherischen Kirchen, aber nicht in der Kirche der altpreußischen Union noch Bischöfe. Seit 1945 gibt es aber auch in dieser sowie in den meisten anderen Evangelischen Kirchen Deutschlands Bischöfe – und seit den 1980er-Jahren auch Bischöfinnen.

Braune Synode
Braune Synode war die spöttische Bezeichnung der Reichssynode vom September 1933, auf der Ludwig Müller zum Reichsbischof gewählt wurde – durch Synodale, von denen die meisten im Braunhemd der SA erschienen waren.

Bruderrat
Bruderräte waren die innerhalb der Bekennenden Kirche nach der Barmer Bekenntnissynode auf Gemeindeebene errichteten

kollegialen Leitungsgremien. Weitere Bruderräte wurden von unten nach oben auf weiteren Ebenen der kirchlichen Verwaltung bis hin zum Reichsbruderrat errichtet. 1945 wurde das Wort „Reich" gestrichen. Der jetzt nur noch Bruderrat genannte ehemalige Reichsbruderrat bestand noch bis 1948.

Bund der evangelischen Kirchen in der DDR (BEK)
Zum „Bund der evangelischen Kirchen in der DDR" (BEK) haben sich die evangelischen Landeskirchen auf dem Territorium der DDR 1969 zusammengeschlossen. Damit war der Austritt aus der Evangelischen Kirche in Deutschland (EKD) verbunden. Nach dem Beitritt der DDR zur BRD wurde der Bund der evangelischen Kirchen in der DDR aufgelöst.

Deutsche Christen
„Glaubensbewegung Deutsche Christen" nannte sich die 1932 gegründete Kirchenpartei, welche den Zusammenschluss aller 29 evangelischen Landeskirchen zu einer nach dem Führerprinzip strukturierten „Reichskirche", die Abschaffung der Judenmission, die Einführung des Arierparagraphen im Bereich der Kirche und die „Entjudung" des Christentums forderte. Nachdem die Deutschen Christen bei den im Juli 1933 abgehaltenen Kirchenwahlen in fast allen Landeskirchen eine Zweidrittelmehrheit gewonnen hatten, wurden einige der Punkte ihres Programms verwirklicht. Dies rief den Protest des Pfarrernotbundes hervor und führte im Mai 1934 zur Bildung der Bekennenden Kirche.

Einsegnung
Als Einsegnung wird einmal die Konfirmation der männlichen und weiblichen evangelischen Jugendlichen bezeichnet. Einsegnung war in der Zeit des Dritten Reiches auch die Ersatzbezeichnung für die Ordination von Vikarinnen, die nach dem zweiten theologischen Examen in den Pfarrdienst der Bekennenden Kirche übernommen wurden. Sie durften sich aber im Unterschied zu den Vikaren (nach dem zweiten theologischen Examen) nicht als Pfarrer beziehungsweise Pfarrerinnen bezeichnen.

Evangelikalismus
Als evangelikal, das heißt auf das Evangelium zurückgehend, werden heute einige Strömungen in allen protestantischen Kirchen (und Freikirchen) bezeichnet, die sich gegen die liberale Theologie (häufig auch gegen andere Religionen, vor allem die islami-

sche) wenden und sich für eine wörtliche, das heißt fundamentalistische Auslegung der Bibel und einen besonders frommen, das heißt pietistischen Lebenswandel aussprechen. Der relativ junge Begriff des Evangelikalismus wird daher häufig auch mit Fundamentalismus und Pietismus gleichgesetzt.

Evangelische Kirche in Deutschland (EKD)
1945 gebildeter lockerer Zusammenschluss aller (lutherischen, reformierten und unierten) Landeskirchen in Deutschland auf der Basis der (nazifizierten) Reichskirche und der (oppositionellen) Bekennenden Kirche.

Fundamentalismus
Unter Fundamentalismus versteht man einmal die fundamentale, das heißt wörtliche Auslegung der Bibel; zweitens jeden Aufstand gegen Aufklärung, Moderne und Vernunft; und drittens die Politisierung der Religion (aller Religionen) durch politische und religiöse Organisationen. Wenn eine derartige fundamentalistische, das heißt religiös motivierte Politik gegen die universalen Prinzipien der Menschenrechte und der Menschenwürde verstößt und eine antidemokratische Zielsetzung hat, ist dies nicht zu tolerieren, sondern zu bekämpfen.

Intakte Kirchen
Als „intakte Kirchen" wurden in der NS-Zeit die evangelischen Landeskirchen bezeichnet, in denen die Deutschen Christen bei den Kirchenwahlen vom Juli 1933 nicht die Mehrheit errungen hatten. Dies war in den evangelischen Landeskirchen von Bayern, Hannover und Württemberg der Fall. Sie gehörten zwar weiterhin zur offiziellen Reichskirche, bis 1936 haben sich ihre Vertreter aber an den Bekenntnissynoden der Bekennenden Kirche beteiligt.

Konsistorium
Als Konsistorium (von lateinisch *consistorium* = Versammlung) wurden die nach der Reformation geschaffenen kirchlichen Verwaltungsbehörden bezeichnet. Ihnen gehörten ausschließlich Kirchenbeamte an, die von den Inhabern des landesherrlichen Kirchenregiments (*summus episcopus*) ernannt und von ihnen bezahlt und kontrolliert wurden.

Kirche der altpreußischen Union
Die Kirche der altpreußischen Union war die Evangelische Kirche in Preußen. Sie entstand aus der von König Friedrich Wilhelm III.

1817 vollzogenen Vereinigung (Union) der lutherischen mit der reformierten Kirche. Da die lutherischen und reformierten Kirchen in den Gebieten, die nach 1866 an Preußen fielen, nicht in diese Union aufgenommen wurden, wurde die bisherige „Evangelische Kirche in Preußen" seit 1867 „Kirche der altpreußischen Union" genannt. Nach der von den Alliierten im Jahr 1947 verordneten Auflösung des preußischen Staates verzichtete sie auf den Zusatz „altpreußisch" und nannte sich seit 1953 nur noch „Evangelische Kirche der Union" (EKU). 2004 ist sie in der Union der Evangelischen Kirchen aufgegangen.

Lutherische Kirche
Luthers Anhänger wurden – zunächst von ihren Gegnern – Lutheraner genannt und seine im Augsburger Religionsfrieden von 1530 niedergelegte Lehre (*confessio Augustana*) wurde als lutherisch bezeichnet. Für die danach entstandenen von Luther reformierten und von den Landesherren geleiteten (*summus episcopus*) Landeskirchen bürgerte sich dann die Bezeichnung lutherisch ein. Sie waren (und sind es zum Teil bis heute) von oben nach unten nach dem Konsistorialprinzip aufgebaut und betont obrigkeitstreu, was wiederum mit Luthers Zwei-Reiche-Lehre begründet wurde.

Mission (Heiden – Juden – Zigeuner – Innere Mission)
Unter Hinweis auf den im Neuen Testament (vor allem bei Matthäus 28,18–20) erwähnten Missionsbefehl Jesu an seine Jünger hat die Evangelische Kirche nach und neben der katholischen seit dem 18. Jahrhundert sogenannte Heiden, worunter die Angehörigen anderer nichtchristlicher Religionsgemeinschaften verstanden wurden, sowie Juden und temporär auch (katholische) Roma missioniert, das heißt zum protestantischen Glauben zu bekehren versucht.

Die seit der zweiten Hälfte des 19. Jahrhunderts von der Kirche betriebene Sozialarbeit wurde (und wird bis heute) Innere Mission genannt. Über den Sinn und Nutzen sowie über die religiöse Legitimität der Heiden- und Judenmission ist es nach 1945 zu einer heftigen innerkirchlichen Diskussion gekommen. Sie hat dazu geführt, dass zumindest die Judenmission in einigen Landeskirchen eingestellt worden ist. Dennoch wird sie von einigen evangelikalen Kreisen (und von der gesamten Katholischen Kirche!) immer noch betrieben.

Ordination
Als Ordination (von lateinisch *ordinatio* = Bestellung) wird innerhalb der Evangelischen Kirche die feierliche (aber nicht mit einer sakramentalen Weihe verbundene) Einführung eines Vikars (seit den 1960er-Jahren auch einer Vikarin) in den (ständigen) Kirchendienst bezeichnet. Normalerweise ist damit die Übernahme einer Stelle als Pfarrer beziehungsweise (seit den 1960er-Jahren) einer Pfarrerin verbunden. In einigen evangelischen Landeskirchen werden auch andere kirchliche Mitarbeiter mit einer Ordination in ihr Amt eingeführt. Dabei handelt es sich um theologisch geschulte Laien.

Pastor/ Pfarrer
Pastoren beziehungsweise in einigen Landeskirchen und Regionen Pfarrer heißen die ordinierten Vikare, die in die Dienste der Evangelischen Kirche übernommen werden. Seit den 1960er-Jahren gibt es innerhalb der Evangelischen Kirche (und nur in ihr) auch Pfarrerinnen beziehungsweise Pastorinnen. Die unterschiedlichen Bezeichnungen – Pastor/Pfarrer – weisen nicht auf Unterschiede hin, was ihre Rechte und Pflichten angeht.

Pfarrernotbund
Als Protest gegen den am 6. September 1933 von der Evangelischen Kirche der altpreußischen Union eingeführten Arierparagraphen wurde auf Initiative des Dahlemer Pfarrers Martin Niemöller am 21. September 1933 der Pfarrernotbund gegründet. Aus dem Pfarrernotbund, dem sich bis zum Januar 1934 über 7000 evangelische Pfarrer aus ganz Deutschland angeschlossen hatten, ging die im Mai 1934 gegründete Bekennende Kirche hervor.

Pietismus
In der zweiten Hälfte des 17. Jahrhunderts entstandene und vornehmlich von Laien getragene Glaubensbewegung, welche sich für eine Rückbesinnung auf die Werte und Ziele der Reformation und für einen besonders frommen persönlichen Lebenswandel einsetzte, was das soziale Engagement für die Armen und Schwachen mit einschloss. An den Pietismus knüpft der heutige Evangelikalismus an.

Presbyter
Presbyter (von griechisch *presbyteros* = Älterer) werden in den evangelischen Freikirchen die gewählten Gemeinderäte genannt.

Dies können Geistliche wie Laien sein. In den reformierten und zum Teil auch in der unierten Kirche sind die gewählten Gemeinderäte Laien. Ihnen stehen in den Gemeinderäten und den Synoden die nichtgewählten Pfarrer gegenüber, die meist über die Hälfte der Sitze verfügen.

Protestanten
Als Protestanten werden die Anhänger und Mitglieder sowohl der lutherischen wie der reformierten und unierten Kirche bezeichnet. Der Begriff wird von dem Protest der Fürsten abgeleitet, die sich 1529 auf dem Reichstag zu Speyer gegen die Ächtung Luthers wandten.

Reformierte Kirche
Die von Zwingli und Calvin reformierten Kirchen wurden und werden bis heute als reformiert bezeichnet. Im Unterschied zu den lutherischen sind sie nach dem Synodalprinzip mehr von unten nach oben aufgebaut und weniger obrigkeitstreu, weshalb sie auch das Recht zum Widerstand anerkennen. Äußerlich unterscheiden sich die reformierten von den lutherischen und noch mehr von den katholischen Kirchen durch ihre betont schlichte Ausgestaltung. Mit Ausnahme des Kreuzes (meist ohne den Corpus Christi) sind religiöse Symbole oder gar Bilder verpönt.

Reichsbischof/ Reichskirche
Die nach dem Sieg der Deutschen Christen bei den Kirchenwahlen vom Juli 1933 vollzogene Vereinigung der damaligen 29 evangelischen Landeskirchen zu einer reichsweiten Deutschen Evangelischen Kirche (DEK) wurde Reichskirche genannt. Am 6. September 1933 wählte die Synode der DEK Ludwig Müller zum Reichsbischof.

Summus episcopus
Summus episcopus (= oberster Bischof) wurde der Inhaber des evangelischen Kirchenregiments genannt, das ihm von Luther während der Reformation übertragen wurde. Ursprünglich sollte das nur eine vorübergehende Notlösung sein. Die obersten Bischöfe sollten eigentlich nur Notbischöfe sein.

Synode
Synoden (von griechisch *synodos* = Versammlung) sind in der Evangelischen Kirche die aus Pfarrern und Laien zusammengesetzten Vertretungsorgane auf Kreis-, Landes- und nationaler Ebene. Sie sind mit den weltlichen Parlamenten zu vergleichen.

Innerhalb der unierten Kirche standen den Synoden die Konsistorien gegenüber, in denen die vom Staat eingesetzten Repräsentanten der Kirche und des Staates saßen.

Talmud/Thora

Als Talmud werden die seit dem 6. Jahrhundert verschriftlichten Auslegungen und Kommentare der Thora, das heißt der fünf Bücher Mose der hebräischen Bibel durch Generationen von Rabbinern genannt.

Teufel/Teufelsglaube

Im Alten und noch mehr im Neuen Testament erscheint der Teufel als Widersacher einiger Menschen und dann Gottes und seines Sohnes Jesus. Dieser dualistische Teufelsglaube ist von den Kirchenvätern weiter ausgebaut worden. Der Teufel, dem im Mittelalter eine leibliche Gestalt zuerkannt wurde, ist dann für alle Übel in der Welt verantwortlich gemacht worden. Geholfen hätten ihm seine Agenten – Häretiker, Hexen, Juden etc. –, die daher von kirchlichen und weltlichen Gewalten verteufelt und verfolgt wurden. Der Teufelsglaube stellte die ideologische Basis und Begründung der Verfolgung der Juden, Hexen, Häretiker und weiterer (angeblicher) Feinde der Christenheit dar. Dennoch ist der Teufelsglaube von Luther nicht reformiert worden. Erst im 20. Jahrhundert haben protestantische Theologen mit der Überwindung des Teufelsglaubens begonnen. Dies stieß jedoch auf die scharfe Kritik von protestantischen Fundamentalisten und allen Repräsentanten sowohl der Katholischen wie der Orthodoxen Kirche. Katholische und orthodoxe Christen müssen im Unterschied zu den protestantischen an den Teufel glauben. Dies ist nicht zu akzeptieren und erschwert die ökumenische Zusammenarbeit. Der Teufelsglaube ist eine Ideologie, die überwunden werden muss.

Unierte Kirche

Die von dem preußischen König Friedrich Wilhelm III. 1817 vereinigte lutherische und reformierte Kirche wurde „Kirche der (seit 1867) altpreußischen Union" genannt. 1953 wurde sie in „Evangelische Kirche der Union" umbenannt. Neben dieser evangelischen unierten gibt es heute in der Ukraine noch eine aus der Union der Katholischen und Orthodoxen Kirche entstandene weitere unierte Kirche

Vikar/Vikarin

Als Vikare und Vikarinnen werden innerhalb der Evangelischen Kirche diejenigen Theologen und Theologinnen bezeichnet, die (ähnlich wie die staatlichen Referendare und Referendarinnen) nach dem bestandenen ersten theologischen Examen für ihren künftigen Beruf als Pfarrer und Pfarrerinnen ausgebildet werden. Diese Ausbildungszeit wird mit der Ablegung des zweiten theologischen Examens abgeschlossen. Die Einstellung als Pfarrer und Pfarrerin erfolgt dann mit der Ordination.

Zwei-Reiche-Lehre

Mit diesem erst im 20. Jahrhundert geprägten Begriff wird ein zentrales Element in Luthers Theologie bezeichnet, das er in seiner 1523 veröffentlichten Schrift „Von weltlicher Obrigkeit, wie weit man ihr Gehorsam schuldig sei" entwickelt hat. Luther unterschied hier zwischen dem Reich Gottes und dem Reich der Welt. Im Reich Gottes befindet sich der Christ allein durch seinen Glauben und die Gnade Gottes. Im Reich der Welt ist er aber der christlichen Obrigkeit unterworfen und ihr Gehorsam schuldig – zu seinem und zum Nutzen der gesamten Gesellschaft. Widerstand darf der Christ nur gegen eine unchristliche Obrigkeit leisten.

Zwei Schwerter Theorie

Als Zwei-Schwerter-Theorie wird die von Papst Gelasius I. 494 entwickelte Lehre verstanden, wonach Gott ein Schwert beziehungsweise die weltliche Gewalt (*regalis potestas*) den weltlichen Gewalten, das andere Schwert, das heißt die geistliche Gewalt (*sacrata auctoritas*), dagegen den Bischöfen übertragen habe. Papst Gregor VII. hat dann in seinem „Dictatus papae" behauptet, dass Gott beide Schwerter und damit die gesamte politische und geistliche Gewalt ihm als Nachfolger des Apostel Petrus übertragen habe. Der Papst könne, müsse aber nicht das eine Schwert beziehungsweise die weltliche Gewalt an den Kaiser übertragen. Papst Bonifatius VIII. hat in der Bulle „Unam Sanctam" von 1302 die Unterordnung aller weltlichen Gewalten unter die Herrschaft des Papstes gefordert. Dies wiederum mit einer Weiterentwicklung der Zwei-Schwerter-Theorie, wonach das weltliche Schwert für die Kirche, das geistliche dagegen von der Kirche geführt werde.

Anmerkungen

1 Helmut Ruppel/Ingrid Schmidt/ Wolfgang Wippermann: „... stoßet nicht um weltlich Regiment"? Ein Erzähl- und Arbeitsbuch vom Widerstehen im Nationalsozialismus, Neukirchen 1986, S. 35 f.
2 Protestantismus und Evangelische Kirche sind weitgehend deckungsgleiche Begriffe. Als Protestanten werden alle – Geistliche und Laien – Mitglieder der gesamten Evangelischen Kirche bezeichnet, die wiederum aus den in Landeskirchen aufgeteilten lutherischen, reformierten und unierten Kirchen besteht.
3 Terry Eagleton: Ideologie. Eine Einführung, Stuttgart 1993; Kurt Lenk: Volk und Staat. Strukturwandel politischer Ideologien im 19. und 20. Jahrhundert, Stuttgart 1971.
4 Reinhart Koselleck, Einleitung, in: Otto Brunner/Werner Conze/Reinhart Koselleck (Hrsg.): Geschichtliche Grundbegriffe. Historisches Lexikon zur politisch-sozialen Sprache in Deutschland, Bd. 1, Stuttgart 1972, S. XIV ff.
5 Gerhard Hauck: Einführung in die Ideologiekritik, Hamburg 1992; Lenk, Volk und Staat, S. 20 ff.
6 Ich lese und interpretiere diese Bibelstellen als Historiker und nicht als Theologe. Daher verzichte ich auf die theologische Exegese und beschränke mich auf die ideologiegeschichtliche Interpretation. Historisch wirkungsvoll war die Bibel nämlich nicht, wie sie heute von Theologen gedeutet wird, sondern wie sie damals von der Kirche ausgelegt und dem Kirchenvolk vermittelt worden ist.
7 Diese Differenzierung zwischen der alten und der neuen Kirche wird sicherlich auf die Kritik einiger Katholiken und Protestanten treffen. Protestanten sehen in ihrer die bessere Kirche, und für viele Katholiken ist die protestantische überhaupt keine richtige Kirche.
8 Einige der in diesem Buch kritisierten kirchlichen Ideologien sind sowohl von kirchen- als auch von profanhistorischer Seite aus überhaupt noch nicht behandelt worden. Dies gilt vor allem für den Antiziganismus. Dagegen wird der viel behandelte kirchliche beziehungsweise christliche Antisemitismus häufig in einer fast schon unerträglichen Weise entschuldigt.
9 Einige dieser profanhistorischen Arbeiten werden in den Anmerkungen und im Literaturverzeichnis erwähnt. Auf eine nähere Auseinandersetzung mit ihnen habe ich aber verzichtet.
10 Auf einige dieser kirchenhistorischen Arbeiten bin ich in den Anmerkungen etwas näher eingegangen. Dies gilt vor allem für die über Luther und sein Verhältnis zu den Juden und die über den Kirchenkampf.
11 Dies auch im Bereich der Lehre am „Institut für Katechetischen Dienst" und dem „Pädagogisch-Theologischen Institut im Evangelischen Bildungswerk Berlin". Den Kollegen und Kolleginnen sowie

den Katecheten und Katechetinnen, die ich hier lange Jahre hindurch unterrichten durfte, bin ich zu großem Dank verpflichtet. Mein besonderer Dank gilt Ingrid Schmidt und Helmut Ruppel, mit denen ich verschiedene religionspädagogische Publikationen verfasst habe. Meine sonstigen Arbeiten zur Kirchen- und Religionsgeschichte sind im Literaturverzeichnis aufgeführt.
12 Siehe die Kritik des Teufelsglaubens und des Fundamentalismus in: Wolfgang Wippermann: Rassenwahn und Teufelsglaube, Berlin 2005; ders.: Fundamentalismus. Radikale Strömungen in den Weltreligionen, Freiburg 2013.
13 Einige der kirchenhistorischen und theologischen Fachbegriffe, die dennoch verwandt werden mussten, werden im Glossar erklärt.
14 Ich zitiere hier und im Folgenden aus der Bibelübersetzung Luthers. Nicht weil ich sie für die beste halte, sondern weil sie die historisch wichtigste und folgenreichste war.
15 Darüber gibt es eine sehr reichhaltige – theologische – Literatur. Dagegen mangelt es an ideologiekritischen Untersuchungen zu dieser Obrigkeitstreue beziehungsweise zur Ideologie des Autoritarismus. Daher habe ich in diesem Kapitel einen eher politikgeschichtlichen Zugriff gewählt beziehungsweise wählen müssen. Die in den folgenden Kapiteln behandelten weiteren Ideologien werden dann vor dem Hintergrund der im Folgenden ganz knapp skizzierten Politikgeschichte der Kirche interpretiert.
16 Dazu und zum Folgenden: Karl Kupisch: Kirchengeschichte, Bd. 1–4, Stuttgart 1974 ff. Auf weitere Verweise auf die umfangreiche Literatur, die von kirchen- und profangeschichtlicher Seite vorgelegt worden ist, wird verzichtet.
17 Zu Luther und der im Folgenden wiederum ganz knapp behandelten Reformation: Heinrich Lutz: Reformation und Gegenreformation, München 2002; Bernd Möller: Deutschland im Zeitalter der Reformation, Göttingen 1999; Olaf Mörke: Die Reformation. Voraussetzungen und Durchführung, München 2005; Heiko A. Oberman: Die Reformation. Von Wittenberg nach Genf, Göttingen 1986; ders.: Luther. Mensch zwischen Gott und Teufel, Berlin 1987; Luise Schorn-Schütte: Die Reformation. Vorgeschichte, Verlauf, Wirkung, München 1996.
18 Zum Folgenden: Kupisch, Kirchengeschichte, Bd. 3.
19 Zum Folgenden: Wolfgang Wippermann: Preußen. Kleine Geschichte eines großen Mythos, Freiburg 2011.
20 Kupisch, Kirchengeschichte, Bd. 4.
21 Dazu und zur Kirchenverfassung generell: Gerhard Besier: Preußischer Staat und Evangelische Kirche in der Bismarckära, Gütersloh 1980.
22 Martin Greschat: Protestanten in der Zeit. Kirche und Gesellschaft in Deutschland im Kaiserreich bis zur Gegenwart, Stuttgart 1994.
23 Zur Kirche in der Zeit der Weimarer Republik: Hans Prolingheuer: Kleine politische Kirchengeschichte, Köln 1984; Klaus Scholder: Die Kirchen und das Dritte Reich, Bd. 1, Frankfurt/M. 1977.
24 Diese Warnungen wurden aber unmittelbar nach der Ernennung Hitlers zum Reichskanzler aufgehoben. Das Zentrum stimmte dem Ermächtigungsgesetz zu und löste sich kurz danach selber auf. Das war der Preis für das am 20. Juli 1933 abgeschlossene Konkordat des Papstes mit Hitler.

25 Dazu: Kurt Meier: Die Deutschen Christen, Halle 1967; und die sehr kritische Studie von: Ernst Klee: „Die SA Jesu Christi". Die Kirchen im Banne Hitlers, Frankfurt/M. 1989.
26 Richtlinien der „Glaubensbewegung Deutsche Christen" vom 26. Mai 1932, zitiert nach: Georg Denzler/Volker Fabricius: Die Kirchen im Dritten Reich, Bd. 1–2, Frankfurt/M. 1984, Bd. 2, S. 37–39.
27 Zu der im Folgenden wiederum nur knapp skizzierten Geschichte der Kirche in der NS-Zeit neben Prolingheuer, Kleine politische Kirchengeschichte; Scholder, Die Kirchen und das Dritte Reich, Bd. 2; Kurt Meier: Der Evangelische Kirchenkampf, Bd. 1–3, Halle 1976–1984; die ideologiekritische Studie von: Jan Rehmann: Kirchen im NS-Staat, Berlin 1986.
28 Kirchengesetz der Evangelischen Kirche der Altpreußischen Union vom 6. September 1933, in: Denzler/Fabricius, Kirchen im Dritten Reich, Bd. 2, S. 76.
29 Entschließung der Glaubensbewegung Deutsche Christen des Gaues Groß-Berlin vom 13. November 1933, in: Denzler/Fabricius, Kirchen im Dritten Reich, Bd. 2, S. 88 f.
30 Zitiert nach: Ruppel/Schmidt/Wippermann, „stoßet nicht um weltlich Regiment", S. 25–28.
31 In: Joachim Beckmann (Hrsg): Kirchliches Jahrbuch für die Evangelische Kirche in Deutschland 1933-1944, Gütersloh 1948, S. 133 ff.
32 In: Beckmann (Hrsg.), Kirchliches Jahrbuch, S. 263 ff.
33 Dazu Kapitel IV, S. 86 ff.
34 Zu den – aus heutiger Sicht – geradezu skandalösen Sellungnahmen von Repräsentanten beider Kirchen zum nationalsozialistischen Rassenkrieg: Heinrich Missalla: Für Volk und Vaterland. Kirchliche Kriegshilfe im Zweiten Weltkrieg, Königstein 1978. Mehr dazu in Kapitel II, S. 41 ff.
35 Hartmut Ludwig: Die Opfer unter dem Rad verbinden. Das Büro „Pfarrer Grüber". Blinkzeichen der Hoffnung, Neukirchen 1993.
36 In: Beckmann, Kirchliches Jahrbuch, S. 399 ff.
37 In: Martin Greschat (Hrsg.): Im Zeichen der Schuld. 40 Jahre Stuttgarter Schuldbekenntnis. Eine Dokumentation, Neukirchen-Vluyn 1985, S. 45 f.
38 Zum Folgenden: Armin Boyens: Kirche in der Nachkriegszeit, Göttingen 1976; Frederic Spotts: Kirchen und Politik in Deutschland, Stuttgart 1976; Prolingheuer, Kleine politische Kirchengeschichte.
39 Hans Georg Fischer: Evangelische Kirche und Demokratie nach 1945. Ein Beitrag zum Problem der politischen Theologie, Lübeck–Hamburg 1970.
40 Gerhard Besier: Der SED-Staat und die Kirche, Bd. 1–3, Berlin 1993–1996; Günter Heydemann/Lothar Kettenacker (Hrsg.): Kirchen in der Diktatur, Göttingen 1993; Ehrhart Neubert: Geschichte der DDR-Opposition, Berlin 1997.
41 Besier, Der SED-Staat und die Kirche, Bd. 1, S. 278.
42 Ebenda, S. 311 ff.
43 Besier, Der SED-Staat und die Kirche, Bd. 2, S. 55 ff.
44 Ebenda, S. 243 ff.
45 Dazu Kapitel II, S. 41 ff.
46 Zu scharfe Kritik bei Besier, Der SED-Staat und die Kirche. Zu positiv dagegen Erhart Neubert: Eine protestantische Revolution, Berlin 1990.
47 Neubert: Eine protestantische Revolution.
48 Über die Fragen von Krieg und Frieden gibt es eine sehr reichhaltige theologische Forschung. Was fehlt, ist eine kritische Aufarbei-

tung der Ideologie des Bellizismus und eine Würdigung des Pazifismus seitens der Kirche. Seine Geschichte ist fast ausschließlich von Profanhistorikern geschrieben worden. Hinzuweisen ist vor allem auf: Karl Holl: Pazifismus in Deutschland, Frankfurt/M. 1988.
49 Wolfgang Wippermann: Lizenz zum Töten. Kreuzzüge im Mittelalter und Moderne, in: Evangelische Kommentare 2/1997, S. 90–92; Wippermann, Fundamentalismus.
50 Martin Luther: An die Herren deutsch Ordens, dass sie falsche Keuschheyt meyden und zur rechten ehelichen Keuschheyt greifen, in: D. Martin Luthers Werke, Weimarer Ausgabe (künftig: WA), Bd. 12, S. 232–244.
51 Martin Luther: Ob Kriegsleute im seligen Stand sein können. Ich zitiere aus der sprachlich modernisierten Fassung in: http://www.glaubensstime.de/doku.php?id=autoren:l: Luther.
52 Ebenda, S. 5.
53 Ebenda, S. 18.
54 Ebenda, S. 27 f.
55 Immanuel Kant: Zum ewigen Frieden. Ein philosophischer Entwurf (1795), in: Immanuel Kant: Zum ewigen Frieden und andere Schriften, Frankfurt/M. 2008.
56 Holl, Pazifismus.
57 Wolfgang Huber/Johannes Schwerdtfeger (Hrsg.): Kirche zwischen Krieg und Frieden. Studien zur Geschichte des deutschen Protestantismus, Stuttgart 1976; Martin Greschat: Krieg und Kriegsbereitschaft im deutschen Protestantismus, in: Jost Dülffer/Karl Holl: Bereit zum Krieg. Kriegsmentalität im Wilhelminischen Deutschland, 1890–1914, Göttingen 1986, S. 33–55.
58 Ernst Moritz Arndt: Versuch in vergleichender Völkergeschichte, Leipzig 1843, S. 418.
59 Horst Zillessen: Volk–Nation–Vaterland. Der deutsche Protestantismus und der Nationalismus, Gütersloh 1971.
60 Zum Folgenden: Wolfgang Wippermann: Denken statt denkmalen. Gegen den Denkmalswahn der Deutschen, Berlin 2010, S. 61 ff.
61 Rede Emil Frommels, gehalten in der St. Thomaskirche beim Einzug der deutschen Truppen in Straßburg am 30. September 1930, in: Karl Hammer: Krieg und Frieden, Freiburg 1972, S. 140–154. Dazu auch: Karl Hammer: Deutsche Kriegstheologie 1870–1918, München 1971.
62 Vortrag Pastor Friedrich v. Bodelschwinghs vom 27. Juni 1871; gedruckt und vorbereitet vom Rheinisch-Westfälischen Provinzialausschuss für innere Mission, in: Hammer, Krieg und Frieden, S. 164–168.
63 Wilhelm Pressel: Die evangelische Kriegspredigt im Ersten Weltkrieg 1914 bis 1918, Göttingen 1968.
64 Martin Rade: Alles Volk in die Schützengräben, in: Hammer, Krieg und Frieden, S. 244 f.
65 Allgemeine Evangelisch-Lutherische Kirchenzeitung, 7. August 1914, in: Hammer, Krieg und Frieden, S. 285.
66 Der Evangelische Oberkirchenrat in Berlin am 11. August 1914 an die Geistlichen und Gemeinde-Kirchenräte, in: Hammer, Krieg und Frieden, S. 211.
67 Hammer, Krieg und Frieden, S. 219.
68 Dietrich Vorwerk: Darf der Christ hassen?, in: Die Reformation 1914. Zitiert nach Hammer, Krieg und Frieden, S. 292 f.
69 Seit 1952 wird er am zweiten Sonntag vor dem ersten Advent und damit vor dem sogenannten Totensonntag begangen.
70 Ruppel/Schmidt/Wippermann, „stoßet nicht um weltlich Regiment", S. 31 ff.

71 Eberhard Röhm: Sterben für den Frieden. Spurensuche Hermann Stöhr, Stuttgart 1985.
72 Ruppel/Schmidt/Wippermann, „stoßet nicht um weltlich Regiment", S. 34.
73 Johann Vogel: Kirche und Wiederbewaffnung. Die Haltung der Evangelischen Kirche in Deutschland in den Auseinandersetzungen um die Wiederbewaffnung der Bundesrepublik 1949–1955, Göttingen 1978.
74 „Gebt Gott recht" – Erklärung des Bruderrates vom 14. Oktober 1949.
75 Zur Friedensbewegung nach 1945: Lorenz Knorr: Geschichte der Friedensbewegung in der Bundesrepublik, Köln 1983; Uli Jäger/Michael Schmid-Vöhringer: „Wir werden nicht Ruhe geben ..." Die Friedensbewegung in der Bundesrepublik Deutschland 1945–1982. Geschichte, Dokumente, Perspektiven, Köln 1982; Rüdiger Schmitt: Die Friedensbewegung in der Bundesrepublik Deutschland. Ursachen und Bedingungen der Mobilisierung einer neuen sozialen Bewegung, Opladen 1990.
76 Gegründet wurde sie von dem ehemaligen Mitglied der Bekennenden Kirche, Lothar Kreyssig, der es gewagt hatte, den Mord an den sogenannten Erbkranken öffentlich anzuprangern. Zu Kreyssig: Susanne Willems: Lothar Kreyssig. Vom eigenen verantwortlichen Handeln, Berlin 1996.
77 Zur Friedensbewegung in der DDR: Neubert, Geschichte der DDR-Opposition, und mit kritischer Bewertung: Besier, Der SED-Staat und die Kirche, Bd. 2.
78 Wippermann, Denken statt denkmalen, S. 139 ff.
79 Das ist von der theologischen Forschung durchaus erkannt und anerkannt worden. Gleichwohl fehlt eine kritische Ideologiegeschichte des Mammonismus. Sie ist, soweit ich sehe, auch von profanhistorischer Seite aus nicht vorgelegt worden. Hinweise dazu in: Rainer Kessler/E. Loos (Hrsg.): Eigentum: Freiheit und Fluch. Ökonomische und biblische Entwürfe, Gütersloh 2000.
80 John T. Noonan: The Scholastic Analysis of Usury, Cambridge 1957.
81 Wolfgang Wippermann: Agenten des Bösen. Verschwörungstheorien von Luther bis heute, Berlin 2007, S. 47 ff.
82 Eric Kerridge: Usury, Interest and the Reformation, Aldershot 2002.
83 Martin Luther: Sermon von dem Wucher, WA Bd. 6.
84 Ebenda, S. 47 und 57.
85 Dazu Kapitel IV, S. 86 ff.
86 Wilhelm Weitling, Das Evangelium des armen Sünders, 1846, in: Wolf Schäfer (Hrsg.): Wilhelm Weitling, Das Evangelium des armen Sünders – Die Menschheit, wie sie ist und wie sie sein sollte, Reinbek 1971.
87 Wolf Schäfer: Die unvertraute Moderne. Historische Umrisse einer anderen Natur und Sozialgeschichte, Frankfurt/M. 1985, S. 19.
88 Weitling, Evangelium des armen Sünders, S. 140.
89 Karl Marx/Friedrich Engels: Manifest der Kommunistischen Partei, in: Marx/Engels Werke 4, S. 482.
90 Zu Sozialismus und Kirche: Johannes Kandel: Verhältnis zu Kirchen und Religionsgemeinschaften, in: Thomas Meyer/Susanne Miller/Joachim Rohlfes (Hrsg.): Lern- und Arbeitsbuch deutsche Arbeiterbewegung. Darstellung, Chroniken, Dokumente, Bd. 1–3, Bonn 1984, Bd. 3, S. 337–372. Zu Kirche und Sozialismus: Günter Brakelmann: Die soziale Frage des 19. Jahrhunderts, Witten 1979; ders.: Kirche und Sozialismus im 19. Jahrhundert. Die Analyse des

Sozialismus und Kommunismus
bei Johann Hinrich Wichern und
bei Rudolf Todt, Witten 1966.
91 Flugschrift des Bundes der Kommunisten 1848, in: Marx/Engels
Werke, 5, S. 4: „Völlige Trennung
der Kirche vom Staate. Die Geistlichen aller Konfessionen werden
lediglich von ihrer freiwilligen
Gemeinde besoldet."
92 Eisenacher Programm der Sozialdemokratischen Arbeiterpartei
1869, in: Dieter Dowe/Kurt Klotzbach (Hrsg.): Programmatische
Dokumente der deutschen Sozialdemokratie, Berlin 1973, S. 167:
„Trennung der Kirche vom Staat
und Trennung der Schule von der
Kirche". Gothaer Programm der
Sozialistischen Arbeiterpartei
Deutschlands, 1875, in: ebenda,
S. 173: „Erklärung der Religion
zur Privatsache".
93 Jochen-Christoph Kaiser: Evangelische Kirche und sozialer Staat.
Diakonie im 19. und 20. Jahrhundert, Göttingen 2008.
94 Brakelmann, Kirche und
Sozialismus im 19. Jahrhundert.
95 Die Innere Mission der deutschen
evangelischen Kirche, eine Denkschrift an die deutsche Nation, im
Auftrage des Centralausschusses
für die Innere Mission verfasst von
J. H. Wichern, Berlin 1849.
96 Ebenda, S. 30.
97 Ebenda, S. 111 u. 109.
98 Zu Todt: Brakelmann, Kirche und
Sozialismus.
99 Rudolf Todt: Der radikale deutsche
Sozialismus und die christliche
Gesellschaft, Wittenberg 1878,
S. 33.
100 Adolf Stoecker: Das moderne
Judentum, besonders in Berlin,
Berlin 1880, S. 18 f.
101 Ebenda, S. 39.
102 Renate Breipohl: Religiöser Sozialismus und bürgerliches
Geschichtsbewusstsein zur Zeit der
Weimarer Republik, Zürich 1971;

Friedrich-Martin Balzer: Klassengegensätze in der Kirche. Erwin
Eckert und der Bund der Religiösen Sozialisten, Köln 1973. Sehr
nützlich ist der mit Dokumenten
versehene Überblick von Johannes
Kandel: Theorien der Arbeiterbewegung in der Weimarer Republik – Religiöser Sozialismus, in:
Meyer/Miller/Rohlfes (Hrsg.),
Lern- und Arbeitsbuch deutsche
Arbeiterbewegung, Bd. 2,
S. 455–497.
103 In: Kandel, Theorien der Arbeiterbewegung, S. 469.
104 Allgemein zum christlich motivierten Widerstand: Ruppel/Schmidt/
Wipperman, „stoßet nicht um
weltlich Regiment".
105 Paul Tillich: Grundlinien des religiösen Sozialismus, in: Blätter für
Religion und Sozialismus 4, 1923,
S. 19.
106 Paul Tillich: Zehn Thesen (1932),
zitiert nach: Georg Denzler/Volker
Fabricius (Hrsg.): Die Kirchen im
Dritten Reich. Christen und Nazis
Hand in Hand?, Bd. 2,
Frankfurt/M. 1984, S. 35f.
107 Besier, Der SED-Staat und die
Kirche, Bd. 2, S. 62.
108 Ebenda, S. 51–55.
109 Theodor Strohm: Kirche und
Demokratischer Sozialismus,
Tübingen 1968.
110 Kandel, Verhältnis zu Kirchen und
Religionsgemeinschaften, in: Lernund Arbeitsbuch deutsche Arbeiterbewegung, Bd. 2, S. 367 f.
111 Zur Rezeptionsgeschichte der Verteufelung der Juden: Joshua Trachtenberg: The Devil and the Jews.
Medieval Conception of the Jews
and its Relation to Modern Antisemitism, Philadelphia 1961.
Ferner: Wippermann, Rassenwahn
und Teufelsglaube. In diesem Buch
habe ich darzustellen versucht,
dass der christliche Teufelsglaube
die ideologische Basis des christlichen Antisemitismus ist.

112 Dazu und zum Folgenden: Karl Heinrich Rengstorf/Siegfried v. Kortzfleisch (Hrsg.): Kirche und Synagoge. Handbuch zur Geschichte von Christen und Juden, Bd. 1–2, Stuttgart 1970; Neuauflage München 1988. Ferner: Simon M. Dubnow: Weltgeschichte des jüdischen Volkes von seinen Ursprüngen bis zur Gegenwart, Bd. 1–10, Berlin 1925–1929; und: Léon Poliakov: Geschichte des Antisemitismus, Bd. 1–8, Worms 1977–1988; Alex Bein: Die Judenfrage. Biographie eines Weltproblems, Bd. 1–2, Stuttgart 1980; Jacob Katz, Vom Vorurteil bis zur Vernichtung. Der Antisemitismus 1700–1993, München 1988.

113 Matthäus 13,15, Römer 11, 7 und 9.

114 Dazu: Rainer Erb (Hrsg.): Die Legende vom Ritualmord. Zur Geschichte der Blutbeschuldigung gegen die Juden, Berlin 1993.

115 Vgl. zum Folgenden die sehr plastische Schilderung der Vorgänge bei: Dubnow, Weltgeschichte des jüdischen Volkes, Bd. 5, S. 159 ff.

116 Urkunde Friedrichs II. vom Juli 1236 in: Guido Kisch: Forschungen zur Rechts- und Sozialgeschichte der Juden in Deutschland während des Mittelalters, Zürich 1955, S. 260.

117 Dazu und zum Folgenden: Rengstorf/v.Kortzfleisch (Hrsg.), Kirche und Synagoge, Bd. 1, S. 279 ff.; Battenberg, Das europäische Zeitalter, S. 180 ff.; Heiko A. Oberman: Wurzeln des Antisemitismus. Christenangst und Judenplage im Zeitalter von Humanismus und Reformation, Berlin 1981.

118 Auszüge aus Reuchlins Gutachten in: Höxter, Quellenbuch, Bd. 4, S. 81–83.

119 Brief Luthers vom Februar 1514 an Georg Spalatin, in: WA Briefe, S. 23. Eine sprachlich modernisierte Fassung findet man bei: Martin Bienert: Martin Luther und die Juden. Ein Quellenbuch mit zeitgenössischen Illustrationen, mit Einführungen und Erläuterungen, Frankfurt/M. 1982, S. 28–30.

120 Zum Folgenden: Peter von der Osten-Sacken: Martin Luther und die Juden. Neu untersucht anhand von Anton Margarithas „Der gantz Jüdisch glaub" (1530/31), Stuttgart 2002.

121 Bienert, Luther und die Juden, S. 188.

122 Martin Luther: Dictata super Psalterium, in: WA 3, S. 296.

123 Martin Luther: Daß Jesus Christus ein geborener Jude sei, in: WA 11, S. 314–336.

124 In Luthers Schrift „Das Magnificat verdeutscht und ausgelegt" (WA 7, S. 544–604) aus dem Jahr 1520 hatte es noch geheißen: „Man sage ihnen (= den Juden) die Wahrheit, wollen sie nicht, laß sie fahren." (S. 601) Doch ob Luther damit wirklich auf die Anwendung des Missionsbefehls auch auf die Juden verzichtet hat, scheint mehr als fraglich zu sein. Auf jeden Fall hat er diesen Vorschlag nie wiederholt.

125 Martin Luther: Vier tröstliche Psalmen an die Königin zu Ungarn, in: WA 19, S. 595–613.

126 Lateinischer Text in: WA 42, S. 447–451. Die Mitte des 18. Jahrhunderts von Johann Georg Walch angefertigte deutsche Übersetzung findet man in: Dr. Martin Luthers sämtliche Schriften, Bd. 1, St. Louis 1880–1910.

127 Martin Luther: Wider die Sabbather an einen guten Freund, in: WA 50, S. 312–337.

128 Ebenda, S. 314.

129 Ebenda, S. 336.

130 Ebenda, S. 335.

131 Nach Deppermann, Judenhaß und Judenfeindschaft im frühen Protestantismus, S. 121.

132 Martin Luther: Von den Juden

und ihren Lügen, in: WA 53, S. 417–552.
133 Ebenda, S. 427.
134 Ebenda, S. 514.
135 Martin Luther: Vom Schem Hamphoras und vom Geschlecht Christi, in: WA 53, S. 579–648, S. 613.
136 Luther, Von den Juden und ihren Lügen, in: WA 53, S. 417–552.
137 Diese Forderung findet man auch in Luthers letzter Predigt, die er wegen eines Schwächeanfalls nicht mehr beenden konnte. In: WA 51, S. 195.
138 Vgl. auch die sehr scharfe, aber berechtigte Kritik von Martin Stöhr: Luther und die Juden, in: Evangelische Theologie 20, 1960, S. 157–182; S. 175: „Keine noch so beachtliche Virtuosität, mit theologischen Begriffen oder frommen Vokabeln umzugehen, machen aus Luthers ‚scharffer Barmherzigkeit', d. h. aus seinen Kristallnachtvorschlägen Barmherzigkeit".
139 Wolfgang Wippermann: Diabolischer Antisemitismus. Luther, der Teufel und die Juden, in: Vito Palmieri/Helmut Ruppel/Ingrid Schmidt/Wolfgang Wippermann (Hrsg.): Durch den Horizont sehen. Lernen und Erinnern im interreligiösen Dialog, Berlin 2005, S. 113–119.
140 Zur Rezeption der judenfeindlichen Schriften Luthers: von der Osten-Sacken, Martin Luther und die Juden, S. 271 ff.
141 Vgl. dazu: Paul Gerhard Aring: Christen und Juden heute – und die „Judenmission"?. Geschichte und Theologie protestantischer Judenmission in Deutschland, dargestellt und untersucht am Beispiel des Protestantismus im mittleren Deutschland, Frankfurt/M. 1987; Christopher Clark: The Politics of Conversion. Missionary Protestantism and the Jews in Prussia 1728–1941, Oxford 1995.
142 Johann Jakob Schudt: Jüdische Merkwürdigkeiten IV. Theil, Frankfurt/M. 1717, 2, S. 331.
143 Johann Andreas Eisenmenger: Entdecktes Judenthum zweyter Theil, Königsberg 1718, S. 447. Schon der vollständige Titel deutet auf den Einfluss des von Luther nicht reformierten, sondern radikalisierten religiösen Antisemitismus hin: „Entdecktes Judenthum oder Gründlicher und wahrhafftiger Bericht/welchergestalt die verstockten Juden die hochheilige Dreiheiligkeit/ etc./erschrecklicherweise lästern und verunehren/ die heilige Mutter Christi verschmähen/das Neue Testament/die Evangelien und Aposteln/die Christliche Religion spöttisch durchziehen/und die ganze Christenheit auff das äußerste verachten und verfluchen".
144 Christian Wilhelm von Dohm: Über die bürgerliche Verbesserung der Juden, Lemgo 1781.
145 Vgl. dazu: Rainer Erb/Werner Bergmann: Die Nachtseite der Judenemanzipation. Der Widerstand gegen die Integration der Juden in Deutschland 1780–1860, Berlin 1989.
146 Zitiert nach Michael Ley: Genozid und Heilserwartung. Zum nationalsozialistischen Mord am europäischen Judentum, Wien 1991, S. 90. Zu Voltaire: Katz, Vom Vorurteil bis zur Vernichtung, S. 43 ff.
147 Zitiert nach, Ley, Genozid und Heilserwartung, S. 93. Zu Kant: Katz, Vom Vorurteil bis zur Vernichtung, S. 70 ff.
148 Zitiert nach: Rengstorf/v. Kortzfleisch (Hrsg.), Kirche und Synagoge, Bd. 2, S. 149. Zu Herder: Katz, Vom Vorurteil bis zur Vernichtung, S. 64 ff.
149 Zitiert nach Ley, Genozid, S. 94.
150 Johann Gottlieb Fichte: Beitrag zur Berichtigung der Urtheile des Publikums über die französische

Revolution, in: J. G. Fichte, Gesamtausgabe, Bd I, 1, Stuttgart 1964, S. 292. Vgl. auch die Entgegnung von Saul Ascher, Eisenmenger der Zweite. Nebst einem vorangesetzten Sendschreiben an den Herrn Professor Fichte in Jena, Berlin 1794.
151 Dazu: Wolfgang Wippermann: Was ist Rassismus? Ideologien, Theorien, Forschungen, in: Barbara Danckwortt u.a. (Hrsg.): Historische Rassismusforschung. Ideologen–Täter–Opfer. Mit einer Einleitung von Wolfgang Wippermann, Hamburg 1995, S. 9–33.
152 Christoph Meiners: Geschichte der Menschheit, Lemgo 1785.
153 Christoph Meiners: Ueber die Natur der morgenländischen Völker, in: Göttingisches Historisches Magazin VII, 1790, S. 384–455.
154 Christoph Meiners: Über den Handel und die Gewerbe, die Nahrung und Kleidung, über das häusliche und gesellige Leben der Völker des Mittelalters, 1792, zitiert nach: Friedrich Lotter: Christoph Meiners und die Lehre von der unterschiedlichen Wertigkeit der Menschenrassen, in: Hartmut Boockmann/Hermann Wellenreuther (Hrsg.): Geschichtswissenschaft in Göttingen. Eine Vorlesungsreihe, Göttingen 1987, S. 30–75, S. 54.
155 Meiners: Ueber die Natur der morgenländischen Völker, S. 454 f.
156 Wilhelm Marr: Der Sieg des Judentums über das Germanentum, Berlin 1879.
157 So vor allem: Reinhard Rürup: Emanzipation und Antisemitismus. Studien zur „Judenfrage" in der bürgerlichen Gesellschaft, Göttingen 1975.
158 Zu ihnen gehören Bein, Die Judenfrage; Katz, Vom Vorurteil bis zur Vernichtung; Poliakov, Geschichte des Antisemitismus.
159 Ernst Moritz Arndt: Blick aus der Zeit auf die Zeit, Frankfurt/M. 1814, S. 188 ff. Arndt lehnte die Emanzipation der Juden auch deshalb ab, weil sie von Napoleon in den westdeutschen Territorien wie dem Königreich Westfalen eingeführt worden war. Und Napoleon war für Arndt der „Teufel auf höllischem Thron" und der „Regent der Finsternis". Zitiert nach: Ley, Genozid, S. 116.
160 Jakob Friedrich Fries: Ueber die Gefährdung des Wohlstandes und Charakters der Deutschen durch die Juden, Berlin 1816, S. 18. Von Fries stammt auch der Vorschlag, den mittelalterlichen gelben Fleck für die Juden wieder einzuführen. Vgl.: Ley, Genozid, S. 120.
161 Richard Wagner: Aufklärungen über das „Judentum in der Musik" (geschrieben am 1. Januar 1869 an Frau Maria Muchanoff, geb. Gräfin Nesselrode, in: Richard Wagner: Gesammelte Schriften und Dichtungen, Bd. 8, Leipzig 1873, S. 322.
162 Richard Wagner: Erkenne dich selbst (1881) in: Gesammelte Schriften, Bd. 14, Leipzig 1914, S. 190.
163 Wilhelm Marr: Der Sieg des Judentums über das Germanentum, (1879), in: Höxter, Quellenbuch, Bd. 5, S. 143 f.
164 Adolf Stöcker: Das moderne Judentum in Deutschland, besonders in Berlin, Berlin 1880, in: Höxter, Quellenbuch, Bd. 5, S. 142.
165 Vgl. Haag, Teufelsglauben, S. 486 f.
166 Adolf Hitler: Mein Kampf. Zwei Bände in einem Band. Ungekürzte Ausgabe, 102. Auflage, München 1934, S. 70. Auch Hitlers Mentor Dietrich Eckart verwandte viele Motive des christlichen Antisemitismus in seiner antisemitisch-antibolschewistischen Streitschrift: Dietrich Eckart: Der Bolsche-

wismus von Moses bis Lenin. Zwiegespräche zwischen Adolf Hitler und mir, München 1924.
167 Wolfgang Gerlach: Als die Zeugen schwiegen. Bekennende Kirche und die Juden, Berlin 1987.
168 Eine Ausnahme ist Dietrich Bonhoeffer, der in seinem im August 1934 veröffentlichten Aufsatz „Der Arierparagraph in der Kirche" die gesamte nationalsozialistische Judenpolitik kritisierte. Auszug in: Denzler/Fabricius, Die Kirchen im Dritten Reich, Bd. 2, S. 74.
169 Kirchengesetz der Evangelischen Kirche der altpreußischen Union vom 6. September 1933, in: Denzler/Fabricius, Die Kirchen im Dritten Reich, Bd. 2, S. 76.
170 Entschließung der „Glaubensbewegung Deutsche Christen" des Gaus Groß-Berlin vom 13. November 1933, in: ebenda, S. 88.
171 Denkschrift der Vorläufigen Leitung der Deutschen Evangelischen Kirche vom 28. Mai 1936, in: ebenda, S. 99–103.
172 Buß- und Bettagspredigt Pfarrer Julius von Jan vom 16. November 1938, in: ebenda, S. 208–210.
173 Aufruf des Landeskirchenrates der Thüringer evangelischen Kirche zum Buß- und Bettag 1938, in: Gerlach, Als die Zeugen schwiegen, S. 236 ff.
174 Godesberger Erklärung vom 31. Mai 1939, in: Prolingheuer, Kleine politische Kirchengeschichte, S. 190.
175 Zu den wenigen Ausnahmen gehört der oben bereits erwähnte Aufsatz von Dietrich Bonhoeffer: Der Arierparagraph in der Kirche.
176 Beckmann, Kirchliches Jahrbuch, S. 380–383.
177 Zum Büro Grüber siehe: Ludwig, Die Opfer unter dem Rad verbinden.
178 Dazu unten Kapitel 6, S. 166 ff.
179 Dazu: Jochen-Christoph Kaiser: Evangelische Judenmission im Dritten Reich, in: Jochen-Christoph Kaiser/Martin Greschat (Hrsg.): Der Holocaust und die Protestanten. Analyse einer Verstrickung, Frankfurt/M. 1988, S. 186–215; Wolfgang Wippermann: „Synagoge mit Christentünche." Ein unbekannter Ort in der Kastanienallee 22 im Berliner Bezirk Prenzlauer Berg, in: Palmieri/Ruppel/Schmidt/Wippermann (Hrsg.), Durch den Horizont sehen, S. 188–192; Wippermann, Kirche im Krieg.
180 Clemens Vollnhals: Evangelische Kirche und Entnazifizierung. Die Last der nationalsozialistischen Vergangenheit, München 1989.
181 Zur Aktion Sühnezeichen und ihrem Gründer Lothar Kreyssig: Susanne Willems, Lothar Kreyssig: Vom eigenen verantwortlichen Handeln, Berlin 1996; Gabriele Kammerer: Aktion Sühnezeichen Friedensdienste, Göttingen 2008.
182 Zur weiteren Diskussion über die Reaktion der Kirche auf die Judenverfolgung und den Holocaust: Jochen-Christoph Kaiser/Martin Greschat (Hrsg.): Der Holocaust und die Protestanten. Analyse einer Verstrickung, Frankfurt/M. 1988.
183 Wolfgang Wippermann: Von Luther bis Hitler? Der deutsche Protestantismus und die Judenfrage, in: Evangelisches Bildungswerk Berlin (Hrsg.): Wirkungen der Reformation, Berlin 1984, S. 31–45.
184 Daniel Jonah Goldhagen: Die katholische Kirche und der Holocaust. Eine Untersuchung über Schuld und Sühne, Berlin 2002.
185 „Roma" (von Romanes „Rom" = Mensch) ist die international anerkannte und gebräuchliche Bezeichnung für das gesamte Volk, deren in Deutschland lebende Angehörige sich als „Sinti und Roma"

bezeichnen. Zu dieser Doppelbezeichnung ist es deshalb gekommen, weil die ersten Roma, die zu Beginn des 15. Jahrhunderts nach Deutschland eingewandert sind, zum Stamm der „Sinti" gehörten, weshalb sie sich auch immer so bezeichnet haben.

186 Der Begriff Antiziganismus wird in Deutschland erst seit den 1980er-Jahren verwandt. Er ist nicht unproblematisch. Könnte er doch die Existenz eines einheitlichen „Ziganismus" oder gar eines „Zigeunertums" suggerieren, was es jedoch nicht gibt. Dennoch wird er inzwischen auch von den Roma selber akzeptiert. Auch sie haben die Notwendigkeit erkannt, einen Begriff für eine Sache zu haben, die vorher als geradezu selbstverständlich galt und allgemein akzeptiert wurde – die Feindschaft gegenüber den Roma. Zum Folgenden: Wolfgang Wippermann: „Wie die Zigeuner". Antisemitismus und Antiziganismus im Vergleich, Berlin 1997; ders.: „Rassenwahn und Teufelsglaube, Berlin 2005, S. 89 ff.

187 Ines Köhler-Zülch: Die verweigerte Herberge. Die Heilige Familie in Ägypten und andere Geschichten von „Zigeunern" – Selbstäußerungen oder Außenbilder?, in: Jacquelin Giere (Hrsg.): Die gesellschaftliche Konstruktion des Zigeuners. Zur Genese eines Vorurteils, Frankfurt/M. 1996, S. 46–86.

188 Nach: Alfonso di Nola: Der Teufel. Wesen, Wirkung, Geschichte, München 1990, S. 375.

189 Wippermann, Rassenwahn und Teufelsglaube, S. 89 ff. Zum Folgenden auch Wippermann, „Wie die Zigeuner", S. 50 ff.

190 Dazu und zur Einstellung der Kirche zu den Roma liegen bisher nur ganz wenige Untersuchungen vor. Hinzuweisen ist auf: Wilhelm Solms: „Kulturloses Volk"? Berichte über „Zigeuner" und Selbstzeugnisse von Sinti und Roma, Seeheim 2006 (Beiträge zur Antiziganismusforschung Bd. 4), S. 39 ff.

191 Albert Krantz: Sachsenchronik, Leipzig 1563, S. 239 f.

192 Sebastian Münster: Cosmographey oder Beschreibung aller Länder, Basel 1628, S. 603.

193 Zitiert nach: di Nola, S. 374.

194 Vgl. den Schutzbrief König Friedrichs III. für den „Zigeuner Graf" Michael von 1442 und den Schutzbrief Herzogs Gerhard von Jülich-Berg für Dietrich „Graf von Klein-Ägypten". Beide abgedruckt bei: Wolfgang Wippermann: Geschichte der Sinti und Roma in Deutschland. Darstellung und Dokumente, Berlin 1993, S. 54 f.

195 Abschied des Freiburger Reichstages vom 4. September 1498, in: Wippermann, Geschichte der Sinti und Roma in Deutschland, S. 55 f.

196 Die Zahl dieser „Zigeunergesetze" geht in die Hunderte. Einige sind abgedruckt bei Wippermann, Geschichte der Sinti und Roma, S. 62 ff.

197 Christoph Elsas: Die Kirchen und die „Zigeuner", in: Beiträge zur Antiziganismusforschung 1, Seeheim 2003, S. 118–125, S. 121.

198 In Italien soll das anders gewesen sein. Hier soll nach der Reformation eine Kongregation gebildet worden sein, die sich mit der Evangelisierung der Roma beschäftigt hat. Nach Solms, „Kulturloses Volk", S. 48 f.

199 Soweit ich sehe, ist diese Frage in der gesamten Literatur über Luther nicht gestellt, geschweige denn beantwortet worden.

200 Luther, Von den Juden und ihren Lügen, WA 53, S. 523–526.

201 Derartige Arbeitshäuser hat es in Deutschland aber erst nach der Reformation gegeben. Inspiriert waren sie von der protestantischen Arbeitsethik.

202 Martin Luther: Vom Schem
Hamphoras und vom Geschlecht
Christi, in: WA 53, S. 613.
203 Zitiert nach Solms, „Kulturloses
Volk", S. 47.
204 Max Weber: Die protestantische
Ethik, Bd. 1, Göttingen 1975.
205 Zum Folgenden: Wippermann,
Rassenwahn und Teufelsglaube,
S. 93 ff. Und einige Beiträge in:
Beiträge zur Antiziganismusforschung Bd. 1, Seeheim 2003.
206 Zu den Äußerungen Kants über die
„Zigeuner": Kurt Röttgers: Kants
Zigeuner, in: Kant-Studien 88,
1997, 1 und: Hund, Rassismus,
S. 87 f. und 120 ff.
207 Immanuel Kant: Über den Gebrauch teleologischer Prinzipien in
der Philosophie, in: Immanuel
Kant: Werkausgabe in 12 Bänden,
hrsg. von Wilhelm Weischedel,
Frankfurt/M. 1977 ff., Bd. 8,
S. 157.
208 Ebenda.
209 Ebenda, S. 155.
210 Kant, Von den verschiedenen Rassen der Menschen, in: Kant Werke,
Bd. 9, S. 24.
211 Christian Wilhelm von Dohm:
Über die bürgerliche Verbesserung
der Juden, Berlin und Stettin 1781;
Nachdruck Hildesheim 1973.
212 Ebenda, S. 87–91.
213 Heinrich Moritz Gottlieb Grellmann: Die Zigeuner. Ein historischer Versuch über die Lebensart
und Verfassung, Sitten und Schicksale dieses Volkes in Europa, nebst
ihrem Ursprunge, Dessau und
Leipzig 1783. Die – nur wenig veränderte – zweite Auflage hatte den
Titel: Historischer Versuch über
die Zigeuner betreffend die Lebensart und Verfassung, Sitten und
Schicksale dieses Volks seit seiner
Erscheinung in Europa und dessen
Ursprung. Zweyte, viel veränderte
und vermehrte Auflage, Göttingen
1787. Ich zitiere im Folgenden aus
der ersten Auflage. Zu Grellmann:
Claudia Breger: Heinrich Moritz
Gottlieb Grellmann – Überlegungen zu Entstehung und Funktion
rassistischer Deutungsmuster im
Diskurs der Aufklärung, in: Barbara Danckwortt/Thorsten Querg/
Claudia Schöningh (Hrsg.): Historische Rassismusforschung. Ideologen – Täter – Opfer. Mit einer
Einleitung von Wolfgang Wippermann, Berlin 1995, S.34–69; und:
Wim Willems: Außenbilder von
Sinti und Roma in der frühen
Zigeunerforschung, in:
Jacqueline Giere (Hrsg.): Die
gesellschaftliche Konstruktion
des Zigeuners, S. 87–108.
214 Grellmann, Zigeuner, S. 3 f
215 Ebenda, S. 3.
216 Hartwig von Hundt-Radowsky:
Der Judenspiegel, Würzburg 1819,
S. 47 f.
217 Ebenda, S. 52.
218 Theodor Tetzner: Geschichte der
Zigeuner, ihre Herkunft, Natur
und Art, Weimar 1835, S. 58 f.
219 „Acta die Civilisierung der Zigeuner betreffend" in: Geheimes
Staatsarchiv Preußischer Kulturbesitz I. A Rep. 76.
220 Die Katholische Kirche fuhr mit
ihrer sehr paternalistischen und
nicht gerade romafreundlichen
„Zigeunerseelsorge" fort. Solms,
„Kulturloses Volk", S. 49 f.
221 Zum Folgenden: Barbara Danckwortt, Franz Mettbach: Die Konsequenzen der preußischen „Zigeunerpolitik" für die Sinti von
Friedrichslohra, in: Danckwortt
u. a. (Hrsg.), Historische Rassismusforschung, S. 273–295.
222 Noch in den 1930er-Jahren wurden in der Zeitschrift der Inneren
Mission „Die Stadtmission" Artikel über „Lustig ist das Zigeunerleben" und „Zigeuner-Weihnachten" veröffentlicht.
223 Zum Folgenden: Wippermann,
„Wie die Zigeuner", S. 95 ff.

224 Emil Reinbek: Die Zigeuner. Eine wissenschaftliche Monographie nach historischen Quellen bearbeitet. Herkommen, Geschichte und eigenthümliche Lebensweise dieses räthselhaften Wandervolkes, von seinem ersten Auftreten bis auf neueste Zeit, Salzkotten–Leipzig 1861, S. 3.
225 Ebenda, S. 12.
226 Cesare Lombroso: Ursachen und Bekämpfung des Verbrechens, Berlin 1902, S. 313.
227 Dies ist Lombrosos Kernthese, die er vor allem in seinem Hauptwerk „Der Verbrecher in anthropologischer, ärztlicher und juristicher Beziehung", Hamburg 1894, niedergelegt hat.
228 Richard Liebich: Die Zigeuner in ihrem Wesen und in ihrer Sprache. Nach eigenen Beobachtungen dargestellt, Leipzig 1863.
229 Ebenda, S. 18f.
230 Ebenda, S. 19.
231 Ebenda, S. 19.
232 Ebenda, S. 113.
233 Zu Ritter und der von ihm geleiteten antiziganistischen Forschungsstelle: Ute Brucker-Boroujerdi/ Wolfgang Wippermann: Die „Rassenhygienische und Erbbiologische Forschungsstelle" im Reichsgesundheitsamt, in: Bundesgesundheitsblatt 32, März 1989, S. 13–19. Ferner: Tobias Schmidt-Degenhard: Vermessen und Vernichten. Der NS-„Zigeunerforscher" Robert Ritter, Stuttgart 2012.
234 Robert Ritter: Versuch einer Sexualpädagogik auf psychologischer Grundlage, München 1928.
235 Robert Ritter: Ein Menschenschlag. Erbärztliche und erbgeschichtliche Untersuchungen über die – durch 10 Geschlechterfolgen erforschten – Nachkommen von „Vagabunden, Jaunern und Räubern", Leipzig 1937.
236 Robert Ritter: Zur Frage der Rassenbiologie und Rassenpsychologie der Zigeuner in Deutschland, in: Reichsgesundheitsblatt 13, 1938, S. 425 f.
237 Wolfgang Wippermann: Holocaust mit kirchlicher Hilfe, in: Evangelische Kommentare 9, 1993, S. 519–521. Zum Folgenden: Wippermann, „Auserwählte Opfer", S. 37 ff.
238 Gesetz zur Verhütung erbkranken Nachwuchses vom 14. Juli 1933, in: Reichsgesetzblatt 1933 I, S. 529 ff.
239 Beispiele bei: Gisela Bock: Zwangssterilisation im Nationalsozialismus, Opladen 1986, S. 351 ff. Ferner: Hansjörg Riechert: Im Schatten von Auschwitz. Die NS-Sterilisationspolitik gegenüber Sinti und Roma, Münster 1995.
240 Erste Verordnung zur Ausführung des Gesetzes zum Schutze des deutschen Blutes und der deutschen Ehre vom 14. November 1935, in: Reichsgesetzblatt 1935 I, S. 1334.
241 Runderlass des Reichs- und Preußischen Ministers des Innern vom 26. November 1935, in: Ministerialblatt für die innere Verwaltung 1935, Nr. 49, Sp. 1429–1434.
242 Wilhelm Stuckart/Hans Globke: Kommentar zur deutschen Rassengesetzgebung, Bd. 1, München– Berlin 1936, S. 55.
243 Wolfgang Wippermann: Konzentrationslager. Geschichte, Nachgeschichte, Gedenken, Berlin 1999, S. 75 ff.
244 Erlaß des Reichs- und Preußischen Ministers des Innern vom 14. Dezember 1937 über die vorbeugende Verbrechensbekämpfung durch die Polizei, in: Kriminalpolizei. Sammlung für die kriminalpolizeiliche Organisation und Tätigkeit geltenden Bestimmungen und Anordnungen, 1937, S. VII ff.; auszugsweise abgedruckt bei: Wippermann, Geschichte der Sinti und Roma in Deutschland, S. 79.

245 Dazu: Hans Buchheim: Die Aktion „Arbeitsscheu Reich", in: Gutachten des Instituts für Zeitgeschichte, Bd. 2, München 1966, S. 196–201; Wolfgang Ayaß: „Ein Gebot nationaler Arbeitsdisziplin". Die Aktion „Arbeitsscheu Reich" 1938, in: Beiträge zur nationalsozialistischen Gesundheits- und Sozialpolitik 6, 1988, S. 43–74.
246 Runderlass des Reichsführers SS und Chefs der Deutschen Polizei im Reichsministerium des Innern vom 8. Dezember 1938, in: Ministerialblatt des Reichs- und Preußischen Ministers des Innern 99, Nr. 51, S. 2105–2110.
247 Vgl. den Runderlaß des Reichsführers SS und Chefs der Deutschen Polizei im Reichsministerium des Innern vom 7. August 1941 über die „Auswertung der rassenbiologischen Gutachten über zigeunerische Personen", in: Erlasssammlung des Reichskriminalpolizeiamtes Berlin – Vorbeugende Verbrechensbekämpfung (Institut für Zeitgeschichte München, Dc 17.02)
248 In: Evangelisches Zentralarchiv EZA 1/ C1/270.
249 Abgedruckt in: Beckmann, Kirchliches Jahrbuch, S. 376.
250 Solms, „Kulturloses Volk", S. 42.
251 Bei der Katholischen Kirche war das etwas anders. Hier hat sich der Hildesheimer Bischof Machens noch im März 1943 mit der Bitte an den Vorsitzenden der Deutschen Bischofskonferenz, Kardinal Bertram, gewandt, etwas für die, wohlgemerkt katholischen Roma zu tun, deren Deportation damals unmittelbar bevorstand. Bertram hat darauf aber nicht reagiert. Auch verschiedene andere Repräsentanten der Katholischen Kirche haben die Deportation ihrer Roma-Glaubensbrüder nicht verhindert. Unter diesen befanden sich auch Kinder, die in katholischen Heimen untergebracht waren. Vgl. Solms, „Kulturloses Volk", S. 40 ff.
252 Zum Folgenden: Wippermann, „Auserwählte Opfer", S. 56 ff.; ders.: „Wie mit den Juden"? Der nationalsozialistische Völkermord an den Sinti und Roma in Politik, Rechtsprechung und Wissenschaft, in: Bulletin für Faschismus- und Weltkriegsforschung H. 15, 2000, S. 3–29; Julia von dem Knesebeck: The Roma Struggle for Compensation in Post-War Germany, Hatfield, Hertfordshire 2011.
253 Zitiert nach: Romani Rose (Hrsg.): Der nationalsozialistische Völkermord an den Sinti und Roma, Heidelberg 1995, S. 115.
254 In die gedruckte Auswahl der Nürnberger Dokumente wurden jedoch nur ganz wenige Quellen zum Völkermord an den Sinti und Roma aufgenommen: Nürnberger Prozesse. Der Prozeß gegen die Hauptkriegsverbrecher vor dem Internationalen Militärgerichtshof, Nürnberg 14.11.1945–1.10.1946, Bd. 1–42, Nürnberg 1947–1949.
255 Zitiert nach: Körber, Die Wiedergutmachung und die Zigeuner, S. 170.
256 Otto Küster u.a.: Bundesentschädigungsgesetz. Bundesergänzungsgesetz zur Entschädigung für Opfer der nationalsozialistischen Verfolgung (BEG) vom 18. September 1953, Kommentar, Berlin 1955, S. 48.
257 Teilweise abgedruckt in: Tilman Zülch (Hrsg.): In Auschwitz vergast, bis heute verfolgt. Zur Situation der Roma (Zigeuner) in Deutschland und Europa, Reinbek 1979, S. 168–170.
258 Franz Calvelli-Adorno: Die rassische Verfolgung der Zigeuner vor dem 1. März 1943, in: Rechtsprechung zum Wiedergutmachungsrecht 12, 1961, S. 529 ff.
259 Dazu: Hans Günther Hockerts: Anwälte der Verfolgten. Die Uni-

ted Restitution Organization, in: Ludolf Herbst/Constantin Goschler: Wiedergutmachung. Westdeutschland und die Verfolgten des Nationalsozialismus, 1945–1954, München 1992, S. 249–272.
260 Zitiert nach: Michael Schenk: Rassismus gegen Sinti und Roma, Frankfurt/M. 1994, S. 326.
261 BGH-Urteil vom 18. Dezember 1963, in: Rechtsprechung zum Wiedergutmachungsrecht 1964, S. 209 ff. Dazu: Schenk, Rassismus gegen Sinti und Roma, S. 327f.
262 Drucksache des Deutschen Bundestages 10/6287 vom 31. Oktober 1986, S. 34.
263 Arnold Spitta: Wiedergutmachung oder wider die Gutmachung, in: Zülch (Hrsg.), In Auschwitz vergast, S. 161–167.
264 Solms, „Kulturloses Volk", S. 52 ff.
265 Dazu eine persönliche Reminiszenz: Am 27. Januar 2010 habe ich in meiner Predigt in der Dahlemer St. Annenkirche zum „Tag des Gedenkens an die Opfer des Nationalsozialismus" auch, ja vornehmlich der Opfer des Porrajmos gedacht. Dies unter dem Hinweis darauf, dass dieser Völkermord in der Forschungsstelle Ritters ideologisch vorbereitet worden ist, die sich in der unmittelbaren Nachbarschaft der Dahlemer St. Annenkirche befand, wo die Geschichte des Kirchenkampfes begann, in dem die Verfolgung der Roma niemals thematisiert worden ist. Die Reaktion der Gottesdienstbesucher war eisern und fast einhellig ablehnend.
266 http://www.jesus.de/blickpunkt/detailansicht/ansicht/kirchen. „Sinti und Roma: Kirchen bekennen Mitschuld an Deportation vor 70 Jahren."
267 Dazu und zum Folgenden: Wippermann, „Wie die Zigeuner", S. 216; Wippermann, Rassenwahn und Teufelsglaube, S. 7 ff.
268 Ernst Bloch: Erbschaft dieser Zeit, Frankfurt/M. 1962 (zuerst: 1935).
269 Friedrich Schleiermacher: Der christliche Glaube nach den Grundsätzen der evangelischen Kirche (1821), hrsg. von M. Redeker, Berlin 1960, S. 211.
270 Klaus Berger: Wozu ist der Teufel da?, Stuttgart 1998, S. 190.
271 Diese These habe ich in meinem Buch „Rassenwahn und Teufelsglaube" vertreten und zu beweisen gesucht.
272 Auf die von der Katholischen Kirche immer noch betriebene „Zigeuner- und Nomadenseelsorge" möchte ich nicht eingehen. Sie zu kritisieren steht mir als Protestanten nicht ganz an. Vgl. dazu: Solms, „Kulturloses Volk", S. 59 ff.
273 Meine Darstellung und Kritik des biblischen Frauenbildes ist – natürlich – ganz laienhaft und männlich. Dass man (oder: Frau) auch alles ganz anders sehen kann, zeigt die theologische Forschung, vor allem die, welche von feministischer Seite aus vorgelegt wurde. Dazu: Luise Schottroff/Marie-Theres Wacker: Kompendium Feministische Bibelauslegung, Gütersloh 2007.
274 Das steht im Mittelpunkt der Kritik seitens der feministischen Theologie. Darauf und auf die Frage, ob diese Kritik berechtigt ist, kann hier nicht weiter eingegangen werden.
275 Hedwig Dohm: Die Antifeministen. Ein Buch der Verteidigung, Berlin 1902.
276 Gerda Lerner: Die Entstehung des feministischen Bewusstseins. Vom Mittelalter bis zur Ersten Frauenbewegung, Frankfurt/M. 1995.
277 Diese und andere androzentrischen Begriffe und Vorstellungen werden vonseiten der feministischen Theologie scharf kritisiert. Dies scheint mir sehr präsentistisch zu sein. Außerdem bezweifele ich, ob man diese androzentrischen Begriffe

und Vorstellungen dadurch überwinden kann, indem man sie um weibliche ergänzt oder gar ersetzt und aus den biblischen „Stammvätern" „Erzeltern" macht und statt von „Jüngern" auch von „Jüngerinnen" spricht.

278 Zur im Folgenden ganz knapp skizzierten Geschichte des kirchliche Antifeminismus liegt noch keine Studie vor. Das Interesse auch der feministischen Historikerinnen hat sich ganz auf die Erforschung und Kritik des Hexenwahns konzentriert.

279 Zum Folgenden: Wippermann, Rassenwahn und Teufelsglaube, S. 16 ff.

280 Gustav Roskoff: Geschichte des Teufels, Bd. 1–2, Leipzig 1869; Herbert Haag: Teufelsglaube, Stuttgart 1974; Peter Stanford: Der Teufel. Eine Biografie, Frankfurt/M. 2000.

281 Auf diesen Zusammenhang hat bereits Roskoff, Geschichte des Teufels, Bd. 1, S. 317 verwiesen: „Alle Schriftsteller, welche den Teufelsglauben des Mittelalters besprechen, stimmen in der Wahrnehmung überein: daß die Vorstellung vom Teufel und die Furcht vor seiner Macht innerhalb des 13. Jarhunderts den Gipfelpunkt erreicht und von da ab die Gemüther beherrscht."

282 Jean Delumeau: Angst im Abendland. Die Geschichte kollektiver Ängste im Europa des 14. bis 18. Jahrhunderts, Reinbek 1985, S. 358.

283 Zu diesen Vorläufern: Carlo Ginzburg: Hexensabbat. Entzifferung einer nächtlichen Geschichte, Frankfurt/M. 1997, S. 47 ff.

284 Delumeau, Angst im Abendland, S. 358.

285 Roskoff, Geschichte des Teufels, Bd. II, S.8.

286 Zur Begriffsgeschichte: Leander Petzoldt: Kleines Lexikon der Dämonen und Elementargeister, München 1995, S. 98 ff.

287 Die Hexenforschung ist in den letzten Jahren so expandiert, dass sie kaum noch überschaubar ist. Unverzichtbar sind die älteren ideengeschichtlichen Studien von: Wilhelm Gottlieb Soldan: Geschichte der Hexenprocesse. Aus den Quellen dargestellt, Stuttgart und Tübingen 1843; Soldan's Geschichte der Hexenprozesse, neu bearb. von Heinrich Heppe, Stuttgart 1890; Joseph Hansen: Zauberwahn, Inquisition und Hexenprozeß im Mittelalter und die Entstehung der großen Hexenverfolgung, München und Leipzig 1900. Die neuere Hexenforschung ist meist sozialgeschichtlich orientiert, was zu einer gewissen Vernachlässigung der ideologischen, vor allem dämonologischen Ursachen und Faktoren führt. Allgemeine Überblicke: Wolfgang Behringer: Hexen. Glaube, Verfolgung, Vermarktung, München 1998; Andreas Blauert (Hrsg.): Ketzer, Zauberer, Hexen. Die Anfänge der europäischen Hexenverfolgungen, Frankfurt/M. 1990; Helmut Brackert u. a.: Aus der Zeit der Verzweiflung. Zur Genese und Aktualität des Hexenbildes, Frankfurt/M. 1977; Christoph Daxelmüller: Zauberpraktiken. Die Ideengeschichte der Magie, Düsseldorf 2001; Richard van Dülmen (Hrsg.): Hexenwelten. Magie und Imagination, Frankfurt/M. 1987; Eva Labouvie: Zauberei und Hexenwerk. Frankfurt/M. 1991; Brian P. Levack: Hexenjagd. Die Geschichte der Hexenverfolgungen in Europa, München 1999; Gerhard Schormann: Hexenprozesse in Deutschland, Göttingen 1981; Georg Schwaiger (Hrsg.): Teufelsglaube und Hexenprozesse, München 1999. Sehr nützlich ist die kommentierte Quellensammlung

von Wolfgang Behringer (Hrsg.): Hexen und Hexenprozesse, München 1988.
288 Hansen, Zauberwahn, S. 262 ff.; Behringer (Hrsg.), Hexen und Hexenprozesse, S. 76.
289 Auszugsweise abgedruckt bei: Behringer (Hrsg.), Hexen und Hexenprozesse, S. 88 ff.
290 Zu Kramer: Peter Segl: Heinrich Institoris. Persönlichkeit und literarisches Werk, in: ders. (Hrsg.): Der Hexenhammer. Entstehung und Umfeld des Malleus maleficarum von 1487, Köln 1988, S. 103–126.
291 Benutzt wurde: Heinrich Kramer (Institoris): Der Hexenhammer, Malleus Maleficarum, neu übersetzt und kommentiert, München 2000.
292 Zu dieser extrem frauenfeindlichen Tendenz des „Hexenhammers": Claudia Honegger: Die Hexen der Neuzeit. Studien zur Sozialgeschichte eines kulturellen Deutungsmusters, Frankfurt/M. 1978; Evelyn Heinemann: Hexen und Hexenangst. Eine psychoanalytische Studie des Hexenwahns der Frühen Neuzeit, Göttingen 1998
293 Kramer, Hexenhammer, S. 237.
294 Ebenda, S. 99.
295 Ebenda, S. 100.
296 Ebenda, S. 238.
297 Ebenda, S. 385 ff.
298 Vgl.: Peter Kriedke: Die Hexen und ihre Ankläger. Zu den lokalen Voraussetzungen der Hexenverfolgungen in der frühen Neuzeit. Ein Forschungsbericht, in: Zeitschrift für historische Forschung 12, 1987, S. 47–71.
299 Guter Nachweis in der Regionalstudie von Eva Labouvie: Zauberei und Hexenwerk. Ländlicher Hexenglaube in der frühen Neuzeit, Frankfurt/M. 1991.
300 Dazu vor allem: Andreas Blauert (Hrsg.): Ketzer, Zauberer, Hexen. Die Anfänge der europäischen Hexenverfolgungen, Frankfurt/M. 1990.
301 Ulrich Molitor: Von Hexen und Unholden, Konstanz 1489. Auszug in: Behringer (Hrsg.), Hexen und Hexenprozesse, S. 112 f.
302 Erasmus von Rotterdam: Lob der Torheit (1509), hrsg. von Anton Gail, Stuttgart 1883; hier zitiert nach: ebenda, S. 114 f.
303 Agrippa von Nettelsheim: De vanitate scientarum, Köln 1531. Abgedruckt bei Wilhelm Soldan/Heinrich Heppe/Max Bauer: Geschichte der Hexenprozesse, Hanau 1911, Bd. 1, S. 486 f. Zitiert nach Behringer (Hrsg.), Hexen und Hexenprozesse, S. 116 f.
304 Willibald Pirckheimer: Eckius dedolatus, Nürnberg 1520. Zitiert nach: ebenda, S. 117 f.
305 Zitiert nach: ebenda, S. 104. Vgl.: Nikolaus Paulus: Luthers Stellung zur Hexenfrage, in: ders.: Hexenwahn und Hexenprozeß, vornehmlich im 16. Jahrhundert, Freiburg 1910, S. 26.
306 Martin Luther: Deutscher Katechismus, Wittenberg 1529, S. 7; zitiert nach: Behringer (Hrsg.), Hexen und Hexenprozesse, S. 104.
307 Ein Beispiel dieses antifeministischen Zerrbildes ist: Georg Rietschel: Luther und sein Haus, Leipzig 1917
308 An dieser Diskussion konnten sich Frauen nicht beteiligen. Dennoch wies dieser ausschließlich von Männern geführte Diskurs einige frauenfreundliche Aspekte auf.
309 Johann Weyer: De praestigiis daemonum, 1563. Auszüge in: Behringer (Hrsg.), Hexen und Hexenprozesse, S. 140 ff
310 Zitiert nach ebenda, S. 145.
311 Jean Bodin: De daemonomania magorum, 1580, dt. Übersetzung Straßburg 1581. Auszüge in: ebenda, S. 161–165.

312 Martin DelRio: Disquisitionum magicarum libri VI, Leiden 1598–1660. Auszugsweise übersetzt bei: Juli Caron Baroja: Die Hexen und ihre Welt, Stuttgart 1967, S. 146 ff.; und: Behringer (Hrsg.): Hexen und Hexenprozesse, S. 230–232.
313 Hermann Goehausen:Processus juridicus contra sagas et veneficos, das ist: Rechtlicher Prozeß, wie man gegen Unholdten und Zauberische Personen verfahren soll, Rinteln 1630.
314 Benedikt Carpzow: Practica rerum criminalium, Wittenberg 1846 (zuerst 1635), in: Richard van Dülmen (Hrsg.): Hexenwelten, Frankfurt/M. 1987, S. 382.
315 Anonymus (Friedrich Spee): Cautio criminalis, Rinteln 1631; München 1982.
316 Balthasar Bekker: De betoverde wereld, 1691, in: Gottlieb Wilhelm Soldan/Heinrich Heppe/Max Bauer: Geschichte der Hexenprozesse, Hanau 1911, Bd. 2, S. 237 ff.
317 Christian Thomasius: De crimine magiae. Vom Laster der Zauberei, Halle 1701; München 1986
318 Zitiert nach Behringer (Hrsg.), Hexen und Hexenprozesse, S. 443 ff.
319 Georg Conrad Horst: Dämonologie oder Geschichte des Glaubens an Zauberei und dämonische Wunder mit besonderer Berücksichtigung des Hexenprocesses seit den Zeiten Innocentius des Achten, Bd. 1–2, Frankfurt/M. 1818, Bd. 1, S. 6.
320 Ganz knappe Erwähnung findet der Frauen-Diskurs der Aufklärung in der sozialgeschichtlich orientierten Studie von: Ute Frevert: Frauen-Geschichte. Zwischen bürgerlicher Verbesserung und Neuer Weiblichkeit, Frankfurt/M. 1986.
321 Immanuel Kant: Die Metaphysik der Sitten, Frankfurt/M. 1993, AB 110.
322 Abgedruckt in: H. Schröder (Hrsg.): Die Frau ist frei geboren. Texte zur Frauenemanzipation I: 1789–1870, München 1979, S. 32 ff.
323 Theodor v. Hippel: Über die bürgerliche Verbesserung der Weiber (1792), Berlin 1828.
324 Zur Geschichte der (bürgerlichen) Frauenbewegung; Frevert, Frauen-Geschichte, S. 72 ff; Ute Gerhard: Frauenbewegung und Feminismus. Eine Geschichte seit 1789, München 2009.
325 Pastor Arnold: Ziele und Grenzen der Frauenhülfe, in: Die Frau im evangelischen Gemeindeleben. Handbuch der Frauenhülfe. Im Auftrage des Engeren Ausschuss des Evangelisch-Kirchlichen Hülfsvereins hrsg. von Lic. P. Cremer, Potsdam 1912, S. 20–26.
326 Dazu immer noch unübertroffen: Richard J. Evans: Sozialdemokratie und Frauenemanzipation im deutschen Kaiserreich, Berlin 1979.
327 Superintendent Stursberg: Die Stellung der evangelischen Kirche zu den sozialen Fragen der Vergangenheit und Gegenwart, in: Landeskirchlicher Instruktionskurs zur Einführung in die Kenntnis und das Verständnis der sozialen Aufgaben und des Anteils der Kirche an ihrer Lösung, Berlin 1906, S. 135–154, S. 151 f
328 Die Frau im evangelischen Gemeindeleben, S. 104.
329 Ebenda, S. 122.
330 Landeskirchlicher Instruktionskurs zur Einführung in die Kenntnis und das Verständnis der sozialen Aufgaben und des Anteils der Kirche an ihrer Lösung, Berlin 1906.
331 Ebenda, S. 151 f.
332 Ebenda, S. 67. Zur kirchlichen Sozialpolitik allgemein: Jochen-Christoph Kaiser: Evangelische Kirche und sozialer Staat. Diako-

nie im 19. und 20. Jahrhundert, Göttingen 2008.
333 Die Frau im evangelischen Gemeindeleben. Handbuch der Frauenhülfe. Im Auftrage des Engeren Ausschuß des Evangelisch-Kirchlichen Hülfsvereins, hrsg. von Lic. P. Cremer, Potsdam 1912.
334 Instruktionskursus der Frauenhülfe in Eisenach 19. bis 21. Februar 1912, S. 14 f.
335 Ebenda S. 30 f.
336 Ebenda.
337 Die Frau im evangelischen Gemeindeleben, S. 42.
338 Zu den weiteren kirchlichen Frauenverbänden: Jochen-Christoph Kaiser: Frauen in der Kirche. Evangelische Frauenverbände im Spannungsfeld von Kirche und Gesellschaft 1890–1945, Düsseldorf 1985.
339 Instruktionskurs für Frauenhülfe 1912, S. 23–25.
340 Wolfgang See/Rudolf Weckerling: Frauen im Kirchenkampf. Beispiele aus der Bekennenden Kirche Berlin-Brandenburg 1933 bis 1945, Berlin 1984, S. 13.
341 Ebenda, S. 20.
342 Ebenda, S. 7.
343 Zum Folgenden: Martin Greschat: „Gegen den Geist der Deutschen". Marga Meusels Kampf für die Rettung der Juden, in: Ursula Büttner/Martin Greschat (Hrsg.): Die verlassenen Kinder der Kirche: Der Umgang mit Christen jüdischer Herkunft im „Dritten Reich", Göttingen 1998, S. 70–85.
344 Zu Elisabeth Schmitz jetzt: Manfred Gailus: Mir aber zerriss es das Herz – der stille Widerstand der Elisabeth Schmitz, Göttingen 2010.
345 Text, aber fälschlich Marga Meusel zugeschrieben in: Wilhelm Niemöller (Hrsg.): Die Synode zu Steglitz, Göttingen 1970.
346 Zum Folgenden die Biographie von Katharina Staritz: Hannelore Erhart/Ilse Meseberg-Haubold/ Dietgard Meyer: Von der Gestapo verfolgt, von der Kirchenbehörde fallengelassen: Katharina Staritz (1903–1953), Neukirchen 2002.
347 Eberhard Röhm/Jürgen Thierfelder: Evangelische Kirche zwischen Kreuz und Hakenkreuz. Bilder und Texte einer Ausstellung, Stuttgart 1981, S. 135.
348 Vgl. dazu: See/Weckerling, Frauen im Kirchenkampf; Beate Schröder/Gerti Nützel: Die Schwestern mit der Roten Karte, Berlin 1992; Wolfgang Wippermann: Kirche im Krieg, in: Erich Schuppan (Hrsg.): Kirche in Not. Die Evangelische Kirche in Berlin-Brandenburg im Konflikt mit dem totalen Staat (1933–1945), Berlin 2000, S. 305–350.
349 Evangelisches Zentralarchiv EZA 50/ 674.
350 EZA 50/ 618.
351 EZA 50/ 378.
352 EZA 50/ 674.
353 In den Kirchen der DDR verlief die Entwicklung ähnlich. Daher muss hier nicht näher darauf eingegangen werden.

Quellen- und Literaturverzeichnis

Quellen

Arndt, Ernst Moritz: Germania und Europa (1803), in: Ernst Anrich (Hrsg.): Ernst Moritz Arndt. Germanien und Europa, Stuttgart 1940
Arndt, Ernst Moritz: Blick aus der Zeit auf die Zeit, Frankfurt 1814
Arndt, Ernst Moritz: Phantasien zur Berichtigung der Urteile über künftige deutsche Verfassungen (1815), in: Paul Requadt (Hrsg.): Ernst Moritz Arndt. Volk und Staat, Leipzig 1934
Arndt, Ernst Moritz: Versuch in vergleichender Völkergeschichte (1843), in: Paul Requadt (Hrsg.): Ernst Moritz Arndt. Volk und Staat, Leipzig 1934

Beckmann, Joachim (Hrsg.): Kirchliches Jahrbuch für die Evangelische Kirche in Deutschland 1933–1944, Gütersloh 1948
Bekker, Balthasar: De betoverde wereld (1691), in: Gottlieb Soldan/Heinrich Heppe/Max Bauer: Geschichte der Hexenprozesse, Hanau 1911, Bd. 2, S. 237 ff.
Bernstein, Reiner: Qellen zur jüdischen Geschichte. Von den Anfängen bis ins Zeitalter der Emanzipation, Stuttgart 1973
Biester, Johann Erich: Über die Zigeuner, besonders im Königreich Preußen, in: Berlinische Monatsschrift 21, 1793, S. 108–165

Blumenbach, Johann Friedrich: Über die Natürlichen Verschiedenheiten im Menschengeschlecht, Leipzig 1798
Bodin, Jean: De daemonomania magorum, Straßburg 1581

Carpzow, Benedikt: Practica rerum criminalium, Wittenberg 1646
Chamberlain, Houston Stewart: Die Grundlagen des 19. Jahrhunderts, Bd. 1–2, München 1901

Dillmann, Alfred (Hrsg.): Zigeunerbuch. Herausgegeben im Auftrag der Polizeidirektion München, München 1905
Dohm, Christian Wilhelm v.: Über die bürgerliche Verbesserung der Juden, Berlin und Stettin 1781
Dohm, Hedwig: Die Antifeministen. Ein Buch der Verteidigung, Berlin 1902
Dowe, Dieter/Klotzbach, Kurt (Hrsg.): Programmatische Dokumente der deutschen Sozialdemokratie, Berlin 1973
Dühring, Eugen: Die Judenfrage als Racen-, Sitten und Culturfrage, mit einer weltgeschichtlichen Antwort, Karlsruhe und Leipzig 1881

Eckart, Dietrich: Der Bolschewismus von Moses bis Lenin. Zwiegespräche zwischen Adolf Hitler und mir, München 1924

Eisenmenger, Johann Andreas: Entdecktes Judentum..., Bd. 1–2, o.O. 1700

Fabronius, Hermann: Geographia Historica: Newe Summarische Welthistoria oder Beschreibung aller Keysertumb /Königreiche / Fürstenthumb / und Völcker heutiges Tages auff Erden ..., Schmalkalden 1616

Fichte, Johann Gottlieb: Beiträge zur Berichtigung der Urtheile des Publicums über die französische Revolution (1793), in: J. H. Fichte (Hrsg.): Johann Gottlieb Fichtes sämmtliche Werke, Bd. 6, Berlin 1845, S. 39–288

Fichte, Johann Gottlieb: Reden an die deutsche Nation, Berlin 1808, in: J. H. Fichte (Hrsg.): Fichtes Werke, Bd. 7, S. 257–499

Frank, Christian: Die Juden und das Judenthum wie sie sind, Köln 1816

Fries, Jakob Friedrich: Über die Gefährdung des Wohlstandes und Charakters der Deutschen durch die Juden, Heidelberg 1816

Fritsch, Ahasver: Opuscula varia, Bd. II, Nürnberg 1731–1732

Fritsch, Theodor: Antisemiten-Katechismus. Eine Zusammenstellung des wichtigsten Materials zum Verständnis der Judenfrage, Leipzig 1887

Fritsch, Theodor: Handbuch der Judenfrage..., 33. Aufl. Leipzig 1933

Glagau, Otto: Der Börsen- und Gründungsschwindel in Berlin, Leipzig 1876

Goehausen, Hermann: Processus juridicus contra sagas & veneficos, das ist Rechtlicher Prozeß, wie man gegen Unholdten und Zauberische Personen verfahren soll ..., Rinteln 1630

Grattenauer, Carl Wilhelm Friedrich: Wider die Juden, ein Wort der Warnung an alle unsere christliche Mitbürger, 3. unveränderte Aufl., Berlin 1803

Grellmann, Heinrich Moritz: Die Zigeuner. Ein historischer Versuch über die Lebensart und Verfassung, Sitten und Schicksale dieses Volkes in Europa, nebst ihrem Ursprunge, Göttingen 1783. 2. Aufl.: Historischer Versuch über die Zigeuner betreffend die Lebensart und Verfassung, Sitten und Schicksale dieses Volkes seit seiner Erscheinung in Europa und dessen Ursprung, Göttingen 1787

Günther, Hans F. K.: Rassenkunde des jüdischen Volkes, München 1931

Handbuch der Frauenhülfe. Im Auftrage des Engeren Ausschusses des Evangelisch-Kirchlichen Hülfsvereins hrsg. von Lic. P. Cremer, Potsdam 1912

Hippel, Theodor v.: Über die bürgerliche Verbesserung der Weiber (1792), Berlin 1828

Hitler, Adolf: Mein Kampf. Zwei Bände in einem Band, ungekürzte Ausgabe, München 1941 (1925)

Höxter, Julius: Quellenbuch zur jüdischen Geschichte und Literatur, Bd. 1–5, Frankfurt/M. 1928–1930

Hundt-Radowsky, Hartwig v.: Judenspiegel, ein Schand- und Sittengemälde alter und neuer Zeit, Würzburg 1819

Jahn, Friedrich Ludwig: Deutsches Volkstum, Lübeck 1810; in: Carl Euler (Hrsg.): Friedrich Ludwig Jahns Werke, Bd. 1, Hof 1884, S. 143–380

Justin, Eva: Lebensschicksale artfremd erzogener Zigeunerkinder und ihrer Nachkommen, Berlin 1944 (= Veröffentlichungen auf dem Gebiet des Volksgesundheitsdienstes H. 491)

Kant, Immanuel: Zum ewigen Frieden. Ein philosophischer Entwurf, (1795), in: Immanuel Kant: Zum ewigen Frieden und andere Schriften, Frankfurt/M. 2008
Kommission zur Erforschung der Geschichte der Frankfurter Juden (Hrsg.): Dokumente zur Geschichte der Frankfurter Juden 1933–1945, Frankfurt/M. 1964
Kramer, Heinrich (Institoris): Der Hexenhammer. Malleus Maleficarum (1486), neu übersetzt und kommentiert, München 2000
Krämer, Robert: Rassische Untersuchungen an den „Zigeuner"-Kolonien Lause und Altengraben bei Berleburg, Diss. Münster 1937, in: Archiv für Rassen- und Gesellschaftsbiologie einschließlich Rassen- und Gesellschaftshygiene, 31, 1937/38, S. 33–56
Krantz, Albert: Sachsenchronik, Leipzig 1563 (zuerst: Köln 1520)

Lagarde, Paul de: Deutsche Schriften. Über das Verhältnis des deutschen Staates zur Theologie ..., 4. Aufl. Göttingen 1903
Lagarde, Paul de: Ausgewählte Schriften. Juden und Indogermanen, München 1921
Landeskirchlicher Instruktionskurs zur Einführung in die Kenntnis und das Verständnis der sozialen Aufgaben und des Anteils der Kirche an ihrer Lösung, Berlin 1906
Liebich, Richard: Die Zigeuner in ihrem Wesen und in ihrer Sprache. Nach eigenen Beobachtungen dargestellt, Leipzig 1863
Lombroso, Cesare: Der Verbrecher in anthropologischer, ärztlicher und juristischer Beziehung, Hamburg 1894
Lombroso, Cesare: Ursachen und Bekämpfung des Verbrechens, Berlin 1902
Longerich, Peter (Hrsg.): Die Ermordung der europäischen Juden. Eine umfassende Dokumentation des Holocaust 1941–1945, München 1989
Luther, Martin: Sermon von dem Wucher (1519), in: Martin Luthers Werke, Weimarer Ausgabe (WA), Bd. 6, S. 33–60
Luther, Martin: Das Magnificat verdeutscht und ausgelegt (1520), in: WA Bd. 7, S. 544–604
Luther, Martin: An die Herren deutsch Ordens, daß sie falsche Keuschheyt meyden und zur rechten ehelichen Keuschheyt greifen, in: WA Bd. 12, S. 232–244
Luther, Martin: Daß Jesus Christus ein geborener Jude sei (1523), in: WA Bd. 11, S. 314–336
Luther, Martin: Wider die Sabbather an einen guten Freund (1537), in: WA Bd. 50, S. 312–337
Luther, Martin: Von den Juden und ihren Lügen (1543), in: WA Bd. 53, S. 417–552
Luther, Martin: Vom Schem Hamphoras und vom Geschlecht Christi (1543), in: WA Bd. 53, S. 579–648

Marr, Wilhelm: Der Judenspiegel, fünfte mit einem anderen Vorwort versehene Aufl., Hamburg 1862
Marr, Wilhelm: Der Sieg des Judentums über das Germanentum, 10. unveränderte Aufl., Berlin 1879
Meiners, Christoph: Grundriß der Geschichte der Menschheit, Lemgo 1798 (Reprint Königstein 1981)
Meyfart, Johann Matthäus: Christliche Erinnerung an Gewaltige Regenten ..., Erfurt 1635
Molitor, Ulrich: Von Hexen und Unholden, Konstanz 1489
Münster, Sebastian: Cosmographey oder Beschreibung aller Länder, Basel 1628 (zuerst: 1550)
Mylius, Christian Otto: Corpus Constitutionum Marchicarum, Bd. 1–6, Berlin–Halle 1737–1755

Nettelsheim, Agrippa v.: De vanitate scientarum, Köln 1531
Neureiter, Ferdinand v.: Kriminalbiologie, Berlin 1940
Niemöller, Wilhelm (Hrsg.): Die Synode zu Steglitz, Göttingen 1970
Nordmann, Heinrich G.: Die Juden und der deutsche Staat, Berlin 1861

Pätzold, Kurt (Hrsg.): Verfolgung, Vertreibung, Vernichtung. Dokumente des faschistischen Antisemitismus 1933 bis 1945, Leipzig 1982
Pfefferkorn, Johannes: Judenspiegel, Köln 1507
Portschy, Hermann: Die Zigeunerfrage. Denkschrift des Landeshauptmannes für das Burgenland, 1938 (Ms)
Pott, August Friedrich: Die Zigeuner in Europa und Asien. Ethnographisch-linguistische Untersuchung vornehmlich ihrer Herkunft und Sprache, Bd. 1–2, Halle 1844/45

Reinbek, Emil: Die Zigeuner. Herkommen, Geschichte und eigenthümliche Lebensweise dieses rätselhaften Wandervolkes, Salzkotten 1861
Rietschel, Georg: Luther und sein Haus, Leipzig 1917
Ritter, Robert: Erbbiologische Untersuchungen über einen Züchtungskreis von „asozialen Psychopathen" und Zigeunermischlingen. Bericht des Internationalen Kongresses für Bevölkerungswissenschaft, Berlin 26. August – 1. September 1935, in: Hans Harmsen/Franz Lohse (Hrsg.): Bevölkerungsfragen, München 1936, S. 713 ff.
Ritter, Robert: Ein Menschenschlag. Erbärztliche und erbgeschichtliche Untersuchungen über die – durch 10 Geschlechterfolgen erforschten – Nachkommen von „Vagabunden, Jaunern und Räubern", Leipzig 1937

Ritter, Robert: Mitteleuropäische Zigeuner, ein Volksstamm oder eine Mischlingspopulation, in: Internationaler Kongreß für Bevölkerungswissenschaft, Paris 1937, S. 71 ff.
Ritter, Robert: Zur Frage der Rassenbiologie und Rassenpsychologie der Zigeuner in Deutschland, in: Reichsgesundheitsblatt 13, 1938, S. 425 f.
Ritter, Robert: Die Zigeunerfrage und das Zigeunerbastardproblem, in: Fortschritte der Erbpathologie, Rassenhygiene und ihre Grenzgebiete 3, 1939, S. 1–20
Ritter, Robert: Die Bestandsaufnahme der Zigeuner und Zigeunermischlinge in Deutschland, in: Der Öffentliche Gesundheitsdienst 6, 1941, S. 535–539
Ritter, Robert: Das Kriminalbiologische Institut der Sicherheitspolizei, in: Kriminalistik 16, 1942, S. 117 ff.
Rohling, August: Der Talmudjude, 7. Aufl., Münster 1877
Rosenberg, Alfred: Der Mythus des 20. Jahrhunderts, München 1930
Rüdiger, Johann: Von der Sprache und Herkunft der Zigeuner aus Indien, in: Neuester Zuwachs der teutschen, fremden und allgemeinen Sprachkunde in eigenen Aufsätzen, Buchanzeigen und Nachrichten, 1. Stück, Leipzig 1782, S. 37–84
Rühs, Friedrich: Über die Ansprüche der Juden an das deutsche Bürgerrecht, Berlin 1816
Rühs, Friedrich: Die Rechte des Christenthums und des deutschen Volkes, vertheidigt gegen die Ansprüche der Juden und ihrer Verfechter, Berlin 1816

Schmid, Hans Dieter/Schneider, Gerhard/Sommer, Wilhelm (Hrsg.): Juden unterm Hakenkreuz. Dokumente und Berichte zur Verfolgung und Vernichtung der

Juden durch die Nationalsozialisten 1933 bis 1945, Bd. 1–2 Düsseldorf 1983
Schoenberner, Gerhard: Der gelbe Stern. Die Judenverfolgung in Europa 1933–1945, Hamburg 1960
Schudt, Johann Jakob: Jüdische Merkwürdigkeiten, Frankfurt/M. 1717
Spee, Friedrich v.: Cautio criminalis, Rinteln 1631
Stoecker, Adolf: Christlich-sozial. Reden und Aufsätze, 2. Aufl., Berlin 1890
Stoecker, Adolf: Das moderne Judentum in Deutschland, besonders in Berlin, Berlin 1880

Tetzner, Theodor: Geschichte der Zigeuner, ihre Herkunft, Natur und Art, Weimar 1835
Thomasius, Christian: De crimine magiae. Vom Laster der Zauberei, Halle 1701
Thomasius, Jacob: Curiöser Traktat von den Zigeunern, Dresden–Leipzig 1702 (zuerst: De Cingaris, Leipzig 1652)
Todt, Rudolf: Der radikale deutsche Sozialismus und die christliche Gesellschaft, Wittenberg 1878
Treitscke, Heinrich v.: Ein Wort über unser Judenthum, Berlin 1881
Treitschke, Heinrich v. : Historische und politische Aufsätze, Leipzig 1897
Turmair, Johannes: Johannes Turmair's genannt Aventinus Sämmtliche Werke, Bd. 1–6, hrsg. von der Bayerischen Akademie der Wissenschaften, München 1881–1906

Wagenseil, Johann Christoph: De sacri Rom. Imperii Libera Civitate Noribergensi Commentatio ... Es wird auch in der Vorrede von der Vermuthlichen Herkunft der Zigeuner gehandelt, Altdorf 1697
Wagner, Richard: Das Judenthum in der Musik, Leipzig 1869

Weitling, Wilhelm: Das Evangelium der armen Sünder, 1845
Weyer, Johannes: De praestigiis daemonum, 1563
Wichern, Johann Hinrich: Die Innere Mission der deutschen evangelischen Kirche, eine Denkschrift an die deutsche Nation, im Auftrag des Centralausschusses für die Innere Mission verfasst von J. H. Wichern, 1849
Zedler, Johann Heinrich: „Zigeuner", in: Ders.: Großes vollständiges Universallexikon aller Wissenschaften und Künste ..., Bd. 56, Leipzig–Halle 1740, Sp. 520–544

Literatur

Aring, Paul Gerhard: Christen und Juden heute – und die „Judenmission"? Geschichte und Theologie protestantischer Judenmission in Deutschland, dargestellt und untersucht am Beispiel des Protestantismus im mittleren Deutschland, Frankfurt/M. 1987
Balzer, Friedrich-Martin: Klassengegensätze in der Kirche. Erwin Eckert und der Bund der Religiösen Sozialisten, Köln 1973
Battenberg, Friedrich: Das europäische Zeitalter der Juden, Bd. 1–2, Darmstadt 1990
Beckmann, Joachim (Hrsg.): Kirchliches Jahrbuch für die Evangelische Kirche in Deutschland 1933–1944, Gütersloh 1948
Behringer, Wolfgang: Hexen. Glaube, Verfolgung, Vermarktung, München 1998
Behringer, Wolfgang (Hrsg.): Hexen und Hexenprozesse, München 1998
Bein, Alex: Die Judenfrage. Biographie eines Weltproblems, Bd. 1–2, Stuttgart 1980
Berding, Helmut: Moderner Antisemitismus in Deutschland, Frankfurt/M. 1988

Berger, Klaus: Wozu ist der Teufel da?, Stuttgart 1998
Bergmann, Werner: Geschichte des Antisemitismus, München 2000
Besier, Gerhard: Preußischer Staat und Evangelische Kirche in der Bismarckära, Gütersloh 1980
Besier, Gerhard: Der SED-Staat und die Kirche, Bd. 1–3, Berlin 1993–1996
Blickle, Peter: Die Reformation im Reich, Stuttgart 2000
Bienert, Walther: Martin Luther und die Juden, Frankfurt/M. 1982
Blauert, Andreas (Hrsg.): Ketzer, Zauberer, Hexen. Die Anfänge der europäischen Hexenverfolgungen, Frankfurt/M. 1990
Boyens, Armin: Kirche in der Nachkriegszeit, Göttingen 1976
Brakelmann, Günter: Kirche und Sozialismus im 19. Jahrhundert. Die Analyse des Sozialismus und Kommunismus bei Johann Hinrich Wichern und Rudolf Todt, Witten 1966
Brakelmann, Günter: Die soziale Frage des 19. Jahrhunderts, Witten 1979
Brakelmann, Günter (Hrsg.): Protestantismus und Politik. Werk und Wirkung Adolf Stoeckers, Hamburg 1982
v. Braun, Christina/Heid, Ludger (Hrsg.): Der ewige Judenhass, Stuttgart 1990
Breipohl, Renate: Religiöser Sozialismus und bürgerliches Geschichtsbewusstsein zur Zeit der Weimarer Republik, Zürich 1971
Burgmer, Christoph (Hrsg.): Rassismus in der Diskussion, Berlin 1999
Burleigh, Michael/Wippermann, Wolfgang: The Racial State. Germany 1933–1945, Cambridge 1991
Busch, Eberhard: Juden und Christen im Schatten des Dritten Reiches. Ansätze zu einer Kritik des Antisemitismus in der Zeit der Bekennenden Kirche, München 1979

Clark, Christopher M.: The Politics of Conversion. Missionary Protestantism and the Jews in Prussia 1728–1941, Oxford 1995
Claussen, Detlev: Vom Judenhass zum Antisemitismus. Materialien einer verleugneten Geschichte, Darmstadt 1987
Claussen, Detlev: Grenzen der Aufklärung. Zur gesellschaftlichen Geschichte des modernen Antisemitismus, Frankfurt/M. 1987
Danckwortt, Barbara/Mettbach, Franz: Die Konsequenzen der preußischen „Zigeunerpolitik" für die Sinti von Friedrichslohra, in: Danckwortt, Barbara/Querg, Thorsten/Schönig, Claudia (Hrsg.): Historische Rassismusforschung. Ideologien – Täter – Opfer, Hamburg 1995, S. 273–295
Daxelmüller, Christoph: Zauberpraktiken. Die Ideengeschichte der Magie, Düsseldorf 2001
Delumeau, Jean: Angst im Abendland. Die Geschichte kollektiver Ängste im Europa des 14. bis 18. Jahrhunderts, Bd. 1–2, Reinbek 1985
Denzler, Georg/Fabricius, Volker: Die Kirchen im Dritten Reich. Christen und Nazis Hand in Hand, Bd. 1–2, Frankfurt/M. 1984
van Dülmen, Richard (Hrsg.): Hexenwelten. Magie und Imagination, Frankfurt/M. 1987
Dubnow, Simon: Weltgeschichte des jüdischen Volkes von seinen Ursprüngen bis zur Gegenwart, Bd. 1–10, Berlin 1925–1929

Eagleton, Terry: Ideologie. Eine Einführung, Stuttgart 1993
Elsas, Christoph: Die Kirchen und die „Zigeuner", in: Beiträge zur Antiziganismusforschung 1, Bad Seeheim 2003, S. 118–125
Erb, Rainer (Hrsg.): Die Legende vom Ritualmord. Zur Geschichte der

Blutbeschuldigungen gegen die Juden, Berlin 1993
Erhart, Hannelore/Meseberg-Haubold, Ilse/Meyer, Dietgard: Von der Gestapo verfolgt, von der Kirchenbehörde fallengelassen: Katharina Staritz (1903–1953), Neukirchen 2002
Erb, Rainer/Bergmann, Werner: Die Nachtseite der Judenemanzipation. Der Widerstand gegen die Integration der Juden in Deutschland 1780–1860, Berlin 1989
Evans, Richard J. Evans: Sozialdemokratie und Frauenemanzipation im deutschen Kaiserreich, Berlin 1979

Fischer, Hans Georg: Evangelische Kirche und Demokratie nach 1945. Ein Beitrag zum Problem der politischen Theologie, Lübeck-Hamburg 1970
Frevert, Ute: Frauen-Geschichte. Zwischen bürgerlicher Verbesserung und Neuer Weiblichkeit, Frankfurt/M. 1986

Gailus, Manfred: Beihilfe zur Ausgrenzung. Die „Kirchenbuchstelle Alt-Berlin" in den Jahren 1936 bis 1945, in: Jahrbuch für Antisemitismusforschung 2, 1993, S. 255–280
Gailus, Manfred (Hrsg.): Kirchengemeinden im Nationalsozialismus. Sieben Beispiele aus Berlin, Berlin 1990
Gailus, Manfred: Mir aber zerriss es das Herz – der stille Widerstand der Elisabeth Schmitz, Göttingen 2010
Gerhard, Ute: Frauenbewegung und Feminismus. Eine Geschichte seit 1789, München 2009
Gerlach, Wolfgang: Als die Zeugen schwiegen: Bekennende Kirche und die Juden, Berlin 1987, 2. Aufl. 1993
Giere, Jacqueline (Hrsg.): Die gesellschaftliche Konstruktion des Zigeuners. Zur Genese eines Vorurteils, Frankfurt/M. 1996
Gilman, Sander: Rasse, Sexualität und Seuche. Stereotype aus der Innenwelt der westlichen Kultur, Reinbek 1992
Ginzburg, Carlo: Hexensabbat. Entzifferung einer nächtlichen Geschichte, Frankfurt/M. 1997
Goldhagen, Daniel Jonah: Hitlers willige Vollstrecker. Ganz gewöhnliche Deutsche und der Holocaust, Berlin 1996
Goldhagen, Daniel Jonah: Die katholische Kirche und der Holocaust. Eine Untersuchung über Schuld und Sühne, Berlin 2002
Greive, Hermann: Geschichte des modernen Antisemitismus in Deutschland, Darmstadt 1983
Greschat, Martin (Hrsg.): Im Zeichen der Schuld. 40 Jahre Stuttgarter Schuldbekenntnis, Neukirchen 1984
Greschat, Martin: Krieg und Kriegsbereitschaft im deutschen Protestantismus, in: Dülffer, Jost/Holl, Karl: Bereit zum Krieg. Kriegsmentalität im Wilhelminischen Deutschland, 1890–1914, Göttingen 1986, S. 33–55
Greschat, Martin: Die Haltung der deutschen evangelischen Kirchen zur Verfolgung der Juden im Dritten Reich, in: Ursula Büttner (Hrsg.): Die Deutschen und die Judenverfolgung im Dritten Reich, Hamburg 1992, S. 273–292
Greschat, Martin: Protestanten in der Zeit. Kirche und Gesellschaft in Deutschland im Kaiserreich bis zur Gegenwart, Stuttgart 1994
Greschat, Martin/Kaiser, Jochen-Christoph (Hrsg.): Christentum und Demokratie im 20. Jahrhundert, Stuttgart 1992
Greschat, Martin: „Gegen den Geist der Deutschen." Marga Meusels Kampf für die Rettung der Juden, in: Ursula Büttner/Martin

Greschat (Hrsg.): Die verlassenen Kinder der Kirche. Der Umgang mit Christen jüdischer Herkunft im „Dritten Reich", Göttingen 1998, S. 70–85
Groß, Johannes T.: Ritualmordbeschuldigungen gegen Juden im deutschen Kaiserreich (1871–1914), Berlin 2002

Haag, Herbert: Teufelsglaube, Stuttgart 1974
Hammer, Karl: Deutsche Kriegstheologie 1870–1918, München 1971
Hansen, Joseph: Zauberwahn, Inquisition und Hexenprozeß im Mittelalter und die Entstehung der großen Hexenverfolgung, München 1900
Hauck, Gerhard: Einführung in die Ideologiekritik, Hamburg 1992
Heinemann, Evelyn: Hexen und Hexenangst. Eine psychoanalytische Studie des Hexenwahns der Frühen Neuzeit, Göttingen 1998
Heydemann, Günter/Kettenacker, Lothar (Hrsg.): Kirchen in der Diktatur, Göttingen 1993
Holl, Karl: Pazifismus in Deutschland, Frankfurt/M. 1988
Honegger, Claudia: Die Hexen der Neuzeit. Studien zur Sozialgeschichte eines kulturellen Deutungsmusters, Frankfurt/M. 1978
Huber, Wolfgang/Schwerdtfeger, Johannes (Hrsg.): Kirche zwischen Krieg und Frieden. Studien zur Geschichte des deutschen Protestantismus, Stuttgart 1976
Hund, Wulf D.: Zigeuner. Geschichte und Struktur einer rassistischen Konstruktion, Duisburg 1996
Hund, Wulf D.: Rassismus. Die soziale Konstruktion natürlicher Ungleichheit, Münster 1999

Jäckel, Eberhard: Hitlers Weltanschauung. Entwurf einer Herrschaft, Stuttgart 1981
Jersch-Wenzel, Stefi (Hrsg.): Deutsche – Polen – Juden. Ihre Beziehungen von den Anfängen bis ins 20. Jahrhundert, Berlin 1987
Kaiser, Jochen-Christoph: Frauen in der Kirche. Evangelische Frauenverbände im Spannungsfeld von Kirche und Gesellschaft 1890–1945, Düsseldorf 1985
Kaiser, Jochen-Christoph: Protestantismus, Diakonie und „Judenfrage" 1933–1942, in: Vierteljahrshefte für Zeitgeschichte 27, 1989, S. 673–714.
Kaiser, Jochen-Christoph: Sozialer Protestantismus im 20. Jahrhundert, München 1989
Kaiser, Jochen-Christoph: Evangelische Judenmission im Dritten Reich, in: ders./Martin Greschat (Hrsg.): Der Holocaust und die Protestanten. Analyse einer Verstrickung, Frankfurt/M. 1988, S. 186–215
Kaiser, Jochen-Christoph/Greschat, Martin: Der Holocaust und der Protestantismus. Analysen einer Verstrickung, Frankfurt/M. 1988
Kaiser, Jochen-Christoph: Evangelische Kirche und sozialer Staat. Diakonie im 19. und 20. Jahrhundert, Göttingen 2008
Kammerer, Gabriele: Aktion Sühnezeichen Friedensdienste, Göttingen 2008
Kampmann, Wanda: Deutsche und Juden. Die Geschichte der Juden in Deutschland vom Mittelalter bis zum Beginn des Ersten Weltkrieges, Frankfurt/M. 1979
Kandel, Johannes: Verhältnis zu Kirchen und Religionsgemeinschaften, in: Thomas Meyer/Susanne Miller/Joachim Rohlfes (Hrsg.): Lern- und Arbeitsbuch deutsche Arbeiterbewegung. Darstellung, Chroniken und Dokumente, Bd. 2, Bonn 1984, S. 337–372
Kandel, Johannes: Theorien der Arbeiterbewegung in der Weimarer Republik, in: Thomas Meyer/Susanne Miller/Joachim

Rohlfes (Hrsg.): Lern- und Arbeitsbuch deutsche Arbeiterbewegung. Darstellung, Chroniken und Dokumente, Bd. 2, Bonn 1984, S. 455–497

Katz, Jacob: Vom Vorurteil bis zur Vernichtung. Der Antisemitismus 1700–1933, München 1988

Kenrick, Donald/Puxon, Grattan: Sinti und Roma. Die Vernichtung eines Volkes im NS-Staat, Göttingen 1981

Kerridge, Eric: Usury, Interest and the Reformation, Aldershot 2002

Kersting, Andreas: Kirchenordnung und Widerstand. Der Kampf um den Aufbau der Bekennenden Kirche der Altpreußischen Union aufgrund des Dahlemer Notrechtes von 1934 bis 1947, Gütersloh 1994

Kessler, Rainer/Loos, Erich (Hrsg.): Eigentum. Freiheit und Fluch. Ökonomische und biblische Entwürfe, Gütersloh 2000

Klee, Ernst: „Die SA Jesu Christi". Die Kirchen im Banne Hitlers, Frankfurt/M. 1989

Klein, Thomas (Hrsg.): Judentum und Antisemitismus von der Antike bis zur Gegenwart, Düsseldorf 1984

Klepper, Jochen: Unter dem Schatten deiner Flügel. Aus den Tagebüchern 1938–1942, München 1964

von dem Knesebeck, Julia: The Roma-Struggle for Compensation in Post-War Germany, Hatfield, Hertfordshire 2011

Köhler, Bruno: Gotha, Berlin, Dachau: Werner Sylten: Stationen seines Widerstandes im Dritten Reich, Stuttgart 1980

Kremers, Heinz (Hrsg.): Die Juden und Martin Luther – Martin Luther und die Juden, Neukirchen 1987

Kupisch, Karl: Kirchengeschichte, Bd. 1–4, Stuttgart 1974 ff.

Labouvie, Eva: Zauberei und Hexenwerk, Frankfurt/M. 1991

Lenk, Kurt: Volk und Staat. Strukturwandel politischer Ideologien im 19. und 20. Jahrhundert, Stuttgart 1971

Lerner, Gerda: Die Entstehung des feministischen Bewusstseins. Vom Mittelalter bis zur Ersten Frauenbewegung, Frankfurt/M. 1995

Levack, Brian: Hexenjagd. Die Geschichte der Hexenverfolgungen in Europa, München 1999

Ley, Michael: Genozid und Heilserwartung. Zum nationalsozialistischen Mord am europäischen Judentum, Wien 1991

Ley, Michael: Kleine Geschichte des Antisemitismus, München 2003

Ludwig, Hartmut: Die Entstehung der Bekennenden Kirche in Berlin, Berlin 1987

Ludwig, Hartmut: Die Opfer unter dem Rad verbinden. Das Büro „Pfarrer Grüber". Blinkzeichen der Hoffnung, Neukirchen–Vluyn 1993

Maser, Peter(Hrsg.): Der Kirchenkampf im deutschen Osten, Göttingen 1992

Meier, Kurt: Die Deutschen Christen, Halle 1967

Meier, Kurt: Der Evangelische Kirchenkampf, Bd. 1–3 Halle 1976–1984.

Meier, Kurt: Kreuz und Hakenkreuz. Die evangelische Kirche im Dritten Reich, München 1992

Messadié, Gerald: Teufel, Satan, Luzifer. Universalgeschichte des Bösen, München 2002

Michelet, Jules: Die Hexe. Hrsg. und mit einem Nachwort versehen von Günther Emig, Stuttgart 1982

Minkner, Detlef: Christuskreuz und Hakenkreuz, Berlin 1986

Missalla, Heinrich: Für Volk und Vaterland. Kirchliche Kriegshilfe im Zweiten Weltkrieg, Königstein 1978

Möller, Bernd: Deutschland im Zeitalter der Reformation, Göttingen 1999
Mörke, Olaf: Die Reformation. Voraussetzungen und Durchführung, München 2005

Neubert, Erhart: Eine protestantische Revolution, Berlin 1990
Neubert, Erhart: Geschichte der DDR-Opposition, Berlin 1997
Niemöller, Wilhelm: Die Evangelische Kirche im Dritten Reich, Bielefeld 1956
di Nola, Alfonso: Der Teufel. Wesen, Wirkung, Geschichte, München 1990
Noonan, John T.: The Scholastic Analysis of Usury, Cambridge 1957
van Norden, Günther: Zwischen Bekenntnis und Anpassung, Köln 1985
van Norden, Günther/Schoenborn, Paul Gerhard/Wittmütz, Volkmar (Hrsg.): Wir verwerfen die falsche Lehre. Arbeits- und Lesebuch zur Barmer Theologischen Erklärung und zum Kirchenkampf, Wuppertal 1984
van Norden, Günther/Wittmütz, Volkmar (Hrsg.): Evangelische Kirche im Zweiten Weltkrieg, Köln 1991
Nowak, Kurt: Geschichte des Christentums in Deutschland, 1995

Oberman, Heiko A.: Die Reformation. Von Wittenberg nach Genf, Göttingen 1986
Oberman, Heiko A.: Luther. Mensch zwischen Gott und Teufel, Berlin 1987
von der Osten-Sacken, Peter: Martin Luther und die Juden. Neu untersucht anhand von Anton Margaritha „Der gantz Jüdisch glaub" (1530/31), Stuttgart 2002

Pagels, Elaine: Satans Ursprung, Frankfurt/M. 1996

Poliakov, Leon: Geschichte des Antisemitismus, Bd. 1–8, Worms 1977–1988
Pressel, Wilhelm: Die evangelische Kriegspredigt im Ersten Weltkrieg 1914 bis 1918, Göttingen 1968
Prolingheuer, Hans: Ausgetan aus dem Land der Lebendigen. Leidensgeschichten unter Kreuz und Hakenkreuz, Neukirchen-Vluyn 1983
Prolingheuer, Hans: Kleine politische Kirchengeschichte, Köln 1984

Rabe, Karl–Klaus: Umkehr in die Zukunft. Die Arbeit der Aktion Sühnezeichen Friedensdienste, Bornheim-Merten 1983
Rehmann, Jan: Kirchen im NS-Staat, Berlin 1986
Rengstorf, Karl Heinrich/v. Kortzfleisch, Siegfried (Hrsg.): Kirche und Synagoge. Handbuch zur Geschichte von Christen und Juden, Bd. 1–2, Stuttgart 1968–1970
Röhm, Eberhard: Sterben für den Frieden. Spurensuche Hermann Stöhr, Stuttgart 1985
Röhm, Eberhard/Thierfelder, Jörg: Evangelische Kirche zwischen Kreuz und Hakenkreuz, 1983
Rohrbacher, Stefan/Schmidt, Michael: Judenbilder. Kulturgeschichte antijüdischer Mythen und antisemitischer Vorurteile, Reinbek 1991
Roskoff, Gustav: Geschichte des Teufels, Bd. 1–2, Leipzig 1869
Rürup, Reinhard: Emanzipation und Antisemitismus. Studien zur „Judenfrage" in der bürgerlichen Gesellschaft, Göttingen 1975
Ruppel, Helmut/Schmidt, Ingrid/Wippermann, Wolfgang: „...stoßet nicht um weltlich Regiment"? Ein Erzähl- und Arbeitsbuch vom Widerstehen im Nationalsozialismus, Neukirchen-Vluyn 1986

Schäfer, Wolf: Die unvertraute Moderne. Historische Umrisse einer anderen Natur und Sozialgeschichte, Frankfurt/M. 1985

Schenk, Michael: Rassismus gegen Sinti und Roma. Zur Kontinuität der Zigeunerverfolgung innerhalb der deutschen Gesellschaft von der Weimarer Republik bis zur Gegenwart, Frankfurt/M. 1994

Schmidt-Degenhard, Tobias: Vermessen und Vernichten. Der NS-„Zigeunerforscher" Robert Ritter, Stuttgart 2012

Schoeps, Julius H./Schlör, Joachim (Hrsg.): Antisemitismus. Vorurteile und Mythen, München 1995

Scholder, Klaus: Die Kirchen und das Dritte Reich, Bd. 1–2, Frankfurt/M. 1977–1986

Schormann, Gerhard: Hexenprozesse in Deutschland, Göttingen 1981

Schorn-Schütte, Luise: Die Reformation – Vorgeschichte, Verlauf, Wirkung, München 1996

Schottroff, Luise/Wacker, Marie Theres: Kompendium Feministische Bibelauslegung, Gütersloh 2007

Schröder, Beate/Nützel, Gerti: Die Schwestern mit der Roten Karte, Berlin 1992

Schwaiger, Georg (Hrsg.): Teufelsglaube und Hexenprozesse, München 1999

See, Wolfgang/Weckerling, Rudolf: Frauen im Kirchenkampf. Beispiele aus der Bekennenden Kirche Berlin-Brandenburg 1933 bis 1945, Berlin 1984

Skriver, Ansgar: Aktion Sühnezeichen. Brücken über Blut und Asche, Stuttgart 1962

Soldan, Gottlieb/Heppe, Heinrich/Bauer, Max: Geschichte der Hexenprozesse, Hanau 1911

Solms, Wilhelm: „Kulturloses Volk"? Berichte über „Zigeuner" und Selbstzeugnisse von Sinti und Roma, Seeheim 2006 (Beiträge zur Antiziganismusforschung Bd. 4)

Spotts, Frederic: Kirchen und Politik in Deutschland, Stuttgart 1976

Stanford, Peter: Der Teufel. Eine Biografie, Frankfurt/M. 2000

Stegemann, Wolfgang (Hrsg.): Kirche und Nationalsozialismus, Stuttgart 1990

Stöhr, Martin: Luther und die Juden, in: Evangelische Theologie 20, 1960, S. 157–182

Strohm, Theodor/Thierfelder, Jörg (Hrsg.): Diakonie im Dritten Reich, Heidelberg 1990

Strohm, Theodor: Kirche und Demokratischer Sozialismus, Tübingen 1968

Stupperich, Robert: Otto Dibelius. Ein Bischof im Umbruch der Zeiten, Göttingen 1989

Trachtenberg, Joshua: The Devil and the Jews. The Medieval Conception of the Jews and its Relation to Modern Antisemitism, Philadelphia 1961

Vogel, Johann: Kirche und Wiederbewaffnung. Die Haltung der Evangelischen Kirche in Deutschland in den Auseinandersetzungen um die Wiederbewaffnung der Bundesrepublik 1949–1955, Göttingen 1978

Vollnhals, Clemens: Evangelische Kirche und Entnazifizierung. Die Last der nationalsozialistischen Vergangenheit, München 1989

Vollnhals, Clemens (Hrsg.): Die Kirchenpolitik von SED und Staatssicherheit, Berlin 1996

Vondung, Klaus: Die Apokalypse in Deutschland, München 1988

Vuletic, Alexander-Sasa: Christen jüdischer Herkunft im Dritten Reich. Verfolgung und organisierte Selbsthilfe 1933–1939, Mainz 1999

Weber, Max: Die protestantische Ethik, Göttingen 1975

Willems, Susanne: Lothar Kreyssig. Vom eigenen verantwortlichen Handeln, Berlin 1996

Wippermann, Wolfgang: Von Luther bis Hitler? Der deutsche Protestantismus und die Judenfrage, in: Evangelisches Bildungswerk Berlin (Hrsg.): Wirkungen der Reformation, Berlin 1984, S. 31–45.

Wippermann, Wolfgang: Holocaust mit kirchlicher Hilfe, in: Evangelische Kommentare 9/1993, S. 519–521

Wippermann, Wolfgang: Geschichte der Sinti und Roma in Deutschland. Darstellung und Dokumente, Berlin 1993

Wippermann, Wolfgang: Geschichte der deutschen Juden. Darstellung und Dokumente, Berlin 1994

Wippermann, Wolfgang: „Wie die Zigeuner". Antisemitismus und Antiziganismus im Vergleich, Berlin 1997

Wippermann, Wolfgang: Lizenz zum Töten. Kreuzzüge im Mittelalter und Moderne, in: Evangelische Kommentare 2/1997, S. 90–92

Wippermann, Wolfgang: Umstrittene Vergangenheit. Fakten und Kontroversen zum Nationalsozialismus, Berlin 1998

Wippermann, Wolfgang: Kirche im Krieg, in: Erich Schuppan (Hrsg.): Kirche in Not. Die Evangelische Kirche in Berlin-Brandenburg im Konflikt mit dem totalen Staat (1933–1945), Berlin 2000, S. 305–350

Wippermann, Wolfgang: „Kirche in Not." – Die Dahlemer St. Annenkirche als Erinnerungsort, in: Michael Juschka/Helmut Ruppel (Hrsg.): Biblische Texte und Berliner Orte, Berlin 2003, S. 84–88

Wippermann, Wolfgang: Diabolischer Antisemitismus. Luther, der Teufel und die Juden, in: Palmieri,

Vito/Ruppel, Helmut/Schmidt, Ingrid/Wippermann Wolfgang (Hrsg.): Durch den Horizont sehen. Lernen und Erinnern im interreligiösen Dialog, Berlin 2005, S. 113–119

Wippermann, Wolfgang: „Synagoge mit Christentünche". Ein unbekannter Ort in der Kastanienallee 22 im Berliner Bezirk Prenzlauer Berg, in: Vito Palmieri/Helmut Ruppel/Ingrid Schmidt/Wolfgang Wippermann (Hrsg.): Durch den Horizont sehen. Lernen und Erinnern im interreligiösen Dialog, Berlin 2005, S. 188–192

Wippermann, Wolfgang: Rassenwahn und Teufelsglaube, Berlin 2005

Wippermann, Wolfgang: „Auserwählte Opfer"? Shoah und Porrajmos im Vergleich. Eine Kontroverse, Berlin 2005

Wippermann, Wolfgang: Agenten des Bösen. Verschwörungstheorien von Luther bis heute, Berlin 2007

Wippermann, Wolfgang: Preußen. Kleine Geschichte eines großen Mythos, Freiburg 2011

Wippermann, Wolfgang: Heilige Hetzjagd. Eine Ideologiegeschichte des Antikommunismus, Berlin 2012

Wippermann, Wolfgang: Fundamentalismus. Radikale Strömungen in den Weltreligionen, Freiburg 2013

Zillessen, Horst: Volk–Nation–Vaterland. Der deutsche Protestantismus und der Nationalismus, Gütersloh 1971

Zimmermann, Michael: Rassenutopie und Genozid. Die nationalsozialistische Lösung der Zigeunerfrage, Hamburg 1996

Zipfel, Friedrich: Kirchenkampf in Deutschland 1933–1945, Berlin 1965

Personenregister

Abel, Gestalt im Alten Testament 114
Adam, Gestalt im Alten Testament 143
Adenauer, Konrad 34, 59, 107
Ahasver, persischer König 145
Alexander V. Papst, 148
Amos, Prophet 83
Arndt, Ernst Moritz 50, 53, 100
Augustin Kirchenvater 42
Bebel, August 162
Bekker, Balthasar 158
Berger, Klaus 141
Bienert, Martin 95
Biermann, Wolf 139
Blankenburg, Wilhelm 124, 125
Bloch, Ernst 85, 141
Bodelschwingh, Friedrich v. 52
Bodin, Jean 156
Bonhoeffer, Dietrich 102
Bonifatius VIII. Papst 13
Brosseder, Johannes 96
Calvelli-Adorno, Franz 137
Calvin, Johannes 69
Carpzow, Benedikt 157
Delumeau, Jean 147
DelRio, Martin 156
Dibelius, Otto 37, 59, 165, 173
Dohm, Christian Wilhelm v. 97, 121
Dominikus, Heiliger 91
Eck, Johannes 152
Eckert, Erwin 79
Eisenmenger, Johann Andreas 96
Engels, Friedrich 51, 72,73, 144
Esther, Gestalt im Alten Testament 143
Eva, Gestalt im Alten Testament 143, 150
Falcke, Heino 38,81
Fichte, Johann Gottlieb 98
Fischer, Ulrich 139
Fried, Alfred Hermann 49
Friedenthal, Charlotte 166
Friedrich I. König in Preußen 20
Friedrich II., König von Preußen 26
Friedrich II., Kaiser 80
Friedrich Wilhelm Kurfürst von Brandenburg 19
Friedrich Wilhelm I. König von Preußen 21
Friedrich Wilhelm III. König von Preußen 22, 51, 125
Fries, Jakob Friedrich 100
Fritsch, Theodor 100
Frommel, Emil 52
Gerlach, Wolfgang 109
Goehausen, Hermann 157
Goldhagen, Daniel Jonah 112
Gouges, Olympe de 160
Gregor VII. Papst 13, 43
Grellmann, Heinrich Moritz 121, 122
Grüber, Heinrich 32, 106, 171
Hedwig, Heilige 20
Heine, Heinrich 64
Herder, Johann Gottfried 97, 98
Himmler, Heinrich 132, 133
Hindenburg, Paul v. 27
Hippel, Theodor v. 160
Hitler, Adolf 18, 31, 55,78, 96, 98, 101, 109
Hohenzollern, Albrecht v. 19, 45
Honecker, Erich 38
Horkheimer, Max 81
Horst, Georg Conrad 159
Hosemann, Johannes 134
Hundt-Rodowsky, Hartwig v. 122
Hutten, Ulrich v. 91
Innozenz III. Papst 13, 66
Innozenz VIII. Papst, 149
Jacoby, Johann 49
Jäger, August 27
Jan, Julius v. 103
Jeremia, Prophet 88
Jesaja, Prophet 83, 89, 113
Johann Sigismund Kurfürst von Brandenburg 19
Johannes, Evangelist 86
Johannes XXII. Papst 148
Jubal, Gestalt im Alten Testament 114
Kain, Gestalt im Alten Testament 114
Kant, Immanuel 48, 97, 120, 121, 159,160
Kerrl, Hanns 30
Klatt, Senta Maria 164, 165, 173
Konstantin, Kaiser 11
Kram, Assa v. 45
Kramer, Heinrich 149-151
Krantz, Albert 116, 141
Krause, Reinhold 18

Krusche, Günter 39
Küster, Otto 137
Lagarde, Paul de 101
Lang, Johannes 91
Langbehn, Julius 101
Leopold I., Kaiser 97
Liebich, Richard 127, 128
Lilith, Gestalt im Alten Testament 144
Lombroso, Cesare 129
Lubecca, Rufa da 116
Lukas, Evangelist 10, 12, 43, 64
Luther, Martin 8, 15-17, 22, 44-48, 64, 68-70, 91-98, 105, 110, 113, 118-120, 153-155, 176, 178, 180
Marahrens, August 30
Maria, Gestalt im Neuen Testament 94, 115, 147
Maria Magdalena, Gestalt im Neuen Testament 145, 146
Markus, Evangelist 81
Marr, Wilhelm 99
Martin V. Papst 148
Marx, Karl 51, 72, 73, 144
Matthäus, Evangelist 13, 41, 111
Maximilian I. Kaiser 90
May, Kurt 137
Meinecke, Friedrich 168
Meiners, Christoph 98, 99
Mettbach, Franz 125
Meusel, Magda 106, 166-167
Meiser, Hans 30
Micha, Prophet 41,42
Molitor, Ulrich 152
Müller, Ludwig 28,29
Müntzer, Thomas 16
Nettelsheim, Agrippa v. 152
Niemöller, Martin 28, 31
Noah, Gestalt im Alten Testament 99
Oberman, Heiko A. 95
Ohlendorf, Otto 135
Osten-Sacken, Peter von der 109, 110
Otto-Peters, Louise 160, 161
Paulus Apostel 10, 11, 13, 41, 42, 45, 87, 112, 143
Petrus Apostel 11
Pfefferkorn, Johannes 90
Philipp der Schöne, König von Frankreich 67
Picasso, Pablo 62
Pirckheimer, Willibald 152
Plessner, Helmuth 18

Pontius Pilatus 10, 87
Rabenau, Eitel Friedrich v. 172
Rade, Martin 54
Rath, Ernst vom 104
Reinbek, Emil 126
Reuchlin, Johannes 90. 91
Ritter, Robert 128-131
Roskoff, Gustav 148
Rotterdam, Erasmus von 152
Salome, Gestalt im Alten Testament 145
Scharf, Kurt 164
Scharf, Renate 165
Schinkel, Karl Friedrich 51
Schleiermacher, Friedrich 141
Schlick zu Falkenau, Graf Wolf 93
Schmitz, Elisabeth 106, 167-169
Schönherr, Albrecht 38, 82,83
Schudt, Johann Jakob 96
See, Wolfgang 165
Sem, Gestalt im Alten Testament 99
Spee, Friedrich v. 157, 158
Spener, Philipp Jacob 96
Spitta, Arnold 138
Sprenger, Jacobus 149
Staritz, Katharina 106, 107
Stoecker, Adolf 78
Stöhr, Hermann 56, 177
Stolpe, Manfred 39
Sucher, Kurt Bernd 93
Suttner, Bertha v. 49
Sylten, Werner 106
Tetzner, Theodor 123
Thomasius, Christian 158
Tillich, Paul 80-82
Todt, Rudolf 77,78
Tubal-Kain, Gestalt im Alten Testament 114
Urban II. Papst 43
Voltaire (d.i. Francois-Marie Arouet) 97
Wagner, Richard 100
Weckerling, Rudolf 163
Weißler, Friedrich 31
Weitling, Wilhelm 71, 72
Weyer, Johann 155, 156
Wichern, Johann Hinrich 74-77
Witte, Hermann 134
Wurm, Theophil 30, 32
Wutschetitsch, Jewgeni 62
Yorck von Wartenburg, Peter Graf v. 171